Johannes Joachim Kardinal Degenhardt

Nach bestem Wissen und Gewissen

JOHANNES JOACHIM KARDINAL DEGENHARDT

Nach bestem Wissen und Gewissen

im Gespräch mit

Werner Kaltefleiter und Thomas Schäfers

Ferdinand Schöningh
Paderborn · München · Wien · Zürich

Fotonachweis: Seite 6: pdp; Seite 30: Felici; Seite 33: privat; Seite 41: pdp; Seite 42: pdp; Seite 51: pdp; Seite 59: Hennig; Seite 63: Hennig; Seite 64: pdp; Seite 66: pdp; Seite 87: Archiv des Jugendhauses Hardehausen; Seite 157: Slominski; Seite 160: pdp; Seite 176: privat

Die Deutsche Bibliothek – CIP-Einheitsaufnahme

Degenhardt, Johannes Joachim:
Nach bestem Wissen und Gewissen / Johannes Joachim Kardinal Degenhardt im Gespräch mit Werner Kaltefleiter und Thomas Schäfers. –
Paderborn; München; Wien; Zürich: Schöningh, 2002
ISBN 3-506-74256-6

(Verlag Ferdinand Schöningh GmbH, Jühenplatz 1, D-33098 Paderborn)

Internet: www.schoeningh.de

Printed in Germany. Herstellung: Ferdinand Schöningh, Paderborn.

ISBN 3-506-74256-6

Inhalt

„Kardinal segnend“

„Ich denke, ein Kardinal wird dasselbe tun, was er auch als Erzbischof getan hat."
(Erzbischof Johannes Joachim Degenhardt zu seiner Erhebung zum Kardinal)

„Wir sind heimatverbunden, wir lieben den Dom und alles darum herum. Das freut uns so richtig von innen heraus. Und der Erzbischof ist ein wirklich guter Oberhirte."
(Hildegard Kaese, zitiert nach „Neue Westfälische")

„Ich denke, dass er einen sehr wachen Sinn für die seelsorglichen Bedürfnisse hat, überhaupt nicht für das Spektakuläre, sondern für das Alltägliche."
(Kardinal Karl Lehmann)

Wappen des Kardinals

Surrexit dominus vere

Zu Leitspruch und Wappen des Erzbischofs

In der katholischen Kirche ist es nicht ungewöhnlich, wenn ein Bischof bei seinem Amtsantritt einen Wahlspruch benennt, der in knappen Worten sein „Regierungsprogramm" ausdrücken soll. Bei den Wahlsprüchen von Weihbischöfen handelt es sich oft um Aussagen darüber, was sie in den Mittelpunkt der Verkündigung stellen wollen.

Johannes Joachim Degenhardt wählte bei seiner Weihe zum Bischof ein Zitat aus dem Lukasevangelium: „Surrexit dominus vere – der Herr ist wahrhaft auferstanden" (Lk 24,34). Nicht zuletzt seine Dissertation (Besitz und Besitzverzicht in den lukanischen Schriften) hatte ihn zu einer intensiven Auseinandersetzung mit diesem Evangelisten geführt. Im Jahr 1968 wirkte die Wahl dieses Zitates ungeheuer programmatisch. Es wollte so gar nicht in die Zeit passen und machte doch deutlich, worum es eigentlich geht: den Glauben an den von den Toten auferstandenen Herrn. Diese zentrale Glaubensaussage ließ keinen Zweifel aufkommen, worum es dem neuen Bischof mit seiner Verkündigung und mit seinem Wirken ging und geht.

Mit seiner Wahl zum Erzbischof hielt Johannes Joachim Degenhardt an seinem Wahlspruch und an seinem Wappen fest. Das Wappen des Erzbischofs änderte sich in Nuancen erneut, als ihn Papst Johannes Paul II. 2001 in das Kollegium der Kardinäle der römisch-katholischen Kirche berief. Unter dem roten Kardinalshut deutet der Kreuzstab mit den beiden verschiedenen großen Querarmen die erzbischöfliche Würde an. Über dem Wappen ragt das Pallium hervor, das Zeichen der besonderen Verbundenheit der Erzbischöfe mit dem Papst. Das Wappen ist geteilt und gespalten. Die schon als Weihbischof und Erzbischof geführten Merkmale stehen oben nebeneinander: das goldene Paderborner Kreuz auf rotem Grund und die aufgeschlagene silberne Heilige Schrift mit den schwarzen griechischen Großbuchstaben Alpha und Omega. Die unteren Felder sind geteilt von Blau und Silber. Vorne bezeugen drei eins zu zwei gestellte goldene Lilien aus dem oberen Teil des Wappens von Le Mans den 836 geschlossenen „Liebesbund ewiger Bruderschaft" zwischen den Kirchen von Le Mans und Paderborn. Hinten ist das rote Ankerkreuz von Pyrmont abgebildet, das in fast allen Paderborner Bischofswappen seinen Platz gefunden hat. Damit wird an die Geschichte erinnert, dass die Paderborner Bischöfe bis zum Jahre 1802 Grafen von Pyrmont waren.

Vorwort

„... nach bestem Wissen und Gewissen" – diese Maxime gilt vielen Menschen als Ausdruck ihres Handelns. Für den Paderborner Erzbischof Johannes Joachim Kardinal Degenhardt ist sie orientierender Leitsatz für sein Wirken als Priester und Bischof.

In diesem Jahr jährt sich der Tag seiner Priesterweihe zum 50. Mal. 1968 wurde er zunächst Weihbischof in Paderborn; seit 1974 ist er der 65. Erzbischof von Paderborn. In dieser Zeit pflegte er den engen Kontakt zu den 775 Kirchengemeinden, die er auf seinen Firm- und Visitationsreisen jeweils drei bis viermal besucht haben dürfte. Seine freundliche Offenheit und seine klare Verbindlichkeit haben ihn in seiner Diözese und darüber hinaus zu einem beliebten Seelsorger werden lassen.

Manche Etiketten wurden ihm im Laufe der Zeit angeheftet, die allesamt seine Person so recht nicht treffen. Ihn auf einfache Kategorien wie rechts und links oder konservativ und progressiv festzulegen verkennt seine Anliegen. Die Kategorien modern, aufgeschlossen und progressiv, mit denen er zu Beginn seiner Amtszeit begrüßt wurde, greifen ebenso wenig wie diejenigen, die immer wieder im Zuge der Debatte um den Lebensschutz und seine hier klare und eindeutige Position bemüht wurden.

Johannes Joachim Degenhardt wird ein gutes, ja enges Verhältnis zum Nachfolger Petri nachgesagt. Damit steht er in einer guten Paderborner Tradition, denn bereits einer seiner Vorgänger erhielt im Jahre 1133 durch den damaligen Papst Innozenz II. das Rationale als Ausdruck der besonderen Nähe des Bischofs zum Nachfolger Petri verliehen. Das Rationale wird noch heute vom Erzbischof getragen.

Der Person des Menschen, Priesters und Bischofs, Johannes Joachim Kardinal Degenhardt nachzuspüren ist Anliegen dieses Buches. Im Gespräch mit dem Paderborner Erzbischof und Kardinal haben wir aktuelle und historische Entwicklungen in Kirche und Welt angesprochen:

- Die Zeit nach dem Zweiten Weltkrieg, die Suche nach einem gesellschaftlichen Neuanfang mit einer klaren Orientierung an christlichen Werten.
- Die Zeit nach dem Konzil mit den Aufbrüchen in der Kirche: Liturgie, Verkündigung und Diakonie, verbunden in Deutschland mit der Würzburger Synode.

- Die Zeit nach dem Fall der Mauer und dem Untergang des kommunistischen Machtblocks. Die einsetzende Globalisierung mit ihren Folgen für Wirtschaft, Politik und Kultur.

Verbunden sind diese Entwicklungen alle mit Anfragen an die Kirche, an das kirchliche Handeln und Denken, ja an das Selbstverständnis der Katholischen Kirche selbst.

Wie kann sie unter den jeweils neuen Verhältnissen ihren Auftrag in der Welt erfüllen? Was ist notwendig an Struktur und Kommunikation, um die Menschen zu erreichen? Nutzt die Kirche alle ihre Möglichkeiten? Wie kann sie helfen, ein besseres Verständnis der Kulturen und Religionen anzustoßen und kann sie Einfluss nehmen auf eine halbwegs gerechte Entwicklung in der Welt, die die Armen nicht ärmer und die Reichen nicht reicher werden lässt? Welche Rolle kann und muss der Dienst an der Einheit in der Kirche selbst und nicht zuletzt im ökumenischen Gespräch spielen?

In über 28 Jahren hat Johannes Joachim Kardinal Degenhardt Erfahrungen als Diözesanbischof gesammelt, die ihm einen realistischen Blick auf die Welt erlauben. Geprägt haben ihn nicht zuletzt auch seine persönlichen Erfahrungen mit dem totalitären Unrechtssystem der Nationalsozialisten. Gegenwärtige Fragen und Probleme werden vor diesem Hintergrund ebenso kritisch beleuchtet wie vor einem christlich-katholischen Hintergrund – nach bestem Wissen und Gewissen.

Deutlich wird in dem Gespräch eines: das Ringen und Mühen des Kardinals um Wahrheit in der Verantwortung vor Gott als den Schöpfer und Freund des Menschen. Der Glaube, der ihm in seiner Familie ins Herz gepflanzt wurde, und der ihn durch die Höhen und Tiefen seines Lebens trug; er ist ein Grund der Freude und der Zuversicht. Er ist mehr als eine Reduzierung auf moralische Ge- und Verbote, für die der Glaube nicht selten herhalten muss. Für den Kardinal ist der Glaube ein tiefer Quell der Freude. Wer ihn erlebt, spürt das.

Zweifel und dunkle Stunden im Glauben sind dem Seelsorger nicht fremd, in Gesprächen hat er Gläubige auch auf diesen Wegen begleitet. Nur schwer kann er die mancherorts gepflegte Klagestimmung verstehen. Sie passt so gar nicht in sein Verständnis von lebendigem und missionarischem Christsein.

Wenngleich nicht jede aktuelle Frage in diesem Gespräch aufgegriffen und umfassend diskutiert werden konnte, geben doch die zum Teil sehr grundsätzlichen Antworten des Paderborner Kardinals einen guten Einblick in seine Sichtweise von Kirche und Welt – und seine Persönlichkeit.

Paderborn, am Fest Johannes des Täufers — Die Herausgeber

Die Frage nach Gott

Gott, wer bist Du? Wo bist Du? Suchende jeglicher Denkrichtung haben zu allen Zeiten diese Grundfrage des Menschen gestellt. Der Fromme und der Leugner, der Mystiker und der Gnostiker, der Metaphysiker und der Materialist.

Wie muss ich mir Gott vorstellen: als den Einen der Monotheisten, der kein Bild von sich erlaubt und doch zu Abraham, Moses und Jesus sprach? Stimme vom Himmel? Oder das Pantheon der alten Griechen und Römer, der Urvölker Afrikas und Asiens? Höheres Wesen und Urgrund? Das Seiende, Numinose? Der Unbegreifliche?

Doch auch dies: In Gottes Namen („Deus lo vult – Gott will es") wüteten die Kreuzfahrer in Jerusalem und auf dem Weg dorthin, standen sich Europas christliche Völker in Schützengräben gegenüber („Gott mit uns" auf dem Koppelschloss).

Der Nazarener am Kreuz, empfahl in seiner letzten Stunde, seine Seele in Gottes Hand, auf ihn vertraute ein Dietrich Bonhoeffer im Angesicht des Todes. Eli Wiesel sah Gott mit seinem Volk in den Gaskammern von Auschwitz-Birkenau.

Der Dekalog beginnt mit der Heiligung des Gottesnamens, den Juden nicht auszusprechen und auszuschreiben wagen. Unter den hundert Namen Gottes, die Muslime kennen, bewahren sie einen als ein Geheimnis in ihrem Herzen. Christen erlauben sich mit Jesus Gottessohn das liebevolle „Du" zum Vater im Himmel. Drei Religionen, die wir monotheistisch nennen, denn sie verbindet der Glaube an den einen Gott.

Wem die Vokabel in ihrer Begrifflichkeit nicht zu eigen ist, dem hilft vielleicht der Philosoph Hans Georg Gadamer gedanklich weiter, wenn er von Transzendenz als dem großen Unbekannten spricht. Darüber müsse das religiöse Gespräch geführt werden, als letzte Möglichkeit, um die Erde vor der Zerstörung, den Menschen vor der Selbstvernichtung zu bewahren.

Diese Existenz über allen Existenzen ist zu allen Zeiten und in allen Kulturen angenommen, unter je eigenen Naturen und Namen in vielfältigen Riten zum Ausdruck gebracht worden. Vor ihr sehen wir die Menschheit versammelt und repräsentiert wie im Gebet von Assisi, das in verschiede-

nen Sprachen und Formen zwar, aber am gemeinsamen Ort und zur selben Zeit, ein Licht entzündet hat.

Wenn, konfrontiert mit abgrundtiefen Ereignissen, wie den terroristischen Anschlägen vom 11. September 2001, die innerweltlichen Sprachkategorien versagen, so Jürgen Habermas, dann können wir auf die Sprachpotentiale der Religion nicht verzichten.

So unbegreiflich Gott dem Menschen bleibt, so wäre der Ort und die Stunde, die dem Zwiegespräch gehört, wohl doch der Zeitpunkt der Konversion zum Guten hin und in seiner religiösen „Einbürgerung" die „Wiederentdeckung des Heiligen, wo nichts mehr heilig ist."

Beginnen wir mit der Frage aller Fragen: Existiert Gott? Und wenn er existiert, wer ist Gott? Kinder, auch manche Erwachsene würden vielleicht fragen: wie sieht Gott aus?

Meine feste Überzeugung ist: Ja, Gott existiert, und er ist, wie das Alte Testament bezeugt, Schöpfer und Erhalter aller Dinge. Das ist aber nur das eine Bild, das wir Menschen uns von ihm machen. Viele andere, die wir aus den biblischen Schriften kennen, wären diesem einen Bild gleichgeordnet: Er tritt als Befreier des Volkes Israel auf, als Gesetzgeber, der kraft seiner Gebote das Leben der Menschen zu vermenschlichen sucht, der Rufende und Berufende, der Weltenrichter usw. Am wichtigsten ist mir aber jenes Bild, das Jesus uns gezeigt hat: Vater.

Ist das eine Gewissheit, die Sie nun aus der Schrift beziehen oder auch aus Ihrem eigenen Denken?

Ich denke, beides schließt sich nicht aus. Glaube und Vernunft widersprechen sich nicht – so sagt es ja der Glaube der Kirche. Und es wäre für mich auch nur schwer nachvollziehbar, wenn unser Glaube das wichtigste Kennzeichen des Menschen, die Vernunft, auszuschließen versuchte. Nehmen wir als Beispiel die Naturgesetzlichkeiten. Nur langsam dringen wir in diesen komplexen Bereich ein und große Naturwissenschaftler wie etwa Werner Heisenberg konnten noch erstaunen vor der – ich möchte einmal sagen – Eleganz der Ordnung, die darin erkennbar wird. Zufall? So könnte man wohl denken, und nicht wenige denken ja auch so. Das Gegenteil naturwissenschaftlich-empirisch nachzuweisen, dürfte sich wohl als ziemlich schwierig erweisen – das zeigen fast alle sogenannten Gottesbeweise der Geschichte. Aber umgekehrt kann auch niemand beweisen, dass der Schöpfungsgedanke falsch ist. Das heißt, er widerspricht nicht der Vernunft. Ich muss mich also entscheiden und das nicht wider die Vernunft, sondern im Gegenteil mit ihr.

Heißt das mit anderen Worten, dass Religion im Sinne von Rückbindung an einen Schöpfer eine Grundbedingung menschlicher Existenz ist?

Ich glaube ganz bestimmt, dass zu den Ursprüngen des Menschseins, also von dem Augenblick, an dem der Mensch sich seiner selbst bewusst wurde, unmittelbar auch die Religion in irgendeiner Form zählt. Denn zum Selbstbewusstsein des Menschen gehören ja auch die Fragen „Woher komme ich?“ und „Wohin gehe ich?“ Gerade die Erkenntnis eigener Sterblichkeit, wie sie sich bspw. im Anblick eines toten Mitmenschen äußert, dürfte die Frage nach einer Abhängigkeit von einem höheren Wesen auslösen. Dazu kommt natürlich auch die sinnstiftende Funktion von Religion. Gerade die großen Ideologien des vergangenen Jahrhunderts, die allesamt untergegangen sind, haben ja gezeigt, dass der Mensch auf existentielle Sinnstiftung nicht verzichten kann.

Was hat die Menschen bewegt, an diesem Glauben festzuhalten? Sind das rationale Momente, oder sehen Sie es eher als biblisches Zeugnis?

Beide Momente zählen. Ich würde das eine nicht gegen das andere ausspielen wollen. Natürlich darf man die Bibel nicht als ein naturwissenschaftliches Lehrbuch verstehen. Es sind gesammelte Glaubenserfahrungen von Menschen, die sich über Jahrhunderte und Jahrtausende als tragfähig erwiesen haben.

Ich habe zunächst die rationalen Argumente, die Vernunftargumente, angesprochen, weil, wie ich glaube, sie für alle Menschen einleuchtend sind. Abgesehen von denen, die diese Argumente ideologisch ablehnen. Aber auch die Aussagen der Heiligen Schrift, zum Beispiel des ersten Buches des Alten Testamentes, sind natürlich ebenfalls ein wichtiges Argument dafür. Dort heißt es: Gott hat alles aus dem Nichts geschaffen. Ich würde also beide Stränge für wichtig halten – Glaube und Vernunft –, wenn ich nach der Existenz Gottes des Schöpfers gefragt werde.

Der rationale Zugang bereitet vielen Menschen, ob gläubig, weniger gläubig oder nicht gläubig, besonders dann Probleme, wenn sie Katastrophen ausgesetzt sind, Leid und Elend. Dann kehrt die Frage wieder: Warum lässt Gott das zu?

Das lässt sich natürlich nicht in einem Satz beantworten. Als eine erste Antwort ist mir aber die Feststellung wichtig: Gott ist anders. Wir kennen seine Pläne und Ziele mit Welt und Mensch nicht. So viel wir auch aus den Selbstoffenbarungen dieses Gottes wissen – letztendlich bleibt er wie jede Person ineffabile, unbegreiflich. Was ich aber kann, ist den Mut und das Vertrauen und auch die Hoffnung aufzubringen, dass er es gut mit uns meint. Das erklärt zwar nicht die Rätsel und Unsinnigkeiten dieser Welt, schon gar nicht unschuldiges Leid, aber dieser Glaube gibt mir wenigstens die Gelegenheit, mich ähnlich wie der biblische Hiob klagend vor Gott zu stellen und ihm mein Leid und die Rätsel des Daseins vorzutragen.

Heißt das, Gott ist das Gegenüber, das nicht mit sich handeln lässt, das dem Menschen nicht verfügbar ist?

Das würde ich nicht sagen, Gott möchte ja, dass wir uns an ihn wenden, auch mit Bitten und Flehen. Gott wird dieses Rufen auch erhören, das ist meine feste Überzeugung. Aber das heißt nicht, dass wir automatisch all das, was wir von ihm erbitten, auch in derselben Form bekommen, wie wir es erbeten haben. Es kann sein, dass Gottes Wege andere sind als unsere Wege. Das heißt mit anderen Worten, dass wir uns an ihn wenden sollen, weil er uns nicht fern ist, so dass er seine Pläne mit uns und der Welt absolut unabhängig von uns durchführt. Wir kennen das auch unter dem theologischen Begriff des Mitwirkens mit der Gnade. Darüber hinaus zeigt gerade die Heilige Schrift des Alten Testamentes sehr deutlich, dass Gott das Flehen seines Volkes und dessen Bitten durchaus erhört; sie erzählt aber auch davon, dass er das manchmal anders tut, als wir uns das denken, dass seine Zielrichtung über menschlich-diesseitige Überlegung hinausgeht.

Gilt das Versagen des wissenschaftlichen Materialismus sozusagen im Umkehrschluss schon als Gottesbeweis?

So einfach, glaube ich, darf man sich das nicht machen. Differenzierter wird das schon, wenn man nach dem dort vorausgesetzten Menschen- und Weltbild fragt. Der Mensch lebt eben nicht nur vom Brot allein, sondern aus viel tieferen, existentielleren Gründen. Was nutzt einem Kind sein gesamtes Spielzeug, wenn es ohne Liebe bleibt? Was nutzt einem erfolgreichen Manager sein sechs- oder siebenstelliges Gehalt, wenn er keinen Sinn in seiner Arbeit sieht? Was nutzt einem Menschen ein Haus, ein Auto, ein Lottogewinn, wenn er nicht darauf hoffen kann, dass er auch morgen noch Freunden begegnet? Wir leben letztlich aus ganz anderen Quellen als den materiellen.

Nun haben wir ein mehr personalistisches Gottesbild. Gott ist Person. Gibt es nicht eher starke Verwerfungen am Gottesbild, die historisch be-

dingt sind? Wie gelingt es mir im Grunde genommen, an den Kern dieser Person zu kommen?

Natürlich wird jeder Mensch auch von seinen eigenen Erfahrungen her sein persönliches Gottesbild bestimmen. Es sind unterschiedliche Aspekte, die dabei eine Rolle spielen, aber das heißt nicht, dass das, was ich als Kind gedacht habe, deswegen völlig daneben liegen muss. Vielmehr kommt es darauf an, diese Vorstellungen weiter zu entwickeln. Vor dieser Aufgabe steht jeder Erwachsene. Nur in einer persönlichen Auseinandersetzung mit Gott werde ich zu einem personalen Gottesbild kommen.

Wenn es Gott gibt, wer ist dann dieser Gott?

Auf diese Frage gibt es eine sehr schöne Antwort im vierten eucharistischen Hochgebet. Dort heißt es: „Wir preisen dich, heiliger Vater, denn groß bist du und alle deine Werke künden deine Weisheit und Liebe." Wenn wir hier noch das Wort „Macht" ergänzen, haben wir in diesem einen Satz die wichtigsten Attribute Gottes beisammen: Einmaligkeit, Herrlichkeit, Schönheit, Allmacht, Wahrheit, Gerechtigkeit, Barmherzigkeit, Güte, Ordnung usw. usf.

Vieles davon lässt sich mittels Vernunft erkennen; das haben schon die griechischen Philosophen gewusst, Sokrates, Platon, Aristoteles. Sie wussten, dass der griechische Götterhimmel mit seiner Vielzahl von Göttinnen und Göttern nichts anderes als Projektionen menschlicher Vorstellungen ist. Und sie wussten auch, dass es daneben ein vollkommenes Wesen, z.B. den unbewegten Beweger geben muss, der eben nicht Launen oder Naturgewalten ausgeliefert ist, sondern der alles ordnet und trägt.

Daneben aber gibt es auch den zweiten Erkenntnisstrang der Selbstoffenbarung Gottes, durch die wir von seiner Dreifaltigkeit, also dem ewigen Kreislauf göttlicher Liebe in sich, wissen, die aber nicht starr in sich verhaftet bleibt, sondern sich in der Menschwerdung Jesu Christi, seinem Leben, Sterben und seiner Auferstehung ver- und entäußert.

Hier unterscheiden sich die Monotheisten, konkret die Christen von den Muslimen und Juden, die zwar auch einen einzigen Gott für wahr halten, aber die Fülle des Lebens Gottes, der in sich selbst Gemeinschaft hat, nicht erkennen können.

Dies ist der Kern. In Liebe zu uns hat er seinen einzigen Sohn Mensch werden lassen, wobei Vater, Sohn und Heiliger Geist immer zusammen wirken. Diese Offenbarung hat maßgebliche, schwerwiegende Konsequenzen sowohl für das Menschenbild als auch für das Gottesbild.

Deswegen können Monotheisten auch miteinander beten, wie zum Beispiel beim diesjährigen Friedensgebet in Assisi. Dennoch können wir nicht gemeinsam beten. Für uns Christen ist es wesentlich, dass wir uns durch Christus an den Vater wenden. Das können wir nicht einfach beiseite lassen. Wir können nicht sagen, da lassen wir Christus mal ganz weg, wir brauchen ihn nicht. Das wäre dann kein christliches Beten mehr.

Welchen Sinn macht es dann überhaupt, sich an einem Ort zu versammeln, wie zu den Weltfriedensgebeten in Assisi?

Dafür gibt es meines Erachtens mehrere Gründe, ich möchte sagen weltimmanente und transzendente.

Zum einen ist die Wichtigkeit der Religionen für ein friedliches und verantwortliches Miteinander der Völker wieder entdeckt worden. Einfach ausgedrückt, wer einmal miteinander gebetet hat, seinen Willen zu Frieden und Gerechtigkeit mit dem anderen vor Gott getragen hat, schießt nicht einfach auf den anderen. Daneben wird durch das Miteinander im Gebet zugleich natürlich auch Verständnis und Toleranz für das Anderssein des Anderen geweckt – bei aller Unterschiedenheit. Denn wir dürfen dabei auch nicht so tun, als ob es diese nicht gäbe. Deshalb ist Rücksichtnahme gefragt unter Muslimen, Juden und auch Christen. Was wiederum nicht bedeuten darf, dass Christen ohne Selbstbewusstsein so tun, als wenn Christus dann doch im Grunde keine Rolle spielte. Trotzdem darf die starke symbolische Bedeutung nicht verkannt werden, die dem Miteinander im Gebet an einem Ort zukommt.

Zum anderen, weil Beten etwas nützt. „Bittet, so wird euch gegeben“, sagt Jesus seinen Jüngern.

Vom Dialog der Religionen

Weltreligionen und gerade auch die drei monotheistischen Religionen Judentum, Christentum und Islam sind, wie die Geschichte bis in unsere Gegenwart zeigt, „politische" Religionen. Sie haben, wie der Islamwissenschaftler Bassam Tibi meint, einen „politischen Bezug." (Vgl. auch Bassam Tibi, Kreuzzug und Djihad, München 1999)

Die Terroranschläge vom 11. September, nach deren fürchterlicher Darbietung im Fernsehen jedes Kind bis in den letzten Winkel der Erde den Namen Ozama bin Laden aussprechen konnte, wurden als beides hingestellt: als religiös begründete politische Tat von den einen, als Missbrauch des Begriffs vom „Heiligen Krieg" von den anderen.

Der amerikanische Präsident Bush befahl am 7. Oktober, dem katholischen Rosenkranzfest, das an den Sieg über den Islam in der Seeschlacht von Lepanto erinnert, den Angriff auf die Taliban – nur eine Zufälligkeit des Datums? Im Weißen Haus wird man sich wohl kaum vorher mit dem Vatikan verständigt haben. Günter Grass kommentierte den moralischen Supremats-Anspruch aus dem Oval Office: „Nicht nur die extreme Auslegung des Islam, auch die Gut-oder-Böse-Kategorien des amerikanischen Präsidenten haben einen religiös fanatischen Hintergrund". (Wiesbadener Kurier, Debatte über den Terror – Schriftsteller melden sich zu Wort, vom 8.10.2001)

Wie wird sich Europa auf seine christliche Tradition besinnen können, eine Geschichte, die als „Schwertmission" ihren Anfang nahm; die im Zuge der Reconquista Juden und Muslimen keinen Platz bot; die mit dem fatalen Schlachtruf „Deus lo vult" („Gott will es!") auf dem Weg zur Befreiung Jerusalems schon in Mainz am Rhein mit den jüdischen Vierteln auch deren Bewohner verbrannte; die im Namen der Inquisitionen vermeintliche Ungläubige wie politisch Missliebige aufs Rad spannte?

Johannes Paul II. hat seiner Kirche eine Lektion für den Umgang mit der eigenen Geschichte erteilt. Sie kam spät, aber nicht zu spät, wie die überwiegend positiven Reaktionen auf Seiten der Opfer zeigen. Mit seiner großen Vergebungsbitte zum Heiligen Jahr 2000 hat der Papst die Hand zur Versöhnung ausgestreckt. Menschen guten Willens haben sie ergriffen.

Die Religionen müssen sich der Frage nach ihrer Friedensfähigkeit stellen. Sie ist, im Hinblick auf ihren allgemeinen, öffentlichen und universalen Anspruch, eine der zentralen Fragen ihrer Glaubwürdigkeit. Darin liegt ihre besondere Verantwortung. Papst Johannes Paul II. hat diese Herausforderung vom Beginn seines Pontifikats an betont. Um seiner Absicht Ausdruck zu verleihen, hatte er 1986 zum ersten Mal die Vertreter der unterschiedlichsten Religionsgemeinschaften zu einem „Weltfriedensgebet" eingeladen. Als Versammlungsort wählte er Assisi, den Geburtsort des heiligen Franziskus, um auch mit der Wahl der Gebetsstätte ein Zeichen zu setzen.

Diese Tage des Gebetes für den Frieden in der Welt waren inhaltlich verknüpft mit der Botschaft des Papstes zum Weltfriedenstag, der von der katholischen Kirche jeweils am 1. Januar begangen wird. Ebenso gaben Momente den Anlass zum Friedensgebet, in denen die Welt in einen Abgrund sah. In den 80er Jahren, als sich Ost und West zu einem letzten „showdown" gegenüberstanden; in den 90er Jahren, als das Völkermorden auf dem Balkan einsetzte; im Gedenken an die Opfer und die weltweiten Folgen der islamistischen Anschläge vom 11. September 2001.

Assisi erlebte im Januar des folgenden Jahres die bisher zahlenmäßig größte Versammlung von Religionsvertretern aus aller Welt. Waren sie im Geist des Schuldbewusstseins angereist? Man darf es annehmen. Steine hatten sie jedenfalls nicht mitgebracht. Nichts sollte diesen „Geist von Assisi" stören. Und doch hatte es im Vorfeld Ärgernis gegeben und man rätselte und mutmaßte, zumindest in den Medien, was die vatikanische Kongregation für die Glaubenslehre veranlasst haben mochte, gerade in diesen Zeiten der zwingenden Gemeinsamkeiten der Religionen mit einer Erklärung an die Öffentlichkeit zu gehen, die von den nichtkatholischen und einigen nichtchristlichen Gemeinschaften als Affront empfunden wurde.

In dem Dokument „Dominus Iesus – Über die Einzigkeit und die Heilsuniversalität Jesu Christi und der Kirche" (Vgl. L'Osservatore Romano, Wochenausgabe in deutscher Sprache, 8. September 2000) hatte Kurienkardinal Joseph Ratzinger nachdrücklich festhalten lassen, dass „diese Kirche, in dieser Welt als Gesellschaft verfasst und geordnet, verwirklicht (subsistit)" ist in der katholischen Kirche, „die vom Nachfolger Petri und von den Bischöfen in Gemeinschaft mit ihm geleitet wird".

Die anderen Religionsgemeinschaften, zumal die getrennten christlichen Konfessionen, die sich selbst als „katholisch" und kirchlich verstehen, sahen sich zurückgesetzt. Die Aufforderung, „mit Festigkeit an der Unterscheidung zwischen dem theologischen Glauben und der inneren Über-

zeugung in den anderen Religionen" festzuhalten, verband sich mit der Kritik an einer Theologie, die Jesus Christus auf eine Ebene mit anderen Erlösergestalten und Heilslehren stellte.

Katholische Theologen aus dem asiatischen Raum, denen der Vorwurf des Relativismus in erster Linie galt, wiesen solche Aussagen als nicht differenziert genug zurück. Um andere Religionen zu verstehen, müsse man auch ein stückweit in diesen leben. Für „Rom" aber bleiben solche Grenzüberschreitungen der Akulturation, in denen Kreuz und Swastika symbolhaft zusammenfließen, unannehmbar.

Schon argwöhnten Überängstliche, auch in Assisi könnte ein Pantheon der Kulturen errichtet werden. Ob der Papst nicht zu weit gehe? Unter dem nächsten Pontifikat würden derartige Umarmungen möglichst unterbleiben. Die schrecklichen Terror-Akte, aber auch manche schrillen Töne islamischer Fundamentalisten, von denen die Presse berichtete, dürften italienische Kurienprälaten verschreckt haben. Aber hatte der Papst nicht jeden religiös verkleideten Terrorismus scharf verurteilt: „Im Namen Gottes tötet man nicht."

Um auch die letzten Skeptiker zu beruhigen, wurde der Vatikan nicht müde zu beteuern, Synkretismus sei nicht im geringsten zu befürchten. Ja, die Religionsvertreter beteten diesmal nicht in Gegenwart der anderen, sondern zeitgleich zwar, in getrennten Räumen, ein jeder nach seiner Art, jede Delegation für sich. Wo Nichtchristen im Konvent der Franziskaner zusammenkamen, wurden die Kruzifixe abgehängt, denn der Respekt sollte gegenseitig gelten. Der Rauch der indianischen Friedenspfeife musste von niemandem eingeatmet werden, denn die Sioux und Cherokee waren daheimgeblieben. Wie immer auch: In diesen Momenten konnte man mit Lessings Nathan spüren: „Und doch ist Gott."

Neben dem Gebetstreffen von Assisi, das zu einer festen Einrichtung geworden ist, kommt es vermehrt zu interreligiösen Begegnungen. Das Bedürfnis nach internationaler Verständigung und Zusammenarbeit, die Anerkennung der Würde des anderen, der Respekt vor dem Leben und anderen Kulturen – nicht zuletzt nach den Anschlägen vom 11. September in New York und Washington – ist als „Wert des „Überlebens" in der Welt noch einsichtiger geworden." (Ruth Wagner, Hessische Ministerin für Wissenschaft und Kunst, anlässlich des 50-jährigen Bestehens des deutsch-amerikanischen Fulbright-Programms, Frankfurt/Main, Grußwort am 25. Januar 2002)

Globalisierung – entwickelt sich dieser Begriff zum „Unwort" nicht eines Jahres, sondern einer ganzen Zeitepoche? Der Begriff wurde zum Synonym für Verwestlichung und Amerikanisierung des Lebensstils und

Konsumverhaltens, wie sie das Schlagwort von der „McDonaldisierung" illustriert. Dahinter steht das Bild von einem weltweiten Freihandel, der wie ein Moloch die Schwächeren frisst, die Vorstellung vom unterschiedslosen Leben im „globalen Dorf". Was bedeutet die Globalisierung für Völker und Nationen, die sich bisher auf eine oft Jahrhunderte lange Kulturtradition berufen? Welche Fortschritte werden mit der Aufgabe bestimmter Gewohnheiten eingetauscht?

Die Befürworter der Globalisierung müssen davon ausgehen, dass die Nutzeffekte dieser ökonomischen und politischen Vernetzung nicht zu Dumpingpreisen zu haben sind – es sei denn, man fordert einen Widerspruch heraus, der sich bei denen immer stärker formiert, die dazu die Kraft verspüren, oder man nimmt fatalistisch den Zusammenbruch jener in Kauf, die sich in ihrer Schwäche nicht mehr erheben können.

Liberale Wirtschaftstheoretiker haben die Vorteile der Globalisierung herausgearbeitet, die auch denen zugute kämen, die bisher von den Geld- und Handelsströmen außer Acht gelassen oder benachteiligt worden seien. Globalisierung bedeute Anschluss an die Zukunft, durch Teilhabe an der modernen Telekommunikation und den Errungenschaften demokratischer Ordnungsprinzipien.

Auch die ethischen Aspekte des künftigen Miteinanders auf den Märkten werden von nüchternen Analysten stärker ins Kalkül gezogen und allenfalls von skrupellosen Spekulanten ignoriert. Auf internationalen Symposien werden die Beschwerden der so genannten Entwicklungsländer thematisiert, aber auch die „hausgemachten" Probleme selbstherrlicher Cliquen – vom Großgrundbesitz bis zur Offizierskaste – deutlicher zur Sprache gebracht.

Die nahe Zukunft erscheint der Mehrheit auf unserem Globus aussichtslos, ohne Hoffnung auf Besserung: „Weltweit sind 1,2 Milliarden Menschen arm an Einkommen; sie leben mit weniger als einem Dollar am Tag." Dieser Schlüsselsatz aus dem „Bericht über menschliche Entwicklung 2000", von den Vereinten Nationen vorgelegt, er ist die Bilanz einer Welt, die sich andererseits für den Eintritt in das Dritte Jahrtausend mit technologischen Errungenschaften gerüstet hat, die einer Generation früher noch nicht vorstellbar waren.

Hinter den von der Weltorganisation ermittelten Armutszahlen steht der Mangel an Trinkwasser (für mehr als eine Milliarde Menschen), an angemessenen sanitären Einrichtungen (für mehr als 2,4 Milliarden Menschen), das Elend der Kinder, die auf der Strasse leben und arbeiten (100 Millionen Kinder), der Zwangsprostitution (1,2 Millionen Frauen und Mädchen unter 18 Jahren) und der so genannten Kindersoldaten (300 000 in den neunziger Jahren; 6 Millionen wurden in den bewaffneten Konflikten verwundet.) Man könnte die Statistik des „Unheils" der Menschheit fortsetzen. Die Armut bekommt ein Gesicht, wenn man nach Äthiopien, Burkina Faso, Niger und Sierra Leone reisen würde. Diese Staaten bilden die Schlusslichter von 174 Nationen, vier Länder Afrikas – Völker des „vergessenen Kontinents".

Die Nutzung der natürlichen Ressourcen und des „Humankapitals" wird von den Armen dieser Welt als Ausbeutung sowohl der Bodenschätze als auch der menschlichen Arbeitskraft erfahren, die kulturellen Fähigkeiten und das geistige Potential der abhängigen Partnerländer missachtend.

Die Weltbischofssynode sowie die Bischöfe auf europäischer Ebene haben, den Aufrufen des Papstes folgend, eine neue Weltarchitektur gefordert, in der die Wirtschaft nicht nur nach den Kriterien der ökonomischen Effizienz für die Wohlhabenden beurteilt wird. Menschenwürde und Gerechtigkeit seien unverzichtbare Bestandteile, den spirituellen Werten müsse wieder mehr Bedeutung beigemessen werden: „Wir müssen Gott in der Welt sehen."

Persönlichkeiten aus aller Welt, die so genannte „Group of Eminent Persons", hatte auf Einladung von UN-Generalsekretär Kofi Annan, zum „Jahr des Dialogs der Kulturen" in einem Manifest zu beinahe biblischen Formulierungen gegriffen, in dem sie bekräftigten, „dass im Vergleich zu den wenigen, die ihre Nachbarn töten, viel mehr Menschen in ihrem Herzen wissen, dass wir füreinander Hüter sind." (Brücken in die Zukunft. Ein Manifest für den Dialog der Kulturen. Eine Initiative von Kofi Annan. Mit einem Geleitwort von Joschka Fischer. Frankfurt 2001) Zu den Autoren zählt der deutsch-schweizer Theologe Hans Küng, dessen „Projekt Weltethos" versucht, die Weltreligionen auf gemeinsame ethische Grundlagen zu verpflichten , dem bonum commune ganzer Regionen und Nationen verantwortlich, vor dem Hintergrund der „Überlebenskrise der Menschheit und des Planeten".

Seit den terroristischen Anschlägen vom 11. September 2001 wird mehr denn je auf die Religionen geschaut, auf ihre Fähigkeit zum Gespräch für den Frieden. Welche Chancen hat ein solcher Dialog, was kann er leisten?

Einiges ist schon angedeutet worden: Verständnis und Toleranz, selbst da, wo man andere Überzeugungen nicht teilt. Das führt automatisch zum Dialog. Denn dieser ist eine der ursprünglichsten Formen, wie Menschen miteinander menschlich umgehen, wenn sie sich auf diese Art kennen gelernt haben. Nicht umsonst gibt es die großen Austauschprogramme der verschiedensten Institutionen, durch die Menschen aller Altersstufen andere Kulturen mit ihren jeweils unterschiedlichen Lebensformen kennen lernen und verstehen sollen. Dadurch teilen sie sich Gemeinsamkeiten und Verschiedenheiten mit. Dadurch suchen wir auch nach gemeinsamen Formen menschengerechten verantwortungsvollen Handelns, nach Strategien aus Sorge um die Erhaltung des Friedens und der Schöpfung, aber auch nach Erkenntnis und Wahrheit.

Daneben dient der Dialog dazu, anderen meine ureigensten Überzeugungen nahe zu bringen, ihnen zu zeigen, wer ich bin, verständlich zu machen, wo meine Grenzen und Möglichkeiten sind. Nur dadurch kann so etwas wie Gemeinsamkeit und Individualität entstehen, die beide zusammen die Grundlage von Identität sind. Christliche Identität entsteht vor allem durch den Glauben an Jesus, den Christus, der für uns der Mittler zwischen Gott und Mensch ist. Diese Überzeugung zählt für den Christen zu den Kernpunkten seines Glaubens.

Ich habe den Eindruck, dass heutzutage gelegentlich manche, auch manche Theologen in Asien, diese Einzigkeit Jesu nicht mehr glauben oder meinen glauben zu müssen. Sie sagen, Jesus ist eben einer von den Religionsstiftern wie Mohammed oder Buddha oder wer immer. Eben das ist nicht richtig. Wir können ihn nicht unter die verschiedenen Religionsstifter einreihen. Das verwischt seine Einzigartigkeit.

Da stimmen Sie der römischen Glaubenskongregation zu? Wir erinnern an das Dokument „Dominus Jesus – Über die Einzigkeit Jesu Christi und der Kirche“, eine Standortbestimmung gegenüber den anderen christlichen Glaubensgemeinschaften sowie den nichtchristlichen Religionen?

Besonders die ersten drei Kapitel versuchen deutlich zu machen, dass Jesus Christus für die Christen nicht in eine Reihe mit anderen Religionsstiftern eingeordnet werden kann. Nicht, weil wir überheblich sein wollen, sondern weil für uns Jesus Christus die Mitte des menschlichen und des göttlichen Lebens sein muss. In diesen ersten drei Kapiteln, so meine ich, hat die Glaubenskongregation etwas ausgesagt, was eigentlich alle christlichen Konfessionen bejahen können und sollten. Auch die Protestanten. Sie sollten sich freuen, dass die katholische Kirche sehr deutlich Christus als Mitte und als den einzigen Mittler zwischen Gott und den Menschen dargestellt hat. Leider habe ich das bei der Diskussion in Deutschland kaum gehört.

Nun, alle Religionen erheben einen gewissen Anspruch auf Wahrheit, auf den Alleinbesitz der Wahrheit, sozusagen einen Universalanspruch. Birgt ein solcher Wahrheitsanspruch in sich nicht auch ein Gewaltpotential, aus dem sich der Fundamentalismus bedient? Oder handelt es sich dabei allein um einen Missbrauch der Religion?

Er birgt natürlich auch die Möglichkeit des Missverständnisses und auch der möglichen Gewalt. Aber das gilt nicht nur für Wahrheiten, wie Religionen sie festhalten, sondern das gilt ja genauso gut für jeden anderen Wahrheitsanspruch. Wahrheit konfrontiert mit einem ganz besonderen Anspruch, denn sie will angenommen werden und verlangt gegebenenfalls die Umkehr von falschen Wegen.

Selbstverständlich müssen wir aber feststellen, dass Wahrheit in unterschiedlichen Facetten und Perspektiven erkannt wird. Diese unterschiedlichen Wahrnehmungen prallen aufeinander wie Samuel Huntington gesagt hat; (vgl. Samuel P. Huntington: „The clash of civilizations", Deutsche Ausgabe: „Kampf der Kulturen"). Er spricht zwar von Kulturen, aber man könnte das ja auch so formulieren: Es sind Wahrnehmungen von Wahrheit, die dann miteinander ringen, aufeinander zugehen.

Halten Sie es für möglich, dass ein solcher Zusammenprall der Kulturen, der Religionen, nicht nur zu gewaltsamen Auseinandersetzungen führen, sondern am Ende einen großen Krieg auslösen kann?

Ich habe ja schon gesagt, es ist natürlich eine Möglichkeit, die sich aus dem beschränkten Erkenntnisvermögen des Menschen ergeben kann, aus einer falschen Wertung, wie das in der Geschichte der Menschen ja häufig schon gewesen ist. Man muss zunächst einmal sagen, dass das, was wirklich der Wahrheit entspricht, Anspruch hat, auch als Wahrheit erkannt und angenommen zu werden. Mit Recht kann also jemand sagen, ich habe die Wahrheit, ich besitze die Wahrheit. Hier liegen aber auch die menschlichen Schwierigkeiten, weil wir in unserer Unvollkommenheit vieles glauben als Wahrheit zu erkennen, was es nicht ist. Deswegen ist Vorsicht geboten, die christliche Tradition spricht von der „Unterscheidung der Geister". Dazu soll der Dialog der Religionen ja auch dienen. Und es gibt viele Zeichen dafür, dass es heute möglich ist, manche Formen von Gewalt, Unterdrückung zu vermeiden.

Welche Rolle sehen Sie auf das Papstamt zukommen, wenn dieser Dialog immer wichtiger wird? Welche Funktion könnte das päpstliche „Amt der Einheit" übernehmen?

Also wenn es zutrifft, dass – zur Zeit jedenfalls – keine andere Religion die Autorität und die Möglichkeit hat, die verschiedenen großen Religionsgemeinschaften zusammenzurufen, dann meine ich, ist das eine, wenn auch nicht die einzige Möglichkeit des Papstes, seine Stellung auch für das Wohl der Welt einzusetzen. Ohne den Einsatz des Papstes, mit seinen über die über Jahrzehnte währenden vertrauensvollen Gesprächen und Kontakten, würden die Vertreter der Religionen überhaupt nicht zusammen kommen. Es gäbe möglicherweise diesen ganzen Dialog zwischen den Religionen nicht.

Zu den Gebetstreffen in Assisi gab es auch kritische Stimmen, die vor den Gefahren einer Vermischung, eines religiösen Synkretismus warnten. Teilen Sie diese Bedenken?

Ich denke schon. Das wird ja auch in der Erklärung „*Dominus Jesus*" deutlich und es ist auch Aufgabe der römischen Kongregationen, darauf aufmerksam zu machen, welche Stellung Jesus in einem Dialog der Religionen behalten muss und nicht aus falsch verstandenem Irenismus aufgegeben werden darf. Bloß um Streit zu vermeiden, dürfen wesentliche Glaubensaussagen nicht eingeebnet werden. Die Gefahr eines verkürzten Dialoges ist dadurch möglicherweise gegeben. Aus diesem Grund ist es richtig, wenn Rom diese Schwierigkeiten benennt.

Ich habe allerdings den Eindruck, dass der Papst weder bei der ersten Versammlung in Assisi noch bei der jüngsten eine solche Simplifizierung betrieben hat. Das kann man nicht sagen. Vielmehr meine ich, dass im Grunde dem Papst als demjenigen, der in einer weltweiten Kirche das einheitsstiftende Amt innehat, eine verbindende Funktion im Dialog der Religionen zukommen kann. Die in der katholischen Kirche vorhandene weltweite Communio sehe ich weder bei den Protestanten noch bei den Orthodoxen oder Anglikanern. Auch in den anderen Religionen gibt es weltweit bisher nichts Vergleichbares. Selbst bei den Muslimen nicht, auch sie haben untereinander keine Einheit. Ungeachtet ihrer zahlenmäßigen Stärke von über einer Milliarde Anhängern, die ungefähr der katholischen Kirche gleichkommt, wird es ihnen wahrscheinlich nicht möglich sein, dass sie zu einer solchen interreligiösen Versammlung einladen, wie es der Papst in Assisi getan hat.

Nach dem 11. September stellt sich die Frage immer drängender, wie die Weltreligionen einen gemeinsamen Weg für Frieden und soziale Gerechtigkeit auf diesem Planeten finden können? Papst Johannes Paul II. fordert einen gemeinsamen ethischen Code der Menschheit.

Dies überrascht nicht. Papst Johannes Paul II. hat so radikal wie kaum ein Papst vor ihm den Menschen in den Mittelpunkt seiner Verkündigung gestellt. Das Menschenbild ist für ihn das entscheidende Kriterium der Kultur einer Gesellschaft. Auf dieses Kriterium verpflichtet er auch die verschiedenen Religionsgemeinschaften. Konsequent kommt er zu der scharfen Verurteilung von Krieg und Gewalt im Namen Gottes. Gerade das Bild vom Menschen entwickelt sich in der Welt zunehmend pluraler. Denken Sie etwa an den Streit um den Beginn und das Ende menschlichen Lebens. Wir wären einen wesentlichen Schritt weiter zu einer friedvollen und gerechten einen Welt, wenn es uns gelänge, Einigkeit darüber zu erzielen, was der Mensch ist. Wir dürfen dabei nicht bei den Lippenbekenntnissen stehen bleiben, bei politischen „Fensterreden", sondern müssen von der Lebenswirklichkeit der Menschen ausgehen. Dies hat Johannes Paul II. in unermüdlicher Weise in seinem Pontifikat getan. Die Reisen besonders zu den Ärmsten dieser Welt sind dafür ein beredtes Zeugnis. Christen werden sich mit der Unterdrückung, Gewalt und Ungerechtigkeit in der Welt nicht abfinden, sondern immer ihre Stimme erheben, unabhängig davon, ob dies tagespolitisch opportun ist oder nicht. Wer sich für den Menschen und seine Würde einsetzt, benötigt einen langen Atem. Zu fest sitzen die Fesseln des Hasses und der Ungerechtigkeit.

Im Dialog der Religionen wird neben der Frage nach dem Gottesbild die Frage nach dem Menschenbild beantwortet werden müssen. Für Christen sind dies zwei Seiten einer Medaille.

Karol Wojtyla und Johnnes Joachim Degenhardt

Erinnern wir uns an den Tag des öffentlichen Konsistoriums im Februar 2002, den Tag, an dem der Papst Ihnen das rote Birett überreicht hat. Dieser Moment ist das stärkste Bild, das die Tage geprägt hat. Viele möchten natürlich wissen, was der Papst Ihnen in diesem Moment gesagt hat, etwa auch private Worte?

Man muss nüchtern sagen, bei 44 neuen Kardinälen kann der Papst nicht mit jedem Einzelnen längere Zeit ein persönliches Gespräch führen. Natürlich kennt der Papst die neuen Kardinäle. Wir kennen uns schon seit 30 Jahren. Dass er bei Begegnungen dann auch das eine oder andere lächelnd oder schmunzelnd in fremden Sprachen sagen kann, das kennen wir von ihm ja auch. Hier aber, beim Aufsetzen des Biretts, ist eigentlich außerhalb des offiziellen Textes von ihm aus nichts gesagt worden.

Sie kennen sich seit 30 Jahren, haben sie gesagt. Die erste Begegnung war 1971 auf der Bischofssynode?

Ja, er war damals schon Kardinal, während ich als junger Weihbischof dabei war. Ich habe mit ihm gesprochen und angeregt, ob man nicht wieder, wie beim Konzil, eine Begegnung zwischen den deutschen und den polnischen Synodenmitgliedern veranstalten könnte. Ich kann mich nur daran erinnern, wie er mir damals – er sprach deutsch – geantwortet hat: „Da muss ich erst mit Kardinal Wyszynski sprechen."

Kommen wir noch mal auf dieses große Ereignis in Rom zurück, Ihre Ernennung zum Kardinal. Man sagt, 1980, bei seinem Besuch in Köln, habe der Papst die Mitra des Erzbischofs von Paderborn getragen. Eine Legende oder ein erster Hinweis auf das, was später auf Sie zukommen sollte?

Nein, es war etwas anders. 1980 feierte der Papst mit über 500.000 Menschen in Köln die Messe. Es war ein regnerischer Tag. Der Boden war nass und aufgeweicht. Der Papst hatte sich, bevor er zunächst durch die Reihen der Wartenden fuhr, schon verspätet. Wie bei diesen Besuchen üblich, war für ihn eine eigene Sakristei reserviert. Wir Bischöfe hatten eine andere. Als wir schon lange fertig waren, passierte etwas meines Wissens

Immer wieder treffen die beiden einander auch nach der Wahl Kardinal Wojtylas zum Papst. Hier bei dem Besuch des Papstes in Polen.

einmaliges: die Mitra des Papstes war verschwunden. Wo sie geblieben war, weiß ich nicht. Als jemand seiner Sekretäre uns hierüber informierte, habe ich ihm gesagt: „Dann nehmen sie doch meine, wenn die passt; wenn wir den gleichen Kopf haben". Gesagt, getan: Und sie passte – das heißt, unsere Kopfgröße ist also tatsächlich die gleiche. Der Papst hat dann zunächst meine Mitra aufgesetzt. Als seine kurz darauf aufgefunden wurde, hat er sie zu Beginn seiner Predigt aufgesetzt.

Wenn Sie den Heiligen Vater, so gut „behütet" haben, dann kann man ja auch mal fragen, wie diese beiden Köpfe sonst zusammenpassen? Ihnen wird ja ein besonderes Verhältnis zum Papst nachgesagt.

Das war damals in dieser Situation nichts anderes, als eine einfache praktische Lösung. Aber natürlich ist das schon etwas besonderes, wenn jemand 30 Jahre mit einem anderen vertraut ist. Wir hatten uns kennen gelernt, wie gesagt, bei der Bischofssynode damals, 1971 in Rom. In den Jahren zuvor hatte ich mich immer wieder bemüht, nach Polen zu reisen. Das ging auf meinen früheren Präfekten im Theologenkonvikt, Prof. Heinz Schürmann, der später in Erfurt wirkte, zurück. Er hatte mir gleich, nachdem ich Priester geworden war, einen polnischen Priester, sozusagen als Partner anvertraut. Ziel dieser Partnerschaft war es, die Priester zu unterstützen, etwa durch Literatur, die sie sonst nicht bekommen konnten. Das habe ich 20 Jahre getan. Allerdings konnte ich ihn nicht besuchen. Ich habe nie ein Visum bekommen. Erst 1973, als eine Gruppe von etwa 60 oder 65 Priestern nach Pfingsten eine Fahrt nach Polen organisierte, habe ich gedacht, schließ dich denen doch mal an, dann kriegst du vielleicht das Visum. Aber das Spiel wiederholte sich. Während die anderen ihr Visum hatten, wartete ich noch immer. Da habe ich mich beim damaligen Bundeskanzler beschwert. Das war Helmut Schmidt. Der hat sich dann bei der polnischen Vertretung eingesetzt und ich bekam am letzten Tag, bevor die Reise losging, auch noch mein Visum. Das war also das erste Mal, dass ich überhaupt nach Polen durfte. Bei dieser Gelegenheit hat unsere Gruppe in Krakau mit dem dortigen Kardinal ein längeres Abendgespräch geführt. Da er deutsch konnte, benötigten wir keinen Dolmetscher, was das Gespräch insgesamt sehr lebendig werden ließ. Obschon: Wenn ich mich daran erinnere, muss ich sagen, er sprach noch nicht so gut deutsch wie heute. Es lag wohl daran, dass er natürlich selten Gelegenheit hatte, deutsch zu sprechen, während er heute bei fast jeder Audienz ein paar deutsche Worte sagen muss. Also heute spricht er gut deutsch und auch seine humorvollen, schlagfertigen Äußerungen, bringt er ganz gut auch in deutscher Sprache an.

Von daher kennen wir uns. Es war für mich allerdings überraschend, als er dann fünf Jahre später zum Papst gewählt wurde. Damit hatte ich nicht gerechnet.

Wirklich nicht?

Nein, der neue Papst war ja gerade erst gewählt worden, Papst Johannes Paul I. Da konnte niemand daran denken, dass dieser nach 33 Tagen sterben würde und dass wir, nach wie vielen Jahrhunderten wieder einen nichtitalienischen Papst bekommen.

Wie entscheidend waren die deutschen Wahlmänner, um den Polen auf den Papstthron zu heben?

Ich erinnere daran, dass es der Krakauer Kardinal-Erzbischof Wojtyla war, der den Weg der Versöhnung zwischen Polen und Deutschen geebnet hat. Nicht vergessen der Briefwechsel von 1965 zwischen den polnischen und den deutschen Bischöfen zum Ende des Zweiten Vatikanischen Konzils, gipfelnd in dem Versprechen: „Wir vergeben und bitten um Vergebung“ Auf beiden Seiten gab es damals nicht nur Zustimmung, weder in der polnischen Regierung noch unter den deutschen Vertriebenen.

Ich war nicht beim Konsistorium, als Kardinal Wojtyla zum Papst gewählt wurde. Das weiß ich nicht, und das bleibt ja auch geheim. An Spekulationen möchte ich mich nicht beteiligen. Ich kenne aber beide, auch Kardinal Wyszynski. Ihm bin ich zum ersten Mal 1974 begegnet. Ich habe damals meinen gesamten Urlaub in Polen verbracht. Zwei Wochen in der Diözese Kattowitz und zwei Wochen im Ermland. Auf dem Weg dahin und zurück habe ich auch den Primas, Kardinal Wyszynski besucht.

In Braunsberg hatte ich eine Kirche gesehen, die entweder im Krieg oder später durch die Sowjets völlig zerstört war. Der damalige Bischof von Allenstein hatte mich gebeten, etwas für die Renovierung zu geben. Er habe zwar die Genehmigung, aber die Renovierung müsse noch im selben Jahr begonnen werden. Ich habe ihm geantwortet, dass ich zunächst den Primas fragen müsse, ob er damit einverstanden wäre.

Deshalb bin ich damals, auf der Rückreise kurz bei Kardinal Wyszynski gewesen. Er war zu mir, dem damals jungen Mann, sehr freundlich. Er hat mich auch in sein Haus aufgenommen, weil wir eine Nacht da bleiben mussten. Er sprach Deutsch, da ich weder Französisch noch Polnisch sprach. Das war sehr erstaunlich, denn es hieß, er würde nie mehr Deutsch sprechen. Mit mir hat er es also getan und wir haben uns ken-

Die erste Begegnung 1973: Erzbischof Karol Kardinal Wojtyla empfängt eine Gruppe Paderborner Priester mit Weihbischof Johannes Joachim Degenhardt an der Spitze.

nen- und schätzen gelernt. Vielleicht hat das damit zu tun, dass vor ihm ein junger deutscher Bischof saß, der im Krieg nicht als Soldat gegen Polen gekämpft hat. 1939 war ich 13 Jahre alt.

Sie haben die Frage nach der inneren Nähe zum Wojtyla-Papst noch nicht beantwortet.

Natürlich, seine theologische Position und meine, das merken auch Journalisten, liegen eng beieinander. Wir haben uns nach der ersten Begegnung in Krakau häufiger gesehen, auch nachdem er Papst geworden war.

Er hat mich sofort wiedererkannt und wusste sehr schnell, dass ich Erzbischof von Paderborn war. Ich höre immer wieder, wenn Paderborner Gruppen in Rom waren, er habe ihnen geantwortet: „Ach, Degenhardt, grüßen Sie ihn."

Und was macht den Kern dieser Gemeinsamkeit aus?

Als Beispiel und Grundlage möchte ich vielleicht die Entschiedenheit nennen, mit der Johannes Paul II. den Menschen mit seiner besonderen Würde in den Mittelpunkt seiner Überlegungen stellt. Etwa in seiner ersten Enzyklika „Redemptor hominis" aus dem Jahr 1979. Heute noch populär ist seine Aussage „Der Weg der Kirche ist der Mensch". Diese Enzyklika ist ein hermeneutischer Schlüssel für alle folgenden Texte und Aussagen des Papstes. Kein anderer Papst vor ihm stellte den Menschen so konsequent in das Zentrum seiner Überlegungen. Ihm geht es um den Menschen in seiner vollen Wahrheit, in all seinen Dimensionen. Der Kirche kommt es zu, sich um den Menschen zu kümmern, in seiner individuellen, unwiederholbaren Wirklichkeit, in der unzerstörbar das Bild und das Gleichnis Gottes enthalten sind. In den folgenden Enzykliken entfaltet der Papst diese Perspektive. So zum Beispiel 1981 in seiner großen Enzyklika „Familiaris consortio" über Fragen von Ehe und Familie, Ehescheidung, Wiederverheiratetgeschiedene und so weiter. Aber auch das Engagement, mit dem er sich der sozialen Problematik angenommen hat, etwa in seiner Enzyklika „Sollicitudo rei socialis" aus dem Jahr 1988. Mit kritischem Auge beobachtet er die Entwicklungen in der Welt, brandmarkt Ungerechtigkeiten, Gewalt und Terror. Scharf wendet er sich gegen alle Bestrebungen den Menschen zu verzwecken, ihn zum Objekt menschlichen Handelns zu machen. Wenn er in diesem Zusammenhang von einer Kultur des Todes spricht, die einer Kultur des Lebens entgegensteht, dann kann ich ihm nur aus vollem Herzen zustimmen. Ich mache in den letzten Jahren die gleichen Erfahrungen.

Nun hat er Ihr Rücktrittsangebot, das Sie mit Erreichen des 75. Lebensjahres in Rom einreichen müssen, nicht angenommen: Vielmehr hat er Sie zum Kardinal erhoben. Das Alter spielte in Ihrem Fall jedenfalls keine Rolle.

Das denke ich schon. Dennoch werde ich ihn aber nicht danach fragen. Er ist frei in seiner Entscheidung und muss niemanden Rechenschaft geben.

Vom Auftrag des Kardinals

Sie haben an der Achse der Welt gedreht, Könige gemacht und Despoten gestürzt, Kabalen gehörten zu ihrem Repertoire wie Scharfsinn und Esprit im wissenschaftlichen Disput, Herzensgüte und Intrige zählten zu den Ingredienzien ihrer Macht, zumal in den Zeiten des Feudalismus und Absolutismus, der Allianzen von Thron und Altar, der Glaubens-, Adels- und Hofparteien.

Einst waren sie „Herrscher in Purpur" (Alfred Mühr), wie jener rätselhafte Armand Jean du Plessis, „größter französischer Staatsmann der frühen Neuzeit" (Michael Salewski), ein „zur Maßlosigkeit neigender und dämonischer Mensch" (Carl J. Burckhardt) und doch ein Mann der Kirche, letztlich ihr und der Einheit im Glauben verpflichtet, also jener „eiserne" Kardinal Richelieu, der, wie wir in Burckhardts großer Richelieu-Biographie lesen, „in allen Lagen der eigenen Berufung mit den angespannten Mitteln seines menschlichen Verstandes diente" und „als komme ihm nichts Hintergründiges zu Hilfe, dennoch immer schließlich in Maß und Gleichgewicht" blieb.

Also ganz dem Wortsinn entsprechend, auf den sich der Kardinalstitel zurückführt: auf das lateinische „cardo", Türangel, Drehpunkt. „In uns, gleich wie in ihren Angeln dreht sich der allgemeinen Kirche Achse", verstand das Mittelalter mit Bischof Otto von Freising den Sonderstatus der Herren in der obersten Führungsetage. Bis es Robert Bellarmin, dem Kardinal der Inquisition, in einem Augenblick des Skrupels entfuhr: „Wenn ich auf mein rotes Gewand sehe, kommt es mir vor, als züngelten die Flammen der Hölle zu mir empor."

Man kann sich wohl vorstellen, welche Aufgabe den Kardinälen zukam – ab dem 6. Jahrhundert waren die „cardinalis" zunächst verdiente Kleriker an den Hauptkirchen von Rom und Umgebung. In den benachbarten Sprengeln waren sie gewissermaßen die päpstlichen Dechanten, man könnte auch sagen, Regionalbischöfe – aber auch Sonder-Beauftragte für die Armenpflege – eine Ämtervielfalt und Hierarchie, die sich bis heute in den Titeln des Kardinalbischofs, Kardinalpriesters und Kardinaldiakons spiegelt, auch wenn sie nur noch symbolisch, gelegentlich aber auch protokollarische Bedeutung haben, etwa bei großen Audienzen.

Die Winkelzüge bei Hofe gehören der Vergangenheit an. Nepoten und Pressure-Groups mögen sich hier und dort noch versuchen, der Weg zum

Purpur führt heutzutage weit häufiger entlang einer wenig spektakulären Route. Grosse Metropolitansitze in aller Welt haben längst einen Anspruch auf den Roten Hut; da wird schon mit der Wahl oder Ernennung des Erzbischofs oder eines Koadjutors mit dem Recht der Nachfolge in Rom über die weitere Beförderung des Kandidaten entschieden. Aufregend bleibt aber noch immer, wen der Papst darüber hinaus in den Elite-Kreis beruft – ob aus dem Kreis der Diözesanbischöfe oder etwa aus einem Land, in dem die Kirche verfolgt wird, (wobei die Ernennung oft „in pectore" erfolgt, unveröffentlicht, verschlossen „in der Brust" des Papstes, um den geheimen Kardinal zu schützen. Kommunistische Staaten kamen in der Vergangenheit zu dieser zweifelhaften Ehre) oder welchem Theologen die Palme zuteil wird.

Zwar sind sie nicht mehr die römischen Fürsten, wie es dem Titel „Eminenz" entsprach – aber die Anrede ist im förmlichen Sprachgebrauch geblieben, ebenso das Bild von den „Kronprinzen" der Kirche, die sie ja alle sind, potentielle Anwärter auf den Petrus-Thron. Mag sich vor und während eines Konklaves auch das Kandidatenkarussell drehen, vor Überraschungen sind selbst die Wahlmänner bis zur letzten Abstimmung nicht sicher. Aber wir wissen, vornehmste Aufgabe der Kardinäle Seiner Heiligkeit ist die Wahl des Papstes, sofern das 80. Lebensjahr nicht überschritten ist. Papst Johannes Paul II. hat mit dem Februar-Konsistorium 2001 das Kollegium auf die bisher höchste Zahl ausgeweitet und auch die auf 120 Papstwähler festgelegte Zahl des Konklaves überschritten, allerdings wohl auch im Blick darauf, dass einige schon bald die vorgeschriebene Altersgrenze erreichen würden.

Der Papst wollte es jedoch bei dieser repräsentativen Pflicht nicht belassen, zumal ja viele nicht sicher sein können, je in den Genuss der spannenden Tage um den Weissen Rauch zu kommen. So hat der amtierende Papst die Einrichtung des Konsistoriums neu belebt, der Vollversammlung aller Kardinäle, also nicht nur die Zusammenkunft der Chefs der Kurienbehörden. Seitdem tagt in unregelmäßigen Abständen wieder der Senat des Papstes, ein Kollegium der „elder statesmen" gewißermassen. Die Herren beraten den Pontifex, die Entscheidungen trifft allerdings weiterhin nur er allein. Aber die Meinung dieses erlauchten Zirkels scheint vielleicht unmittelbarer im Zugang zum Papst, als die Stimmenvielfalt der Welt-Bischofssynoden, die zwar eine gewisse Parallelität schaffen, denn die Fragestellungen dürften so ziemlich dieselben sein, zumal diverse Kardinäle als Diözesanbischöfe an beiden Versammlungen teilnehmen. Sie reden durchaus nicht in allen Punkten unisono, weder im großen Auditorium noch im engeren Zirkel, sondern vertreten ein breites

Meinungsspektrum. Insofern konkurrieren Synode und Konsistorium wenig miteinander. Aber so richtig austariert scheinen die Gremien noch nicht zu sein.

Der pompöse Rahmen öffentlicher Konsistorien zur Erhebung neuer Kardinäle lässt für Momente den äußerlichen Glanz der Kirche erstrahlen – dem die Päpste der modernen Zeit sehr wohl nüchterne Parenthesen entgegenzusetzen wussten. „Duc in altum" – das offene Meer des neuen Jahrtausends nicht zu scheuen – das Schifflein Petri durch schwere Wasser zu steuern – Menschenfischer zu sein – das waren nicht nur Lobeshymnen, die Johannes Paul II. seinen neuen ranghöchsten Mitarbeitern am Tag ihrer Ernennung vortrug.

Priester muss sein, wer als Kardinal in Frage kommt; er soll sich „in Glaube, Sitte und Frömmigkeit, sowie durch Klugheit in Verwaltungsangelegenheiten auszeichnen." Da wir die Zeit der Renaissance längst erledigt haben, stehen diese Eigenschaften heute nicht mehr zur Diskussion, wenn der Papst seine Entscheidung trifft. Treu sollen die Kardinäle ihm sein, als bedürfe dies einer sonderlicher Betonung. Johannes Joachim Degenhardt hat ihm dies in die Hand versprochen: Die Erhebung zum Kardinal verbinde ihn in besonderer Weise mit der ganzen Kirche und mit Papst Johannes Paul II., der als Nachfolger des Apostels Petrus die Weltkirche leite. Aber das hatte der Papst schon den Paderborner Katholiken gesagt, in seinem Glückwunsch zum 75. Geburtstag ihres Oberhirten. Der Jubilar sei „ein guter Hirte", der „die Treue zum Nachfolger Petri ganz oben ansetzt."

Man sagt, das Rot der Kardinäle symbolisiere die Treue, Treue bis hin zum Blutvergiessen: usque ad effusionem sanguinis. Es ist in Deutschland noch nicht so lange her, dass dies hätte gefordert sein können – als fanatische Nationalsozialisten den Bischof von Münster haben hängen sehen wollen. Pius XII. wusste, wozu die Gottlosen bereit waren – er hat Clemens August von Galen sofort nach dem Krieg mit dem Purpur geehrt – auch ohne den letzten Beweis.

Paderborn hat wieder einen Kardinal

Als am 28. Januar 2001 um 12.00 Uhr in der Stadt Paderborn die Glocken läuten, verbreitet sich die Nachricht wie ein Lauffeuer: Paderborn hat wieder einen Kardinal. In der Tat, am Ende des Angelus-Gebetes hatte Papst Johannes Paul II. noch einmal sieben Kardinäle nominiert, nach-

dem er bereits eine Woche zuvor 37 neue Kardinäle ernannt hatte. Damit sollte das auf den 21./22. Februar datierte Konsistorium, durch das die feierliche Aufnahme erfolgt, das größte in der Kirchengeschichte werden. Erzbischof Degenhardt hielt sich zum Zeitpunkt der Verkündigung in Le Mans auf, wo er, wie in jedem Jahr Ende Januar, am Julians-Fest teilnahm. Von der Entscheidung des Papstes hatte er selbst erst kurz vor seiner Abreise in die französische Partnerdiözese erfahren. Für ihn war die Ernennung nicht nur ein Geburtstagsgeschenk, sondern Ausdruck einer großen Wertschätzung des Heiligen Vaters für das Erzbistum Paderborn und das Wirken seines Oberhirten. Die Feier des 75. Geburtstages von Erzbischof Degenhardt am 31. Januar 2001 war geprägt durch dieses Ereignis. Mehr noch: die Festpredigt zum Geburtstag hatte der ebenfalls am 28. Januar nominierte Mainzer Bischof und Vorsitzende der Deutschen Bischofskonferenz Karl Lehmann übernommen. Der Geburtstag des Erzbischofs war somit auch das erste gemeinsame Auftreten der beiden neu ernannten Kardinäle.

In der Erzdiözese wurde die Nachricht aus Rom mit großer Freude und Stolz aufgenommen. Für viele kam sie überraschend, nicht nur für den Erzbischof selbst. Eine Nachnominierung hatte es in dieser Form noch nicht gegeben. Zudem ist Paderborn kein traditioneller Sitz eines Kardinals. Mit der Ernennung Erzbischof Degenhardts erhält das Erzbistum seinen zweiten Kardinal. Bemerkenswert ist daran, dass der unmittelbare Vorgänger, Erzbischof Lorenz Jaeger, ebenfalls das Kardinalsbirett erhielt. Für die 1930 zum Erzbistum erhobene Diözese bedeutet dies, das heute immerhin zweidrittel der Erzbischöfe dem Kardinalsstand angehören. Die Freude der Menschen im Erzbistum äußerte sich nicht nur in unzähligen Grußadressen. Wie beliebt der Seelsorger Degenhardt ist, wurde auch an der Mitfeier des Konsistorium in Rom deutlich. Viele Gläubige begleiteten ihren Erzbischof nach Rom, andere nahmen durch die Medien Anteil an den beeindruckenden Ereignissen. Denn eines wurde in diesen Tagen wieder einmal mehr mit Händen greifbar: die Vielfalt und Lebendigkeit dieser Kirche.

Ein Bild hat sich den Menschen besonders in die Erinnerung gegraben: Als Papst Johannes Paul II. am 21. Februar 2001 im Rahmen eines Wortgottesdienstes bei strahlendem Frühlingswetter auf dem Petersplatz vor St. Peter dem Erzbischof das rote Kardinalsbirett überreichte und ihm als Titelkirche die Kirche San Liborio verlieh. Der Erzbischof empfing als vierzehnter das Birett aus den Händen des Papstes. Am Nachmittag fanden die traditionellen Höflichkeitsbesuche im Vatikan statt. Die neuen Kardinäle empfingen an verschiedenen Stellen ihre Gratulanten. Den vier neuen deutschen Kardinäle wurde hierzu die Benediktionsaula zugewiesen. Einen Tag später feierte Papst Johannes Paul II. mit den neuen Kardinälen und zahlreichen Gläubigen aus allen Teilen der Welt auf dem Petersplatz ein Pontifikalamt. Im Anschluss an die Predigt des Papstes steckte der Heilige Vater den neuen Kardinäle den Kardinalsring „als Zeichen der Würde, der pastoralen Sorge und der engeren Gemeinschaft mit dem Bischofssitz des Petrus" an. Seitens der Bundesregierung nahmen Bundesaußenminister Joschka Fischer und Bundesinnenminister Otto Schily sowie einige Ministerpräsidenten, darunter auch der nordrhein-westfälische Ministerpräsident Wolfgang Clement, an dem Pontifikalamt teil. Am Abend hatte der Bundesaußenminister die neuen Kardinäle zu einem Empfang in die deutsche Botschaft beim Vatikan eingeladen. Schließlich empfing Papst Johannes Paul II. die neuen Kardinäle mit ihren Familien am 23. Februar in Sonderaudienz. Die Familie bildeten zehn Personen, die ein jeder Kardinal aus seiner Begleitung wählen konnte und die dem Papst bei der Audienz vorgestellt wurden.

Bei der Rückkehr aus Rom wurde dem neuen Kardinal ein herzlicher Empfang in seiner Diözese zuteil. Gläubige aus allen Teilen des Erzbistums waren hierzu nach Paderborn gekommen, um persönlich ihre Freude zum Ausdruck zu bringen.

In seinen Ansprachen unterstrich Kardinal Degenhardt die Bedeutung lebendiger und missionarischer Gemeinden für die Kirche. Bereits bei seiner Ernennung zum Erzbischof machte er genau dies zum Ziel seines Handelns. Konkret benannte Kardinal Degenhardt drei Punkte, die ihm für die Zukunft besonders am Herzen liegen: der Schutz menschlichen Lebens, die Förderung des Ehrenamtes sowie die Begleitung der Pastoralverbünde im Erzbistum. Zuversichtlich und optimistisch blickte der Kardinal in die Zukunft – ein typischer Zug seiner Persönlichkeit.

Titelkirche

Den neuen deutschen Kardinälen zur Gratulationscour ausgerechnet die traditionsreiche Benediktionsaula in St. Peter zu reservieren – der vornehme Empfangssaal über der Vorhalle der Basilika – von wo aus der Papst die Mitteloggia betritt um seinen Segen „urbi et orbi" zu erteilen – das hatte schon das gewisse Etwas. Und wenn erzählt wird, der Papst habe bei seinem Besuch 1986 in Köln tatsächlich die Mitra des

Paderborner Erzbischofs getragen, dann war das vielleicht ja schon ein Hinweis für einige Sterndeuter. Weniger geheimnisvoll dürfte die Auswahl der Titelkirche gewesen sein. Ein Kardinal ohne Besitztitel ist wie ein Römer ohne Rom und das Gotteshaus nebst Pfarrgemeinde, wenn auch nur ehrenhalber, soll ja zum Ausdruck bringen, dass der Papst seinen engsten Mitarbeiter auch sichtbar „ständig in seiner Nähe hat", wie Sixtus V. es formulierte. Dazu gehört die römische Adresse nebst Wappenschild neben dem des Papstes über dem Hauptportal. Damit sind sie in gewisser Weise römische Kleriker und insofern kann man immer noch sagen, dass der Papst vom römischen Klerus gewählt wird. Tradition verpflichtet.

Selbstverständlich hat man auch für den Kardinal aus Paderborn nicht einfach herausgepickt, was gerade frei war unter den tausend Pfarrkirchen der Ewigen Stadt, sondern einem besonderen Wunsch des designierten Kardinals entsprochen, „dass die römische Kirche „San Liborio" auch seine Titelkirche werden könnte" – und da der Papst seines Paderborner Kardinals und Erzbischofs Bitte nachkam, verbrieft in der Ernennungsurkunde – hat sich das Patronat des heiligen Liborius beachtlich ausgedehnt, sozusagen von der „ecclesia magna" an der Pader bis zur „ecclesia eterna" am Tiber.

Paderborn hat im Apostolischen Palast offenbar einen eigenen Klang und wenn das so weitergeht mit dem bischöflichen Nachwuchs aus der geistlichen Wiege in der Kaiserpfalz, (siehe die Bischöfe Paul-Werner Scheele, Würzburg; Franz-Josef Bode Osnabrück; Heinz Josef Algermissen, Fulda; Reinhard Marx, Trier; sowie Kurien-Erzbischof Paul Josef Cordes, und zählen wir dazu Weihbischof Hans-Josef Becker, Prälat Josef Clemens, den Sekretär von Kardinal Ratzinger und Botschaftsrat Prälat Max-Eugen Kemper) – dann könnten die Paderborner schon mal ihre eigene römische Synode an den Schwellen der Apostelgräber – „adlimina apostolorum" abhalten, inklusive Sonder-Termin beim Chef.

Natürlich wird erwartet, dass der neue Titular gelegentlich in die Tasche greift, um seiner römischen Patengemeinde auszuhelfen. Aber das hat er schon in der Vergangenheit getan; die Kirche war mit Paderborner Hilfe errichtet und 1998 fertiggestellt worden. Papst Johannes Paul II. hatte in Vorbereitung des Heiligen Jahres 2000 dazu aufgerufen, den Gemeinden in den rasch wachsenden Vororten der Millionenstadt Rom beim Bau dringend benötigter Kirchen und Seelsorge-Zentren zu helfen, die die Pfarreien aus eigener Kraft nicht hätten errichten können.

Wer nach Rom kommt, findet die Kirche „San Liborio" an der Via Nomentana am nördlichen Stadtrand, etwa 15 Kilometer vom Zen-

trum entfernt. Für Paderborner Pilger ist die Kirche mit dem Pfarrzentrum „Liborianum“ inzwischen ein gern besuchter Aufenthalt geworden – die sprichwörtliche Gastfreundschaft versteht sich bei solch geistlicher Gemeinschaft auch über Sprach- und Kulturgrenzen hinweg von selbst.

Als Titelkirche wurde Kardinal Degenhardt die römische Pfarrkirche San Liborio verliehen, die mit Hilfe des Erzbistums Paderborn errichtet wurde.

Die feierlichen Weihe der Kirche nahmen 1998 Erzbischof Johannes Joachim Degenhardt und der Generalvikar des Papstes Kardinal Ruini vor. Das Foto zeigt den Erzbischof bei der Konsekration des Altares mit Pfarrer Paolo Cardona und Kardinal Ruini im Hintergrund.

In Ihrer Zeit als Weihbischof und später als Erzbischof haben Sie schon immer eine besondere Nähe zum Papst empfunden und auch ausgedrückt. Wird diese Beziehung durch Ihre Ernennung zum Kardinal noch verstärkt?

Jeder Kardinal wird vom Papst persönlich in das Kardinalskollegium gerufen. Der Papst braucht grundsätzlich niemanden zu fragen, weder in der Bischofssynode, noch seine Mitarbeiter in anderen römischen Dikasterien. Kardinäle sind, wie man sagt, von ihm selbst kreiert. Ihre Hauptaufgabe ist natürlich die Wahl des neuen Papstes. Darüber hinaus sind sie, die ja aus allen Teilen der Welt stammen, Mitglieder in einer oder zwei römischen Kongregationen. Auch in dieser Eigenschaft kommen sie nach Rom, um den Papst zu beraten. Insofern hat sich der alte Beraterkreis der Kardinäle weiter entwickelt. Sie wissen, dass ursprünglich, in den ersten Zeiten, die Pfarrer in Rom das Kardinalskollegium bildeten.

Nun gibt es zum einen das Kollegium der Kardinäle und zum anderen die schon von Paul VI. eingerichtete Weltbischofssynode, der die meisten der

Kardinäle, die ja gleichzeitig Ortsbischöfe sind, ebenfalls angehören. Besteht da nicht so etwas wie eine Doppelgleisigkeit?

Eigentlich sehe ich das nicht. Allerdings wird bei den Weltbischofssynoden, an denen ich mehrfach teilgenommen habe, lange im voraus die zu behandelnde Thematik bekannt gegeben, so dass die vorbereitenden Texte frühzeitig in Rom erarbeitet werden können und auch die einzelnen Bischofskonferenzen Zeit genug haben, sich darauf einzustellen. Das führt dann zu zwei verschiedenen Ausgangstexten für die Synode selbst.

Aber beiden Versammlungen, der Synode wie dem Konsistorium, ist gemeinsam, dass sie den Papst beraten. Sie treffen selbst keine Entscheidungen. Auch nicht dieses engere Gremium der Kardinäle. Sie beraten ihn, aber sie können nicht gegen ihn beschließen. Und wir wollen das auch gar nicht.

Sind im kleineren Kreis nicht doch die Chancen größer, etwas offener mit dem Papst zu reden?

So groß ist der Unterschied ja gar nicht. Bei der außerordentlichen Versammlung der Kardinäle im Mai 2001 waren 155 Kardinäle anwesend. Bei der Bischofssynode waren es 210 Bischöfe. Aber schon bei der ersten Bischofssynode an der ich teilgenommen habe, vor über 30 Jahren, wurde darüber nachgedacht, ob die Bischofssynode nicht auch eine beschließende Funktion haben müsste. Damals ist dann gesagt worden und wir meinen das auch heute noch, dass die Synode eben kein Konzil ist. Wir wollen dem Konzil die beschließende Möglichkeit lassen. Natürlich gemeinsam mit dem Papst. Aber die verschiedenen Bischofskonferenzen – inzwischen sind es über einhundert – bestimmen nach ihrer eigenen Wahlordnung wen sie in die Synode delegieren. Hinzu kommen die vom Papst Ernannten.

Papst Paul VI. hat damals schon davon gesprochen, dass eine solche Synode nicht das Konzil ersetzen kann. Ihm kam es darauf an, beraten zu werden.

Von den jetzt insgesamt neun deutschen Purpurträgern sind zum Zeitpunkt unseres Gespräches (im März 2002) sieben potentielle Papstwähler. Hat damit das Gewicht der Deutschen in Rom und auch im Blick auf ein nächstes Konklave zugenommen?

Das mag schon sein. Ich habe aber eher den Eindruck, dass die Zahl der deutschen Kardinäle etwas überhöht ist gegenüber der Gesamtzahl von Katholiken auf der Welt und gegenüber auch der Zahl der Bischöfe in der Welt. Ich kann nur feststellen, dass der jetzige Papst keinerlei Bedenken oder Abneigung gegen seine deutschen Mitbrüder und auch gegen Deutschland insgesamt hat.

Muss man sich die deutsche Gruppe als eine Fraktion vorstellen, die mit einer Stimme spricht?

Das ist natürlich nicht gesichert. Ich persönlich gehe eher davon aus, dass die deutschen Kardinäle bei einer Papstwahl nicht unbedingt mit einer Stimme sprechen werden. Aber es kann sein, dass sie Anregungen geben.

So waren etwa beim Konsistorium im Mai 2001 für die Vollversammlung zwei Tage angesetzt. Am dritten Tag ging es in der deutschsprachigen Gruppe um die Frage einer neuen Wahlordnung für den künftigen Papst. Die jetzige Regelung ist erst vor wenigen Jahren erlassen worden. Fast alle Päpste des vergangenen Jahrhunderts haben neue Wahlordnungen gemacht, so auch der jetzige Papst.

Neu ist, dass nach über 30 erfolglosen Wahlgängen unter bestimmten Bedingungen statt der Zweidrittelmehrheit nun die absolute Mehrheit genügt. Darüber hatten wir also in der deutschsprachigen Gruppe geredet. Und wir waren ziemlich einmütig der Meinung, der Papst möge sich das noch einmal überlegen, ob das richtig ist. Denn es könnte ja sein, dass sich tatsächlich Fraktionen bilden, wenn sich zeigt, dass ein Kandidat zwar nicht die Zweidrittelmehrheit der Stimmen erhält, wohl aber die Hälfte schaffen könnte. Nun könnte versucht werden, Zug um Zug die erforderlichen Stimmen zu erreichen. Vielleicht zunächst dreißig, dann die Hälfte und so weiter. Am Ende wäre es unter Umständen so, dass die knapp unterlegene Minderheit sagen müsste, den können wir nicht anerkennen. Das wäre eine Art Schisma. Deshalb haben wir in der deutschsprachigen Gruppe beschlossen, dem Papst nahe zu legen, dieses noch einmal zu überdenken, also bei einer Zweidrittel-Mehrheit zu bleiben.

Konklave

Lateinisch „cum clave" – „mit dem Schlüssel": Abgeschlossener Raum. Ort der Papstwahl, aber auch Bezeichnung für Wahlvorgang und das wahlberechtigte Kardinalskollegium. Während des Zeitraums der Zusammenkunft hermetisch von der Außenwelt abgeschirmter Bereich.

Ältestes Wahlverfahren der Welt. Papst Nikolaus II. (1059-1061) hat bei der Lateransynode 1059 den Kardinalbischöfen das Privileg zugestanden, den Papst zu wählen (Bulle „In nomine Domini – Im Namen des Herrn"). Bis dahin Vorrecht des Adels und des Volkes von Rom, al-

lerdings fragwürdig durch Unregelmäßigkeiten und äußere Einmischungen.

Schon damals konnten die römischen Kardinalpriester hinzugezogen sowie die Zustimmung des übrigen Klerus und des Volkes eingeholt werden. Hintergrund: Die Reformbewegung von Cluny zur Zeit von Papst Gregor VII. (1073-1085) (vgl. Auseinandersetzung mit Heinrich IV. im Investitur-Streit um die Besetzung der geistlichen Ämter; „Gang nach Canossa" 1077). Gregor wurde aber entgegen der neuen Wahlordnung vom Volk „in einem Tumult bei der Titelkirche San Pietro in Vincoli zum Papst ausgerufen" (Vgl. H.J. Fischer, Die Nachfolge, Von der Zeit zwischen den Päpsten, Freiburg i. Breisgau, 1996).

Erstmals wählten allein die Kardinäle 1130 den Papst. Alexander III. verlieh 1179 den Kardinälen endgültig das ausschließliche Papstwahlrecht. Erstes Konklave (also hinter verschlossenen Türen) 1241 nach dem Tod Gregor IX. eingeführt, während der Auseinandersetzung Friedrich II. mit dem Papsttum. Es dauerte, unter entwürdigenden Umständen, zwei Monate und wählte Gaufrid Castiglione, Kardinalbischof von Sabina, einen Greis, zum Papst (25.10.1241 - 10.11.1241). Er nannte sich Coelestin IV. und starb nach sechzehn Tagen, vermutlich ohne gekrönt zu sein.

Johannes Paul II. modifizierte in seiner Apostolischen Konstitution „Universi dominici gregis" 1996 die von Papst Paul VI. zuletzt festgelegte Wahlordnung. Reguläres „Wahllokal" ist die Sixtinische Kapelle. Zum Konklave versammeln sich die Kardinäle frühestens 15 und spätestens 20 Tage nach dem Tod des Papstes. Wahlberechtigt sind alle Kardinäle, die das 80. Lebensjahr noch nicht vollendet haben.

Geheime Wahl auf Stimmzetteln. Die Wahl per Akklamation (Zuruf) oder Wahlmänner wurde abgeschafft.

Höchstens zwei Wahlgänge vormittags und nachmittags. Absolute geheime Wahl, protokolliert durch den Camerlengo. Alle Zeugen des Konklaves legen einen Eid auf strengstes Stillschweigen ab. Jegliche Aufzeichnung und Übermittlung von Informationen durch Bild, Ton oder Radio noch Fernsehen, Telefon oder Fax sind zugelassen.

Nach jedem Wahlgang werden die Stimmzettel verbrannt. Bei erfolglosem Wahlgang wird nasses Stroh oder anderes Material untergemischt, dass den Rauch dunkel färbt („schwarzer Rauch"). Bei erfolgreicher Abstimmung ohne Beimischung, „weißer Rauch".

Gewählt ist, wer zwei Drittel der Stimmen auf sich vereinigt. Die Kardinäle können unter Leitung des Camerlengo (Kardinalkämmerers), nach 33 erfolglosen Wahlgängen einen neuen Wahlmodus beschließen: Absolute Mehrheit oder Stichwahl unter den beiden Kandidaten mit den meisten

Stimmen, aber auch relative oder einfache Mehrheit wäre möglich (was dazu führen kann, dass sich bestimmte Fraktionen auf diese Weise am Ende durchsetzen könnten mit der Gefahr einer schismatischen Tendenz).

Für den Fall, dass die Anzahl der anwesenden Kardinäle nicht genau durch drei geteilt werden kann, ist für die Gültigkeit der Papstwahl eine Stimme mehr erforderlich. Papst Johannes Paul II. wollte mit der Aktualisierung der Konklaveordnung die Verfahren vor allem von allen möglichen Verfahrenstricks und Kompromiss-Kandidaten, wie noch 1978 im Drei-Päpste-Jahr, entlasten (Kardinal Wojtyla hatte beim achten Wahlgang „die schwierige Schwelle von 75 Stimmen" überschritten und soll dann 97 von 111 Stimmen erhalten haben).

Wählbar: jeder getaufte, männliche, rechtgläubige Christ, der zum Priester geweiht ist (Ausnahme: Unmündige und Geisteskranke). In der neueren Geschichte aber waren es stets Kandidaten aus den Reihen der Kardinäle.

Wahlzettel: Er muss doppelt faltbar sein, möglichst mit verstellter aber deutlicher Schrift ausgefüllt (Eligo Summum Ponteficem – dann folgt der Name des Gewählten). Die Stimmzettel werden in einer Urne gesammelt, gemischt und öffentlich ausgezählt und auf einer Schnur aufgereiht und anschließend im Wahlöfchen verbrannt.

Der Gewählte kann Bedenkzeit erbitten, das Wahlkollegium kann ihm eine Frist setzen. Mit der Annahme der Wahl übernimmt der Gewählte die volle Jurisdiktionsgewalt. Er gibt sich in der Regel einen neuen Namen (Mercurius, der sich Johannes II. nannte, begründete 533 diese Tradition. Einen zweiten Petrus hat es aber nie gegeben, aus Verehrung gegenüber dem Apostel). Sollte der Gewählte noch keine Bischofsweihe erhalten haben, muss diese sofort erfolgen.

Das Wahlergebnis teilt der Kardinal-Protodiakon (der erste Kardinaldiakon) den Wartenden auf dem Petersplatz und der Welt an Radio und Fernsehen von der Mittelloggia des Petersdomes mit (habemus papam – Wir haben einen Papst"). Dann stellt sich der neue Pontifex der Öffentlichkeit vor und erteilt, nach kurzen Begrüßungsworten, seinen ersten päpstlichen Segen „urbi et orbi" – der Stadt Rom und dem Erdkreis.

„Usque ad effusionem sanguinis – bis hin zum Blutvergießen" soll ein Kardinal für seine Kirche einstehen, daran erinnert der Purpur seinen Träger. Wie wörtlich nehmen Sie dieses Wort?

Ich denke, dass sollte man schon wörtlich nehmen Es gibt in der Weltkirche immer wieder Beispiele dafür, dass Kardinäle bis aufs Blut verfolgt, geprügelt oder gemartert wurden. Das haben wir auch im 20. Jahrhundert mehrfach erfahren müssen. Das, was der Papst in seiner Ansprache noch einmal gesagt hat, denke ich, das muss man ernst nehmen, nämlich dass jeder Kardinal auch mit seinem Herzblut eintreten muss und soll, auch wenn es vielleicht in seiner Situation eher unwahrscheinlich ist, dass er gefoltert oder ermordet wird. Aber er sollte dazu bereit sein. Ich denke, das gilt auch für jeden Bischof oder Priester, Ordensmann bzw. -frau. Vielleicht ist das explizite Wissen und die Verpflichtung darum bei einem Kardinal größer.

„Duc in altum“ – zur Mission herausgefordert

Ein Bischof steht nicht nur seiner Diözese als Seelsorger vor, er hat auch eine Mitverantwortung für die gesamte Kirche. Diese weltkirchliche Ausrichtung eines jeden Ortsbischofs wird gelegentlich übersehen. Erzbischof Degenhardt sammelte erste weltkirchliche Erfahrungen bereits als Weihbischof in Paderborn, als er 1971 und als Erzbischof 1977 an Bischofssynoden in Rom teilnahm. Die hier geknüpften Kontakte hat er über die Jahrzehnte seines Wirkens als Erzbischof gehalten und gepflegt. Wechselseitige Besuche haben die Beziehungen intensiviert und das Verständnis für die je unterschiedlichen Bedingungen kirchlichen Handelns verbessert. Besondere Beziehungen in die Weltkirche pflegt das Erzbistum Paderborn zu den Ortskirchen, an deren Spitze ein Bischof steht, der aus dem Erzbistum Paderborn stammt. So etwa zu Erzbischof Karl Hesse MSC von Rabaul/Papua Neuguinea, Bischof Bernhard Hombach von Juigalpa/Nicaragua, Bischof em. Paschasius Rettler OFM von Bacabal/Brasilien und Bischof Dieter Stöckler von Quilmes/Argentinien. Weitere Kontakte ja Freundschaften bestehen zu Diözesen in Afrika, Indien und Australien.

Mit der Ernennung zum Kardinal der Römisch-Katholischen Kirche gerät die Sorge für die Weltkirche noch zentraler in den Blick des Erzbischofs. So wurde er auch in zwei Kongregationen berufen, in denen er fortan mitarbeitet und seinen Rat einbringen kann. Dabei handelt es sich um die Kongregation für das Katholische Bildungswesen und die Kongregation für den Klerus.

In Bildungs- und Schulfragen kann der Kardinal seine Erfahrungen aus der Deutschen Bischofskonferenz einbringen, wo er über lange Jahre (1968-88) als Schulbischof die Kommission für Schule und Erziehung leitete. Er arbeitet damit in einem Feld, das der katholischen Kirche von jeher am Herzen lag und liegt: die Bildung. Weltweit gehören die katholischen Schulen zu den besten. Besonders in den Schwellen- und Entwicklungsländern setzt die katholische Kirche auf Bildung, um den Teufelskreis von Armut und Krankheit zu durchbrechen. In einzelnen Staaten ist sie nicht selten der einzige Anbieter. Leider investieren manche Staaten immer noch eher in Waffen als in die Bildung. Mit eindringlichen und scharfen Worten hat Papst Johannes Paul II. diesen Missstand wiederholt angeprangert.

Durch die Kurienreform Papst Paul VI. wurde 1967 das Dikasterium, wie die Kongregation offiziell heißt, völlig neu strukturiert. Es wurde nun für alle Erziehungsinstitute der Kirche auf den verschiedenen Ebenen verantwortlich. Papst Johannes Paul II. fügte 1988 eine Ergänzung im Namen der Kongregation bei: (für die Seminare und Studieneinrichtungen). In drei Abteilungen werden die Zuständigkeiten verteilt: für die Seminare, die kirchlichen und katholischen Universitäten und die katholischen Schulen.

Aufgabe der ersten Abteilung sind Fragen der Disziplin und der Verwaltung der Seminare, aber auch die Sorge für die Bildung des Klerus. Sie errichtet interdiözesane Seminare und approbiert deren Statuten.

Durch die zweite Abteilung errichtet, approbiert und koordiniert die Kongregation die Universitäten und kirchlichen Fakultäten sowie alle übrigen katholischen Institute für höhere Bildung. Sie fördert und unterstützt aber auch Verbände und Institutionen, die die Studien anregen.

Durch die dritte Abteilung sorgt sich die Kongregation um die Pfarr- und diözesanen Schulen und übt in drei Bereichen Kontrollfunktionen aus: im Bereich der Disziplin und Verwaltung, der Didaktik und Pädagogik sowie der Religion und Moral.

Die Kleruskongregation beschäftigt sich in drei Abteilungen mit allen Fragen, die den Klerus betreffen. So fördert die erste Abteilung das geistliche Leben und die theologische Bildung des Klerus (genauer der Weltpriester und der Diakone) durch entsprechende Maßnahmen wie die Errichtung von Instituten für pastorale Studien, die Schaffung von kirchlichen Bibliotheken und die Organisation von regelmäßigen Priestertreffen. Zu den Aufgaben gehören auch alle Fragen die Disziplin und das Wirken der Kleriker betreffend. Darüber hinaus ist sie mit allem befasst, was die Feier der hl. Messe und die Stipendien angeht.

Die zweite Abteilung beschäftigt sich in erster Linie mit der Förderung der Verbreitung des Wort Gottes. Konkret geht es darum, die Methoden und Werke des Apostolates den Erfordernissen der Zeit und den Bedürfnissen der Menschen von heute anzupassen. Sie überprüft in diesem Zusammenhang auch die Leitfäden für die Katechese und die verschiedenen Vorlagen der Bischofskonferenzen.

Die dritte Abteilung schließlich überwacht die Verwaltung der „zeitlichen Güter" der Kirche. Hier werden neben den Vermögensgütern (Immobilien, Kirchen und Heiligtümer) auch die Stiftungen beaufsichtigt.

Die Neuernennungen im Februar 2001 schließen an das Heilige Jahr 2000 an, an die großen Feiern in Rom. Wir erinnern uns an den Auftrag des Papstes an die Kardinäle: „Duc in altum – Fahr hinaus auf die hohe

Erzbischof Degenhardt 1991 bei einem Besuch bei Bischof Emil Stehle (1. von links), mit dabei auch Generalvikar Bruno Kresing (1. von rechts).

Zum Bistum Vishakapnatam/Indien unterhält das Erzbbistum Paderborn Kontakte. Das Foto zeigt den Erzbischof und seinen Generalvikar bei der Einweihung des dortigen Seminars.

See", will heißen, geht zu den Völkern bis an die Enden der Erde. Wie verstehen Sie den Zusammenhang zwischen diesem Missionsgedanken und dem Aufruf an die Kardinäle?

Die missionarische Grundhaltung ist bei diesem Papst, wie auch schon bei Paul VI., sehr deutlich zu spüren. In einigen seiner Rundschreiben berief sich Paul VI. auf die Evangelien und betonte, dass die Kirche Christi immer eine missionarische sein muss, denn anderenfalls wäre sie nicht Kirche Christi. Der jetzige Papst hat dieses Anliegen seines Vorgängers aufgenommen und führt es weiter. Diese Intention kam in besonderer Weise im Heiligen Jahr zum Ausdruck: die Kirche vereint zu sehen, in der alle gemeinsam verstärkt für den Glauben wirken, apostolisch, evangelisierend, missionarisch. Die Vielfalt der Neuernennungen mag da ein Zeichen für die Vielfalt der Kirche sein.

Das Bild, das Heilige Jahr als einen Ort der Sammlung zu verstehen, besticht. Wo sehen Sie in Bezug auf die Missionierung Handlungsfelder? Was würden Sie vorantreiben, gerade auch aus der Perspektive der Weltkirche?

Sowohl das außerordentliche Konsistorium als auch die Europa-Synode der Bischöfe haben jeweils besonderen Wert auf eine Missionierung oder Evangelisierung in den Gemeinden gelegt, die in und durch die Familien erfolgt. Es wurde betont, wie wichtig die Familie ist. Vater und Mutter, Großvater und Großmutter spielen für die Sozialisierung aber eben auch für die Weitergabe des Glaubens eine bedeutende Rolle. Die Familie muss kirchlicherseits in ihrem Kernauftrag unterstützt werden. Diesen sehe ich vor allem in der ursprünglichen und wichtigsten Aufgabe der Familien: der Erziehung der Kinder und damit natürlich auch der religiösen Erziehung.

Hier sehe ich ganz konkret wichtige Ansätze für die Neuevangelisierung. Das Defizit, das wir in unserer Gesellschaft haben, ist ja dadurch grundgelegt, dass unsere Familien vielfach zerrüttet sind.

Sie kennen die Klage, in unserer Gesellschaft verdunste der Glaube. Erleben wir die Folgen einer Spätaufklärung? Im 19. Jahrhundert verkündeten die Herolde der grenzenlosen menschlichen Fähigkeiten: Wir haben die Sterne im Himmel ausgelöscht, die niemand mehr anzünden wird. Wo findet das Christentum noch Nahrung, wenn sich der Mensch selbst zu erlösen glaubt?

Ganz sicher gibt es diese Versuche, ohne Akzeptanz der Religion, oder konkreter gesprochen, ohne unseren Glauben die moderne Welt zu gestalten. Ich glaube nicht, dass das Erfolg haben wird. Und wenn, dann nur von ganz kurzer Dauer, weil die Menschen insgesamt diesen religiösen Urgrund in sich verspüren. Trotz der jahrzehntelangen Versuche des atheistischen Kommunismus können Sie heute sehen, dass es beispielsweise in Russland überhaupt nicht gelungen ist, die Religion zu verdrängen.

Doch auch in der Präambel der Charta der Europäischen Grundrechte kommt das Wort „Gott" nicht vor.

Aber das heißt doch noch lange nicht, dass deswegen die Menschen, die in den verschiedenen Staaten leben, diesen Gott gar nicht mehr kennen.

In der Europa-Charta ist allenfalls vom geistig-religiösen Erbe die Rede.

Viele Staaten und staatliche Gemeinschaften in Europa müssen sich auf einen möglichst großen gemeinsamen Nenner verständigen. Ich würde das allerdings nicht als einen Beweis dafür ansehen, dass in Zukunft Religion, Glaube, Gott keine Rolle mehr spielen. Ich glaube das nicht.

Aber müssen Sie nicht doch besorgt sein, dass sich ein Trend zu einer laizistischen Staatsordnung fortsetzt, etwa nach dem französischen Modell?

Das mag im einzelnen so sein, aber es gibt auch andere Staaten, die in die Europäische Union eintreten werden, in denen die Mehrheit des Volkes dem Glauben eine größere Rolle einräumt.

Wie christlich war denn das Abendland jemals? Wir sind hier in Paderborn und wir erinnern uns an Karl den Großen. War seine Christianisierung der Sachsen nicht doch eine Taufe mit dem Schwert?

Nun, man kann die negativen Aspekte immer so überzeichnen, dass sie der Wirklichkeit nicht mehr entsprechen. Die Geschichte der christlichen Mission ist immer die von Christen und christlichen Gemeinschaften auf dem Weg. Ich persönlich bin nicht der Meinung, dass die Missionierung der Sachsen unter Karl dem Großen ausschließlich mit Gewalt geschehen ist. Dabei muss man immer den historischen Kontext beachten und darf nicht in den Fehler verfallen, die Geschehnisse unter den Bedingungen der Gegenwart bewerten zu wollen. Dazu kommen auch die politischen Aspekte, etwa die Tatsache, dass die Sachsen ja auch ihr Treueversprechen nicht gehalten haben.

Insgesamt muss man aber doch sagen, dass von Paderborn aus immer sehr starke Impulse im Sinne christlicher Mission oder der Verbreitung der christlichen Wertekanones ausgingen.

Insofern versteht sich Paderborn im Laufe seiner Geschichte als ein Zentrum christlicher Kultur in Europa. Die Versöhnungsbotschaften nach dem Zweiten Weltkrieg, die von den Paderquellen aus nach Frankreich und Polen gingen, die Verehrung des heiligen Liborius und der „Liebesbund ewiger Bruderschaft" zwischen Paderborn und Le Mans oder auch die Liborius-Medaille für verdiente Europäer setzen hier besondere Akzente. Sie selbst haben einmal den Ausspruch formuliert: Heilige bauen Europa. Könnte Paderborn auch in Zukunft ein Kraftzentrum für ein christliches Europa sein?

Ich hoffe das sehr. Aber natürlich drückt sich in diesem Wunsch mehr Hoffnung als Realität aus, denn auch Paderborn ist keine Insel der Seligen. Ich wünsche mir jedenfalls, dass in unserem Bistum vor allem die Fundamente von christlich-katholischen Familien bewahrt und verstärkt werden. Doch bin ich nicht sicher, ob uns das in der nächsten Zukunft gelingen wird.

Deutschland, Europa insgesamt durchläuft einen Prozess der Transformation von historischen Ausmaßen. Nicht nur gegensätzliche gesellschaftliche Gruppen müssen lernen zusammen zu leben, sondern auch Kultur- und Religionsgemeinschaften unterschiedlichster Richtung. Der stärkste Zufluss erfolgt durch den Islam. In West- und Südeuropa allein werden in absehbarer Zeit bis zu 20 Millionen Muslime leben. Wie müssen sich Christen darauf einstellen?

Wie ich schon angedeutet habe, sollten die Christen ein größeres Selbstbewusstsein entwickeln, und ich meine damit nicht nur Katholiken. Noch lebt in den europäischen Nationen ein relativ hoher Prozentsatz an Christen. Diese sind doch zumindest grundlegend durch die Taufe in ihre jeweilige kirchliche Gemeinschaft eingebunden. Man hat jedoch nicht den Eindruck, dass die Mehrheit der Getauften auch als Getaufte lebt. Hier würde ich gerne ansetzen.

Wollen Sie damit sagen, wenn der eine, nämlich der Moslem, konsequent täglich seine vorgeschriebenen Gebete verrichtet, der andere, der Christ, aber nicht einmal am Sonntag den Weg hin zum Gottesdienst findet, dann fallen Überzeugung und Leben schon auseinander?

Genau das scheint mir vielfach gegeben. Viele Moslems sehen uns europäische Christen ja im Grunde schon als ganz säkularisiert an.

Gut, das betrifft die Glaubenspraxis. Was muss noch dazu kommen, damit die verschiedenen Kulturen – man kann andere ja noch mit hinein-

nehmen – in eine zumindest funktionierende, von allen Seiten akzeptierte Nachbarschaft kommen?

Noch einmal. Zunächst scheint es mir wichtig, dass diejenigen, die sich Christen nennen, wirklich Christen sind, das heißt, die christlichen Überzeugungen in ihrem Leben bezeugen. Über die Notwendigkeit christlicher Identitätsbildung haben wir ja bereits gesprochen. Dazu gehört eben auch, dass das Gebot der Liebe erfahrbar gelebt wird. Wenn uns das gelingt, so ist meine Überzeugung, werden auch die Moslems offen, offener als heute sein.

Allerdings darf man auch von jenen, die aus einem anderen Kulturkreis nach Deutschland gekommen sind, erwarten, dass sie sich in die neuen Gegebenheiten einfügen. Lassen Sie mich ein Beispiel nennen. Der Imam einer türkischen Moschee ist als Angestellter der türkischen Regierung hierzulande befristet auf vier oder fünf Jahre tätig. Als solcher ist er an die Weisungen seiner Regierung gebunden, was übrigens die meisten nicht wissen. Kann er Interesse daran haben, die deutsche Sprache zu lernen, obwohl er weiß, dass er nach dieser kurzen Zeit in seine Heimat zurückkehrt? Was bedeutet diese Praxis für seine Gemeinde? Welchen Einfluss hat dies auf ein nachbarschaftliches Verhältnis? Meiner Meinung nach entsteht hier keine Basis für ein vertrauensvolles Miteinander.

Umgekehrt muss ich aber auch einräumen, dass es auf katholischer Seite, und hier spreche ich nur von unserer Diözese, vor dem 11. September 2001 (den Terroranschlägen in den USA) auch kein großes Bemühen gab, mit den Moslems, die zum Teil schon seit Jahrzehnten unter uns leben, in einen Dialog einzutreten, konkret gesagt, sie kennen zu lernen, sich mit ihnen auszutauschen.

Im „katholischen" Paderborn mag das irgendwie verständlich sein ...

Nun, die Stadt Paderborn ist sicherlich sehr viel stärker katholisch sozialisiert, als andere Großstädte. Aber wir haben ja nicht nur Paderborn in unserer Diözese, sondern beispielsweise auch Dortmund. Und hier gibt es ganze Stadtviertel, die weitestgehend von Moslems bewohnt sind, ganze Straßenzüge, aus denen christliche Familien weggezogen sind. Entschieden versuchen die Verantwortlichen einer Gettobildung entgegen zu wirken. Es bleibt abzuwarten, ob dies gelingt. Im Augenblick spricht die Praxis eher dagegen. Ein anderes Problem ist die Erziehung der Kinder in islamischen Familien. Vielfach sehen die Eltern die Notwendigkeit einer guten Ausbildung nicht.

Bestellt zum Erzbischof von Paderborn

Partnerschaft zwischen den Diözesen Le Mans und Paderborn

Als sich 799 in Paderborn Karl der Große und Papst Leo III. treffen, wird an diesem Ort Weltgeschichte geschrieben. Papst und Kaiser ordnen nicht nur die kirchlichen Strukturen im Sachsenland, wo sie sechs neue Diözesen gründen, neben Paderborn auch Minden, Münster, Osnabrück, Verden und Bremen, sondern sie verabreden auch die Krönung Karls im folgenden Jahr 800 in Rom. Paderborn bleibt ein beliebter Anlaufpunkt für Karl. 806 erhält die junge Diözese mit dem heiligen Hathumar seinen ersten Bischof. Er treibt die kirchliche Entwicklung voran. Ihm folgt 815 der heilige Badurad. Während seiner Studien hatte er den Sachsen Aldrich kennen gelernt, einen Berater Kaiser Ludwig des Frommen und späteren Bischof von Le Mans. Als Bischof von Paderborn wollte er seine Diözese unter den Schutz eines heiligen Bischofs stellen. Aldrich wählte die Reliquien des heiligen Liborius aus. Liborius war im dritten Jahrhundert Bischof von Le Mans, ein Zeitgenosse und Freund Martin von Tours.

Anlässlich der Translatio der Gebeine des Heiligen schließen die beiden Diözesen einen Vertrag, den „Liebesbund ewiger Bruderschaft", der bis auf den heutigen Tag besteht und somit als einer der ältesten europäischen Verträge gelten darf. Selbst die vielen kriegerischen Auseinandersetzungen zwischen Frankreich und Deutschland überstand dieser Bund.

Als das Paderborner Domkapitel 1647 bei der Vorbereitung des Westfälischen Friedens befürchten musste, dem protestantischen Hessen zugeschlagen zu werden und damit als Bischofssitz unterzugehen, wandte es sich nicht nur an den königlichen Bevollmächtigten Heinrich von Orléans, sondern mit der Bitte beim König für sie einzutreten auch an den Bischof und das Kapitel von Le Mans. Bereits zum Weihnachtsfest desselben Jahres konnte der Bischof von Le Mans, Emery de la Ferté, dem Kapitel den königlichen Schutz versichern. Der 1648 geschlossene Friedensvertrag sicherte so auch die Aufrechterhaltung der Diözese Paderborn. Sieben Jahre später bat der Paderborner Bischof seinen Amtsbruder er-

neut um Hilfe, da die benachbarten Hessen Paderborn weiterhin bedrohten. Die Antwort ließ nicht lange auf sich warten. 1656 kam ein zweiter Schutzbrief in Paderborn an.

In der französischen Revolution flohen zahlreiche Priester und auch der Bischof von Le Mans, Francois de Jouffroy Gonssans nach Paderborn. Sie lehnten es ab, den Eid auf die zivile Verfassung abzulegen. Bischof de Jouffroy Gonssans starb an der Pader im Jahre 1799.

Als während des Krieges von 1870/71 ein preußischer Militärpfarrer bei der Pflege von Verwundeten auf den Pfarrer von Lhomme traf und dieser erfuhr, das der Militärpfarrer aus Paderborn kam, rief er: „Wir sind Brüder!" In der Folge der kriegerischen Auseinandersetzungen ist es den Bemühungen Paderborns zu verdanken, dass Le Mans vor Plünderungen und der Zerstörung durch deutsche Truppen bewahrt bleibt.

Trotz der Nazi-Herrschaft und der zunehmenden Kriegspropaganda kommen 1936 Vertreter des Domkapitels von Le Mans nach Paderborn und feiern die Elfhundert-Jahr-Feier der Übertragung der Reliquien nach Paderborn. Nach dem Krieg wird von Le Mans und Paderborn die Vermittlung der Post von Kriegsgefangenen angeregt und organisiert.

Seit 1948 nimmt der Bischof von Le Mans an den Libori-Feierlichkeiten und der Erzbischof von Paderborn an den Julians-Feierlichkeiten in Le Mans teil. Die Verbindungen haben sich über die Jahrzehnte hin verfestigt und sind sehr lebendig. Sie gehören zu den Marksteinen der Versöhnung zwischen Franzosen und Deutschen.

Seit 1960 besteht die St.-Liborius-Priesterbruderschaft, die mit ihren Studientagungen in besonderer Weise den Austausch fördert und inzwischen auch für Laien offensteht. Zu den festen Treffen gehört auch der Austausch unter den Räten.

Als Sie vor 28 Jahren Erzbischof von Paderborn wurden, haben Sie sich in Ihrer Antrittsrede lebendige und missionarische Gemeinden gewünscht. Gibt es Parallelen zwischen der gesellschaftlichen Situation von damals und heute?

Bevor ich Erzbischof wurde, war ich als Weihbischof zugleich auch Leiter des Seelsorgeamtes. Von daher war es naheliegend, dass meine erste Sorge diesem Aspekt aus dem pastoralen Bereich galt. Und ich bin der Meinung, dass diese Frage nach wie vor aktuell ist. Damals stellte sich die Frage einer lebendigen und missionierenden Gemeinde allerdings vor einem anderen Hintergrund, dem gesellschaftlichen Umbruch am Ende der 60er Jahre.

Im Jahr 1968 weiht Erzbischof Lorenz Jaeger Johannes Joachim Degenhardt zum Weihbischof in Paderborn. (links: Erzbischof Jaeger, rechts: Weihbischof Degenhardt)

Manchmal sage ich scherzhaft: Auch ich gehöre zur 68er Generation, allerdings in anderer Weise. 1968 bin ich Weihbischof geworden, in einer Zeit also, als die Umsetzung der Ideen des Zweiten Vatikanischen Konzils begann. Viele neue Ideen strömten auch aus den eigenen Reihen in die Kirche und verlangten nach innovativen Antworten. Selbst wenn dieser Zusammenhang heute nicht mehr so deutlich gesehen wird – manche berechtigte Anliegen und Impulse der Studenten sind durchaus nicht ohne Auswirkungen auf die Umsetzungsbemühungen geblieben. Ich nenne als Beispiel nur die Bedeutung, die die persönliche Gewissensentscheidung für das Handeln des einzelnen bekam. Das Konzil hatte das in der Pastoralkonstitution „Gaudium et spes" vorbereitet. Das war doch eigentlich gar nichts anderes als das, was in den Wirren der 68er Jahre mit anderen Worten und leider auch anderen Mitteln gefordert wurde. Sicher – manches, was hinterher vor allem in den Medien als Quintessenz der 68er Revolte beschrieben wurde, deckt sich nicht mit den eigentlichen Anliegen des Konzils. Dennoch, so glaube ich, hat die Kirche gerade in der materialethischen Ausbuchstabierung dessen, was wir als Menschenwürde und Menschenrechte kennen, Ähnlichkeit mit dem, was die Studenten damals gefordert haben. Um Missverständnisse zu vermeiden – das soll die Revolten mit ihren teilweise katastrophalen Folgen nicht nachträglich sakrifizieren; andererseits darf man auch nicht undifferenziert berechtigte Anliegen übersehen. Ganz deutlich wurde das dann mit dem Ende dieser Entwicklungen, 1974. Die Mentalität der jungen Leute hatte sich verändert. Nun kamen die Hippies. Gefragt war nicht mehr der Protest, sondern das Bemühen auch um geistliche, geradezu spirituelle Dinge, auch bei den jüngeren Menschen. Das war damals schon ganz stark.

Liest man in Ihrer Vita, dann sieht man häufiger die Mentalität des Westfalen unterstrichen. Sie werden, von manchen Biographen, nicht ohne gewisse Absicht, als bekennender Konservativer charakterisiert.

Ich glaube schon, dass den Westfalen gegenüber anderen das Konservative, eher Beharrende kennzeichnet. Vielleicht sind wir nicht so spontan, vielleicht brauchen wir auch längere Zeit, um uns mit anderen zu verständigen. In Westfalen heißt es, dass man zunächst zwei Sack Salz miteinander gegessen haben muss. Aber das sehe nicht als Nachteil. Der Westfale *prüft* zunächst das Neue. Wenn er dann feststellt, das Neue ist besser als das, was bisher war, ist er bereit, das Neue anzunehmen. Er möchte gerne vorher wissen: ist das, was neu kommt, wirklich besser als das, was bisher bestand. Zudem scheint mir eine eher bewahren wollende

Mentalität doch eher geeignet, in den Stürmen der Zeit Bestand zu haben, weil sie das, was sich an Traditionen bewährt hat, was an Lebensweisheiten und Lebenserfahrungen buchstäblich lebenstüchtig erhält, auch für nachkommende Generationen erhält. In Handwerkskreisen hört man immer wieder das Sprichwort: „Man muss das Rad nicht neu erfinden!" Allerdings darf uns das nicht daran hindern, dort, wo Innovationen und Veränderungen wirklich notwendig sind, zuzupacken.

Sie haben sich gegenüber den so genannten neuen geistlichen Gemeinschaften stets aufgeschlossen gezeigt. Entspricht die Orientierung dieser Bewegungen ihren Vorstellungen von lebendigen, missionarischen Gemeinden, von denen wir bereits gesprochen haben?

Also, ich persönlich sehe die geistlichen Gemeinschaften, die sich zum Teil nach dem Zweiten Vatikanischen Konzil auch in unserer Diözese entwickelt haben, als ein Zeichen geistlicher Lebendigkeit, die man gar nicht planen konnte, die auch nicht vorauszusehen war. Ich nenne zum Beispiel die Schönstatt-Bewegung, die Fokolarini, das Opus Dei. Die geistige Grundhaltung dieser Menschen, die persönlich ein geistiges Leben fördern, wenn auch mit jeweils anderen Akzenten, die auch kirchlich sind, die nicht nur in Opposition leben, das ist für mich doch sehr positiv. Hier ist ein Raum, der für mein Begreifen vom Geist Gottes eröffnet wurde. Sicherlich gelten die hier praktizierten Lebensformen und Lebensdeutungen so nicht unmittelbar für jeden Christen. Aber es sind doch Möglichkeiten wie Christsein unter je und je spezifischen Umständen gelebt werden kann. Im Grunde sind alle geistlichen Gemeinschaften wie die gesamte Kirche auf der immer wieder neuen Suche nach Antwort auf die Frage: „Wie kann ich, wie können wir das Evangelium glaubwürdig leben?" Und darin sehe ich auch den Beitrag der neuen geistlichen Gemeinschaften. Es ist gewissermaßen ein Impuls aus und inmitten der Kirche für die Kirche.

Von ihren Kritikern werden diese geistlichen Bewegungen dann in die „rechte Ecke" gestellt, gelten als betont „papsttreu". Sind sie das Gegenmodell zum sogenannten progressiven Flügel in der Kirche, der seine Anhänger unter dem Poster „Kirche von unten" mobilisiert. Eine solche Polarisierung muss nicht zur Spaltung führen, kann aber zu einer Spannung führen, die etwas zerreißen könnte.

Das kann schon sein. Aber ich sehe die geistlichen Gemeinschaften nicht so negativ. Denn ich erlebe – und ich kenne inzwischen eine Reihe von diesen Gemeinschaften etwas näher –, wie sie vom Heiligen Geist gegebene Anregungen aufgreifen und ihren Mitgliedern oder auch ihren Sympathisanten vermitteln wollen. Ich denke da – um nur ein Beispiel zu nennen – an die Fokolarini. Ich habe Chiara Lubich, die Gründerin der Bewegung kennen gelernt, als sie unser Bistum besuchte und habe sie auch bei mehreren Bischofsversammlungen erlebt. Ich kann sie nur bewundernd nennen. Was sie sagt, ist eine Mischung aus dem, was wir katholisch nennen und dem, was uns die Zeichen der Zeit über unsere Welt mitteilen. Was die Fokularini im Zweiten Weltkrieg in Trient begonnen haben und was sich inzwischen weltweit entwickelt hat, ist wirklich spirituell fundiert. Sie bekennen sich zu Christus und betonen die Einheit in der Kirche.

Die Bewegungen führen ein auffälliges Eigenleben, so dass manche Bischöfe sich sorgen, da könne sich etwas verselbständigen, parallel zu allgemeinen kirchlichen Strukturen. Fürchten Sie sich vor einer „Kirche in der Kirche"?

Überhaupt nicht. Ich halte das im übrigen für eine Übertreibung, ja auch für eine Diskriminierung, die nicht berechtigt ist. Selbstverständlich müssen neu entstehende Gruppierungen sich zunächst einmal untereinander organisieren; das hat etwas mit Identitätsfindung und -bildung zu tun. Aber ich habe bei denen, die ich kenne, eigentlich nicht erfahren, dass sie „Kirche in der Kirche" sein wollen. Tatsache ist vielmehr, dass diese Bewegungen, jedenfalls die größeren geistlichen Gemeinschaften, dem Aufbau – um es in frommer Sprache zu sagen – des Leibes Christi, der Kirche dienen wollen. Und wenn das mit allen Kräften in der Kirche geschieht, dem Papst, den Bischöfen, Priestern und Laien, dann ist das für mich etwas Positives. Ich glaube nicht, dass Opposition allein, aus welchen Gründen auch immer, die Kirche lebensfähig hält. Im Gegenteil, ich halte das für falsch, auch wenn man manchmal den Eindruck gewinnt, das sei eine für Deutschland typische Grundeinstellung. Die Frage ist doch, wie erreicht man das „ecclesia semper reformanda" zielsicher. Und diesbezüglich scheint mir die Grundhaltung der geistlichen Gemeinschaften richtiger.

Wie beurteilen Sie die „Priesterbruderschaft Pius X.", die Lefebvre-Bewegung, die mit Rom im Schisma steht?

Hier genau sehe ich den Unterschied. „Pius X." ist keine neue geistliche Gemeinschaft. Ihre Anhänger sind im Grunde mit dem II. Vatikanischen Konzil nicht fertig geworden. Ob das zukunftsträchtig ist? Ich persönlich meine: nein. Wir in unserer Paderborner Diözese haben faktisch keine Gruppierungen aus dieser Lefebvre-Bewegung.

... die „Altar gegen Altar“ gestellt und Bischöfe ohne Zustimmung des Papstes geweiht hat.

Rom hatte sie zunächst an einem sehr langen Zügel geführt. Als sie dann aber eigene Bischöfe ohne Erlaubnis und gegen die Hierarchie der Kirche geweiht haben, blieb gar nichts anderes übrig, als sie zu exkommunizieren.

Was ist zu tun, damit sich letztlich wieder alle in der einen Kirche beheimatet fühlen?

Man sollte tun, was der Heilige Ignatius von Antiochien im ersten Jahrhundert nach Christus schon geschrieben und praktiziert hat: Wo der Bischof ist, da ist die Kirche. Das ist das eine. Und ich denke, wenn sich alle an diese alte Regel halten würden, dann hätten wir einige Probleme weniger. Das andere ist – und das gilt für alle – das Bemühen um die Wahrheit jenseits jeglicher ideologischer Richtungskämpfe.

Der Kardinal 1968 im Kreis seiner Weihbischöfe: von links nach rechts: Bischof Franz Hengsbach, Weihbischof Johannes Joachim Degenhardt, Erzbischof Lorenz Jaeger und Weihbischof Paul Nordhues.

1999 erinnert das Erzbistum an die Anfänge seiner Geschichte vor 1200 Jahren. Erzbischof Degenhardt und Generalvikar Kresing stellen ein umfangreiches Jubiläumsprogramm der Öffentlichkeit vor. Im Jubiläumsjahr können beide ihr silbernes Dienstjubiläum feiern: seit 25 Jahren stehen sie an der Spitze der Erzdiözese.

Der Glaube der Kirche

„Surrexit dominus vere – der Herr ist wahrhaft auferstanden" lautet Ihr Wahlspruch, einem der frühesten Glaubensbekenntnisse entnommen, wohl auch einem der stärksten. Es erinnert erneut an den Gedanken der missionarischen und lebendigen Gemeinden.

Ich glaube schon. Ich habe diesen Wahlspruch, der aus dem Lukas-Evangelium stammt, aus dem 24. Kapitel, damals gewählt, bevor ich Weihbischof geworden war, weil ich diesen Vers als Kernpunkt unseres Glaubens sehe: Leiden, Tod und Auferstehung Jesu sind und bleiben die Mitte der Verkündigung der Kirche. Es ist die Antwort auf die Kernfrage des Menschen, wie sie Immanuel Kant als eine der großen Fragen der Menschheit bezeichnet hat: Was darf ich hoffen? Und da nutzt es nur wenig, die Auferstehung Jesu nur als Mythos sehen zu wollen. Wem allen Ernstes nutzt eine Psychologisierung, wie sie etwa Dr. Drewermann vornimmt? Dem Sterbenden? Dem Trauernden? „Ist aber Christus nicht auferweckt worden, dann ist unsere Verkündigung leer und euer Glaube sinnlos" (1 Kor 15,14), so sagt es der Apostel Paulus. Das trifft den Kern. All das, was Kirche ist und lebt und glaubt, hängt an der Realität der Auferstehung. All das, was der Mensch ist und lebt und hofft, hängt daran.

Für Sie war das Grab leer?

Ja sicher. Glauben Sie, man hätte in Jerusalem sagen können, das Grab ist leer. Die Leute konnten doch hingehen und sehen, ob er da noch liegt. Das hätte sich keine drei Tage halten können. Glauben Sie, dass die zwölf Apostel wieder zusammengefunden hätten, nachdem sie schon auseinandergelaufen waren, wenn nicht eine derartige Realität dahinter stünde. Sie haben sich alle für diesen Glauben den Kopf abschlagen lassen oder auf andere Weise ihr Leben gegeben. Das tut man nicht für Phantastereien. Auch Paulus hätte nicht ohne weiteres den Märtyrertod angenommen.

Lassen Sie uns den Bogen schlagen ein bisschen vom Bild des „leeren Grabes" her. Die Zweifel, die Fragen, die Menschen heute haben – sind das Symptome eines zunehmenden Glaubensverlustes, der manchmal auch einhergeht mit einer Sprachlosigkeit, das auszudrücken, was christlicher Glaube eigentlich will?

Eine Würdigung für sein Engagement für Verständigung und Versöhnung zwischen Polen und Deutschen erfährt Kardinal Degenhardt im März 2002: Der polnische Staatspräsident verleiht ihm das Komturkreuz des Polnischen Verdienstordens. Der Kardinal erhält diese Auszeichnung durch den polnischen Botschafter in Berlin. (von links nach rechts: Generalvikar Bruno Kresing, Bischof em. Ignacy Jez, Kardinal Degenhardt, Botschafter Dr. Jerzy Kranz und Nuntius Giovanni Lajolo

Selbstverständlich gibt es diese Zweifel. Die gab es schon im Jüngerkreis – denken Sie beispielsweise an Thomas –, und es wäre erstaunlich, wenn diese Zweifel heute nicht existierten. Aber genau deswegen gibt es die Kirche mit ihrer Verkündigung. Ihr Zeugnis tritt gegen Zweifel und Unglauben an. Freilich würde ich mir wünschen, dass diejenigen, die für diese Verkündigung verantwortlich sind, deutlich und unangepasst sprechen. Das vermisse ich manchmal.

Heißt das, dass man, weil man nicht als unzeitgemäß gelten will, lieber den Mund darüber hält?

Vielleicht darf ich mit einer Gegenfrage antworten. Wo hören Sie heute noch Predigten etwa über den Himmel, über das Fortleben nach dem Tode? Für viele Prediger ist das, so scheint mir, nicht aktuell. Also lässt man es. Gerade dieser Kernpunkt katholischer oder christlicher Wahrheit bleibt aus welchen Gründen auch immer außen vor.

Glaube, den der Zweifel nährt? Um einen Buchtitel zu zitieren; glaubend annehmen, was menschliches Denkvermögen kaum fassen kann?

Nun, das würde ich vielleicht nicht zum allgemeinen Maßstab nehmen. Für viele moderne Menschen mag gelten, dass sie zweifeln. Es gibt aber auch sehr viele Menschen, die auf ihren Glauben setzen und die nie einen Zweifel gehabt haben. Denen möchte ich das auch nicht einreden.

Die, zugespitzt gefragt, „blind" glauben?

Nicht blind. Diese Menschen sind einfach so überzeugt, von ihrer ganzen Lebensgeschichte, von den Eltern her, dass grundsätzliche Zweifel für sie nicht aufkommen. Auch als modern denkender Mensch kann ich mich durchaus mit diesen Fragen befassen, ohne dass mein Glauben grundsätzlich in Frage gestellt sein muss.

Ein moderner Mensch und gleichzeitig ein Glaubender zu sein, dies widerspricht sich nicht?

Ich glaube nicht. Glaube und Vernunft schließen einander nicht aus, darüber sprachen wir bereits. Persönlich kann ich das auch aus meiner Geschichte sagen. Sie wissen, dass ich in einer überzeugt katholischen Familie aufgewachsen bin, in der Nazizeit. Ich bin jedoch nie in der Versuchung gewesen, Nazi zu werden. Am Beispiel meiner Eltern habe ich auch erlebt, wie sie mit allen Schwierigkeiten, die wir in unserer großen Familie hatten, umgegangen sind. Wir waren sechs Geschwister. Mein Vater hatte nicht viel verdient. Da mussten wir uns schon zusammennehmen. Aber wir haben am Beispiel der Eltern gesehen, was es heißen kann, überzeugt und glaubwürdig christlich zu leben.

Dürfen wir kurz ins Private abschweifen? Sie lesen gern Krimis, zum Beispiel Chesterton. Sie hören gern Klassik, am liebsten Mozart, wenn man in Ihren bisherigen Auskünften nachschlägt.

Ich mag natürlich auch Beethoven, oder Bach. In der Musik suche ich nicht das Schwermütige, sondern eher Entspannung und Erleichterung. Andererseits dürfen Sie daraus auch schließen, dass die modernen Stilrichtungen, Pop und ähnliches, nicht so meine Welt sind. Vielleicht bin ich dafür auch schon zu alt.

Unter den Theologen schätzen Sie besonders Thomas von Aquin.

An ihm bewundere ich die Klarheit seines Denkens und was er in wirklich katholischer Formulierung, aufgeschrieben hat: auf einen kurzen Nenner gebracht, ohne Schnörkel, in einem Latein, das jeder, der die Sprache ein wenig beherrscht, leicht verstehen kann. Seine scholastische Methode beleuchtet die verschiedenen Aspekte einer Frage, setzt sich mit den Einwänden auseinander und kommt dann mit wenigen Sätzen zu einem Ergebnis, das er für richtig hält. Das gilt zum Beispiel für die heilige Messe. Er befasst sich mit der damals schon diskutierten Frage der Gegenwart Jesu, mit dem Opfer in der Messe, mit der Notwendigkeit, dass ein Priester die Messe feiert. Die Antworten, die er auf alle diese Fragen gibt, haben auch heute noch ihr Gewicht.

Das hört sich sehr nach Disziplin, nach Autorität an.

Selbstverständlich hat diese Methode etwas mit Disziplin zu tun. Das mag für die heutige Lebenseinstellung zunächst fremd sein. Aber ist das deswegen schon falsch? Im Prinzip ist die Orientierung an den Gedanken eines Vordenkers nichts anderes als ein Treppensteigen: man orientiert und richtet sich wie an einem Treppengeländer nach dem, was ein anderer schon gedanklich erklommen hat. Ich halte das deswegen für berechtigt, weil die existentiellen Fragen sich nicht verändert haben. Die Frage: „Wer bin ich?" ist heute so aktuell wie zu Zeiten eines Thomas von Aquin. Und warum soll ich nicht dessen Antwort zur Kenntnis nehmen und sie an meinem Leben überprüfen? Wie gesagt, es geht um die Wahrheit. Und wenn mir eine Methode angeboten wird, die diesem Anliegen dient und vor allem, die sich bewährt hat über Jahrhunderte – warum soll ich sie nicht wählen? Natürlich ist auch Thomas ein Kind seiner Zeit. Man wusste zum Beispiel nur wenig, von den Zusammenhängen bei der Entstehung menschlichen Lebens. Thomas vertrat, wie die Naturwissenschaftler seiner Epoche, die Auffassung, dass die „Beseelung", so hieß es damals, erst nach einer Reihe von Wochen stattfinde. Das kann man ihm aber doch nicht vorwerfen, nur weil er die wissenschaftlichen Kenntnisse über die Verschmelzung der menschlichen Lebenskerne noch nicht hatte. Er war auf das Wissen der Gelehrten seiner Zeit angewiesen. Nur bedeutet das noch lange nicht, dass seine grundlegenden Erkenntnisse, z.B. sein Menschenbild, dadurch falsch würden.

Paderborner Ostkontakte

Dezember 1974: Johannes Joachim Degenhardt, seit acht Monaten Erzbischof von Paderborn, will während seines ersten Rom-Besuches den zuständigen Kuriendiplomaten „sehr deutlich seine Auffassung zur vatikanischen Ostpolitik„ darlegen. Ein großer Teil der Diözese lag zu diesem Zeitpunkt im „anderen Teil Deutschlands", und dem Paderborner Oberhirten verwehrten die Polit- und Sicherheitskader des SED-Staates die nun erforderliche „Einreise" zum Besuch seiner Sprengel rund um Magdeburg. Auch der Besuch in Ostberlin, wurde ihm mit dem Hinweis eines NVA-Offiziers untersagt: „Sie sind in der DDR unerwünscht." Kardinal Lorenz Jaeger allerdings reagierte ungerührt auf diese Tonlage, er kennt solche Methoden denn aus Hitlers Zeiten, und meinte gegenüber Generalvikar Bruno Kresing, wie sich dieser erinnert: „Das ist gut. Dann hat man ihn auch drüben als meinen Nachfolger anerkannt."

Ein frostiges Klima, aber nicht wegen der Jahreszeit, ließ die deutsch-deutschen Beziehungen immer wieder mal einfrieren. Der kalte Krieg war zwar beigelegt, nicht aber die Konfrontation der Supermächte und Deutschland spielte die Rolle eines Faustpfandes. Die Ostverträge, von der sozialliberalen Koalition mit der Sowjetunion und Polen geschlossen, hatten die deutsche Öffentlichkeit bewegt, zumal sie die Oder-Neisse-Linie als endgültige Grenze zwischen Polen und Deutschland festschrieben – was viele im übrigen als unverzichtbaren Schritt auf dem Weg zu einer doch ebenso endgültigen Versöhnung zwischen den beiden Nachbarvölkern verstanden. Für die vatikanische „Ostpolitik" war nun „das letzte Hindernis für die kirchliche Oder-Neiße-Regelung" (Hansjakob Stehle) beseitigt, der Neuordnung der Kirchenbezirke im Westen Nachkriegs-Polens, mit eigenständigen, zum Teil von ihren früheren deutschen Bistümern abgetrennten Diözesen stand nichts mehr im Wege.

Würde die „Ostpolitik" unter ihrem „Architekten" und vatikanischen Chefdiplomaten Agostino Casaroli, dem nachmaligen Kardinalstaatssekretär, auf diese Weise fortfahren? Auch die Grenze zwischen der BRD und der DDR wurde im sogenannten Bahr-Papier als „unverletzlich" respektiert. Die (westdeutsche) Doktrin von einem ungeteilten Deutschland war damit allerdings nicht aufgehoben, denn in seinem „Brief zur deutschen Einheit" hatte der damalige Außenminister Walter Scheel erneut das „politische Ziel der Bundesrepublik Deutschland" betont, „auf einen Zustand des Friedens in Europa hinzuwirken, in dem das deutsche Volk in freier Selbstbestimmung seine Einheit wiedererlangt." Gingen im vatikanischen Staatssekretariat die Uhren anders? Sah man die Sache, nun auch die DDR betreffend, im Vatikan anders, wie Nuntius Bafile einmal in einem vertraulichen Brief an Kardinal Bengsch bezüglich der Veränderung der kirchlichen Verwaltung östlich von Oder und Neisse einräumte. War den Diplomaten im Apostolischen Palast das weltkirchliche Hemd näher als der deutsche Rock?

Die „Doktrin" der vatikanischen Ostpolitik hat der damalige „Außenminister" des Vatikans, Erzbischof Agostino Casaroli in einem Vortrag über die „Beziehungen des Heiligen Stuhls zu Ländern mit einem kommunistischen Regime" dargelegt, nämlich „praktische Mittel und Wege zu finden, um innerhalb der starren Strukturen eines kommunistischen Staates und Systems für die Kirche und für die Religionsausübung hinreichende Möglichkeiten sicherzustellen."

In seinem Vortrag vor dem Zentrum für Strategische und Internationale Studien der Georgetown University im Januar 1978, also zu Beginn des Drei-Päpste-Jahres, machte der „Sekretär des Rates für die öffentlichen Angelegenheiten der Kirche" klar, dass es der Kirche nicht um eine ideologische Aussöhnung gehe, sondern um die Rechte und die legitimen religiösen Interessen der Bürger. Der Heilige Stuhl glaube nicht, wenn er so handelt, seine eigentliche geistliche Sendung zu verfehlen. Er sei aber ebenso überzeugt, dass Einsatz zugunsten der großen menschlichen Interessen der Völker und besonders zugunsten des Friedens dem Evangelium entspreche.

Vatikanische Diplomatie – das verlangte von jeher, „korrekte Beziehungen zwischen den Staaten und der katholischen Kirche sicherzustellen und zu fördern – die selbst bei Verschlimmerung der Lage soweit überhaupt möglich den Dialog gestatten." Aber die Brille, durch die man in Rom auf das jeweilige Betätigungsfeld sah, war offenbar getönt, im Unterschied zu den schärferen Blicken der Betroffenen „vor Ort".

Der Ton zwischen dem kirchlichen und politischen Bonn einerseits und den Gesprächspartnern am Tiber verschärfte sich – um sich am Ende „in Wohlgefallen" aufzulösen, möchte man sagen, in Freude über den Herbst 1989.

Von Paderborn nach Magdeburg

„Vatikanische Ostpolitik" gehörte schon vor mehr als tausend Jahren zu den Instrumenten der Papstkirche, den Glauben zu verbreiten und das ei-

gene Hoheitsgebiet abzusichern, durch Verträge mit den herrschenden Fürsten in Polen und Böhmen, Ungarn und der Ukraine, die sich wohl nicht nur aus Glaubensüberzeugung sondern auch aus politischem Kalkül dem Christentum unterstellten. Die Milleniumsfeiern zur Taufe der Völker Ost- und Südosteuropas fielen in die Zeit des Niedergangs der schärfsten ideologischen Widersacher.

Ausgangspunkt und eines der politischen Machtzentren Europas war Magdeburg, der Sitz Kaiser Ottos I., den man den Grossen nannte. Besucher der Grablege des Kaisers und seiner Gemahlin Editha im Magdeburger Dom, zu dem Otto, der „neue Konstantin", den Grundstein gelegt hatte, werden gedanklich in diese Blütezeit der politischen und wirtschaftlichen Metropole im hohen Mittelalter geführt. Magdeburger Markt- und Stadtrecht galt einmal bis Nowgorod. Schon 805, in karolingischer Zeit, bildet Magdeburg als Handelsplatz eine Brücke zu den slawischen Völkern, ein folgerichtiger Ausgangspunkt auch für die christliche Mission im Osten, im Geschichtsunterricht der sozialistischen Einheitsschulen der DDR als „organisatorisches und ideologisches Zentrum der frühfeudalen deutschen Ostexpansion" diffamiert.

Otto, der sich 962 in Rom salben und krönen lässt, gewissermaßen auch die Geburtsstunde des Heiligen Römischen Reiches Deutscher Nation, gründet 968 das Erzbistum für das Gebiet der Wenden bis zur Oder, mit dem Benediktiner-Mönch Adalbert als erstem Oberhirten. Nur Köln und Mainz rangieren vor Magdeburg. Adalbert reist bis nach Kiew, um den Fürsten der Rus und somit das Volk für die westliche Kirche, den römischen Papst zu gewinnen. Doch vergeblich. Kiew hält zu Konstantinopel, zur Orthodoxie. Dies ist allerdings auch durch familiäre Bande bedingt. Denn die Tochter des Kaisers von Konstantinopel hatte den Großfürsten von Kiew geheiratet und den christlichen Glauben erst eingeführt. Die Wunden der Trennung zwischen lateinischem und byzantinischem Ritus berühren nicht nur die Liturgie, sondern das Machtgefüge in Südosteuropa, wie die Rivalität zwischen dem Moskauer Patriarchat und der römischen Kirche nur allzu deutlich macht. Adalbert ist im Dom zu Magdeburg beigesetzt.

Die Dome von Magdeburg, Halberstadt, Merseburg, Havelberg und Naumburg-Zeitz sind die steinernen Zeugen geistiger Größe, die auch die Jahre der Finsternis überdauerten.

Bedeutende Gestalten des Mittelalters zieren die Magdeburger Annalen: Mathilde von Quedlingburg, Mechthild von Magdeburg, Gertrud von Eisleben, Mechthild und Gertrud von Hackeborn. Das Kloster Helfta, in den Reformationswirren untergegangen, wurde ab 1999 den Zisterzienserinnen wieder eine Heimat. Im Mittelalter galt es als ein Zentrum der deutschen Frauenmystik. Nicht zu vergessen: Bruno von Querfurt, Burchard von Halberstadt und Norbert von Xanten, den Gründer des Prämonstratenser-Ordens und dreizehnter Erzbischof von Magdeburg. Seit 1926 ruhen seine Gebeine im Strahov-Kloster oberhalb Prags. 1582 heiliggesprochen, erwählt ihn der Jurisdiktionsbezirk Magdeburg anlässlich des 400. Jahrestages seiner Kanonisation zum Patron.

Wollte sich Magdeburg, als Pendant zum westdeutschen Bonifatius, einen Schutzpatron der DDR schaffen, wie manche argwöhnten? Dass man an der Elbe schon lange nach kirchlicher Eigenständigkeit strebte, die nach 1949 entstandenen Verhältnisse wohl anders einschätzte, als an der Berliner Hedwigskathedrale, ständig dem Stasi-Apparat ausgesetzt, wusste man auch im Westen. Diese kirchenpolitische Linie folgte nicht den Vorgaben des SED-Staates als vielmehr den von ihm verursachten pastoralen Notwendigkeiten und den Nachkriegsentwicklungen. Viele Katholiken waren mit den Flüchtlingen und Vertriebenen aus den Ostgebieten im mitteldeutschen Industriegebiet „hängengeblieben". Diese und besonders die seit der Mitte des 19. Jahrhunderts dort ansässigen Katholiken nicht allein zu lassen, unter den frostigsten äußeren Bedingungen, war das Gebot der Stunde.

Sachsen-Anhalt, 1945 unter sowjetischer Aufsicht aus Teilen der altpreußischen Altmark, dem seit 1815 preußisch gewordenen Süden und dem Freistaat Anhalt geschaffen, bildet im wesentlichen auch das Territorium des heutigen Magdeburger Bistums, mit katholischen Schwerpunkten in der Hauptstadt sowie in Halle, Dessau und Merseburg.

1821 wird das Gebiet dem Bistum (ab 1930 Erzbistum) Paderborn endgültig einverleibt. Mit dem Zugewinn des preußischen Anteils, immerhin zwei Drittel des Territoriums der Metropolie, ist Paderborn eines der größten deutschen Bistümer.

Nach dem Zweiten Weltkrieg gab es zunächst keinen Grund, das Magdeburger Gebiet von Paderborn abzutreten. Vielmehr übernahm zunächst ein Propst als erzbischöflicher Kommissar die Vertretung des Erzbischofs in Magdeburg.

Dann folgen mit dem Paderborner Weihbischöfen Wilhelm Weskamm (der 1951 Bischof von Berlin wird) und Friedrich Maria Rintelen, beide ausgestattet mit den Vollmachten eines Generalvikars für den Ostteil des Erzbistums, zwei Männer, die der Kirche in der doppelten Diaspora (als konfessionelle Minderheit und unter dem Druck des politischen Regimes) Kraft und Lebensnerv geben.

Mehr noch: Von Magdeburg gehen frühe Kontakte nach Polen aus, Impulse der Versöhnung mit dem Nachbarvolk, das die furchtbarsten Schläge von deutscher Hand erlitten hat. Man erinnert sich der historischen tausendjährigen Bindungen aus ottonischer Zeit, die nach diesem Krieg eine ganz andere Dimension bekommen. Die Versöhnungsarbeit beginnt schon bald nach dem Krieg.

1949, mit der Gründung der DDR war Sachsen Anhalt im Zuge der politischen Gebiets- und Verwaltungsreform in die Bezirke Magdeburg und Halle aufgeteilt worden. In etwa deckungsgleich blieb der kirchliche Jurisdiktionsbereich, zu dem grenzbedingt ein Teil der Diözese Hildesheim (Blankenburg, Hasselfelde, Hessen) hinzukam.

Die fünfziger Jahre sehen die Kirche auch in Mitteldeutschland einer schärferen Gangart des kommunistischen Regimes ausgesetzt; die Nachbeben der stalinistischen Verfolgungen vor allem im Nachbarland Tschechoslowakei sind auch in der DDR zu spüren. Erzbischof Jaeger wird die Einreise zum Besuch seines Magdeburger Sprengel verweigert.

Ab 1970 leitete Johannes Braun zunächst das Bischöfliche Kommissariat, das aber kirchenrechtlich weiter zum Erzbistum Paderborn gehört. 1973, im Rahmen der Neuordnung der kirchlichen Verwaltung auf dem Territorium der DDR durch den Heiligen Stuhl wurde Bischof Braun zum Apostolischen Administrator ernannt, mit exemtem Status, also nicht dem Erzbischof von Paderborn, sondern direkt dem Papst unterstellt. Allerdings blieb auch jetzt das Territorium dem Erzbistum Paderborn zugehörig. Eine kirchenrechtliche Einmaligkeit vatikanischer Politik, die es erlaubte, unter schwierigen politischen Verhältnissen eine angemessene , den pastoralen Realitäten folgende Seelsorge zu gewährleisten. Bei staatlichen Schikanen konnte man dann immer noch unmittelbar auf den Schutz des Heiligen Stuhles zählen.

Seit März 1990 führt Leopold Nowak, gebürtiger Magdeburger, gelernter Kaufmann, mit Studium in Paderborn und Erfurt, den kirchlichen Sprengel, der sich am 8. Juli 1994 vom Provisorium verabschiedete und zum eigenständigen Bistum erhoben wurde.

Als Suffraganbistum bleibt es der mitteldeutschen Kirchenprovinz, dem es in nicht geringem Maße sein Überleben verdankt, wie eine jüngere Tochter verbunden. Das Bistum Magdeburg, mit Gemeinden im neuen Bundesland Sachsen-Anhalt, sowie einigen Pfarreien im Land Brandenburg und im Freistaat Sachsen bleibt mit drei bis fünf Prozent katholischem Anteil unter den Christen „Kirche in der Diaspora" und Minderheitenkirche in einem Land, in dem der Glaube nach 40 Jahren Staats-Atheismus erst wieder neu eingesät werden muss.

Wer am 24. Juni 1996 Zeuge des historischen Augenblicks sein durfte, ob direkt oder am Bildschirm, wird den Moment so schnell nicht vergessen: Papst Johannes Paul II. durchschreitet zusammen mit Bundeskanzler Helmut Kohl das Brandenburger Tor. Anschließend, auf der mit den deutschen und den Berliner Farben geschmückten Rostra protokollieren sozusagen der Regierende Bürgermeister Eberhard Diepgen und der Vorsitzender der deutschen Bischofskonferenz, der Mainzer Bischof Karl Lehmann diesen symbolischen Akt, der in eigener feierlicher Weise das Ende der Teilung Deutschlands, Europas und der Welt in zwei ideologische Hemisphären besiegelt. „Das Brandenburger Tor ist zum Tor der Freiheit geworden", diktiert Johannes Paul II. in die Geschichtsbücher.

Gewiss, das kommunistische Haus, nach den Vorstellungen seiner Architekten für den „neuen Menschen" errichtet, hatte sich von Anfang an als Fehlkonstruktion erwiesen. Wer den Zusammenbruch des Moskauer Systems mit den materiellen Schäden des Zweiten Weltkrieges begründete, mit dem Austrocknen der östlichen Wirtschaften und einem „Totrüsten" des Warschauer Paktes zu Lasten der Staatshaushalte des Comecon, ging auf dem argumentativen Schlingerkurs zwischen Faktizität und antiwestlicher Polemik am Kern der Sache vorbei. Der Papst, der aus Polen stammt, aber hat sich nie ein X für ein U vormachen lassen.

Aus den persönlichen Erfahrungen mit dem Totalitarismus hitlerscher und stalinscher Prägung formte sich eine in der geistigen wie politischen Auseinandersetzung nicht nur unbeugsame, sondern geradezu kämpferische Haltung. Sie machte den Krakauer Oberhirten zu einem respektierten wenn nicht gefürchteten Widersacher der Gegenseite. Seine Wahl an die Spitze der katholischen Kirche zu einem Zeitpunkt, da sich der kommunistische Niedergang abzeichnete, sollte ihm eine weitere Probe aufs Exempel abverlangen: das entschiedene Eintreten für den unumkehrbaren Erneuerungsprozess in seiner Heimat Polen, der sich zunächst vor allem mit der Gewerkschaftsbewegung „Solidarnosc" verknüpfte und seine mutige Intervention gegenüber dem Kreml auf dem Höhepunkt der Krise. Für den „Polen auf dem Stuhl Petri" war dies die einzig mögliche Reaktion auf die vom polnischen Volk nie akzeptierten Vereinbarungen von Yalta, die sein Land nach der schrecklichsten aller Teilungen zum fünften Mal einer fremden Macht ausgeliefert hatte.

Die sogenannte Ostpolitik des Vatikans war an der Weichsel immer mit einem gewissen Misstrauen begleitet worden, wiewohl man auch in Warschau und Krakau wusste, dass die Diplomatie des Heiligen Stuhls allein auf einen „modus vivendi" angelegt war, das heißt, das Überleben der

Kirche durch vertragliche Abmachungen zu sichern, mit erklärtermaßen religionsfeindlichen Regimes, von deren Langzeit-Existenz zunächst ausgegangen werden musste. Die Einschätzung der politischen Machtverhältnisse, insbesondere auch auf der europäischen Landkarte, hatte zeitweilig zu erheblichen Spannungen zwischen Bonn und dem Vatikan geführt, beginnend mit der später erst an die Öffentlichkeit gekommenen Kontroverse zwischen Adenauer und Johannes XXIII. und schließlich noch verschärft durch die angebliche Bereitschaft von Paul VI. die ostdeutschen Gebietsteile von ihren westdeutschen Mutterbistümern abzutrennen, und eigenständige Diözesen auf dem Gebiet der DDR zu errichten.

Es blieb letztlich bis zur „Wende" nur bei Bischöflichen Ämtern und Apostolischen Administratoren, aus praktischen Gründen direkt dem Papst unterstellt. Dem immer wieder propagandistisch begleiteten Wunsch Ostberlins nach einer kirchenrechtlich eigenständigen katholischen Kirche auf dem Staatsgebiet der DDR, was der ersehnten diplomatischen Anerkennung gleichgekommen wäre, konnte der Heilige Stuhl widerstehen. „Staatsgrenzen sind auch Kirchengrenzen" hatte Ostberlin gefordert. Aber der Papst tastete die Diözesangrenzen nicht an. Nicht den damaligen politischen Realitäten folgend, wohl aber den pastoralen, waren die Weichen insofern gestellt, als es nach der Wiedervereinigung dann doch zur Neuordnung der Bistümer in den neuen Bundesländern kam, verbunden mit der Abtretung der früher zu westdeutschen Diözesen zählenden Sprengel.

In den 70er Jahren, als sich der Paderborner Erzbischof vorgenommen hatte, den „Römern" etwas Nachhilfe in gesamtdeutscher Politik zu geben, war diese Entwicklung nicht im entferntesten vorauszusehen. Sollte der Vatikan nach der polnischen Regelung nun auch zu einem Schnitt in der deutschen Frage bereitgewesen sein, die Folgen für die Katholiken, östlich von Werra und Fulda nun noch stärker einer auf Souveränität pochenden Staatsmacht ausgeliefert, konnten nur Illusionäre übersehen.

Nicht nur der entschiedene Widerspruch der westdeutschen Bischöfe und Politiker, sondern letztlich auch die Haltung der Mitglieder der Ostberliner Ordinarienkonferenz, gestärkt durch ihren Vorsitzenden, den Berliner Kardinal Alfred Bengsch sowie dessen späteren Nachfolger Joachim Meisner, die sich weniger anpassungswillig zeigten, als einige ihrer Amtsbrüder, haben Paul VI. „in letzter Minute" von seinem Vorhaben abgehalten.

Johannes Paul II. hielt an der Politik des „modus vivendi" fest, der schon die Konkordatspolitik während des Dritten Reiches bestimmt hatte, ja zurückgeht bis in die Zeit der bolschewistischen Revolution in Rus-

sland. Der „polnische" Papst aber nahm insofern eine Kurskorrektur vor, als er die Ostpolitik (ein Begriff, der im Staatssekretariat nicht gern gehört wurde, im Hinblick auf den letztlichen seelsorglichen Charakter aller Bemühungen), mit persönlichen Akzenten versah und sie nicht mehr allein seinen Diplomaten überließ. Die römisch-kuriale Illusion, mit der „deutschen Lösung" ein kirchenpolitisches Modell für andere sozialistische Länder zu schaffen, zählte ab nun zu den Fußnoten der deutschen kirchenpolitischen Nachkriegsgeschichte.

Schon ab 1972 haben Sie versucht, erste Kontakte zur Kirche in Osteuropa aufzubauen. Aus Paderborner Sicht lag das nahe, nachdem von hier längst schon die Beziehungen zu Westeuropa, vor allem nach Frankreich, aufgenommen worden waren.

Man muss dazu sagen: Ich bin am Schluss des Zweiten Weltkrieges in amerikanische Gefangenschaft gekommen, und war dann 15 Monate in Frankreich, allerdings in einem amerikanischen Gefangenenlager. Meine ersten Eindrücke von den Franzosen waren nicht gut. Aber man kann auch verstehen, dass die Franzosen nach den Jahren der deutschen Besatzung aufgebracht waren, als wir Anfang April 1945 in Chartres ausgeladen wurden. Wir mussten vom Bahnhof bis zum Kriegsgefangenenlager etwa 2,5 Kilometer durch die Straßen gehen. Da standen auf den Bürgersteigen die Franzosen, und sobald die amerikanischen Soldaten, die uns bewachten, nicht richtig aufpassten, drangen die Franzosen in unsere Marschkolonne ein und haben uns Schläge verpasst. Wir konnten uns nicht wehren. Ich kann mich noch entsinnen, wie ein französischer Metzger aus seinem Laden herauskam und mit einem gebogenen Messer eine eindeutige Bewegung um den Hals machte. „Dreckiges Schwein" habe ich noch aus seinem Wutausbruch herausgehört.

Die Amerikaner haben uns mit Gewehrkolben gegen diese Übergriffe verteidigt. Und ich hätte nie gedacht – und deswegen betone ich das jetzt – dass schon wenige Jahre später diese alte so genannte Erbfeindschaft überhaupt nicht mehr bestehen würde. Später haben mir Franzosen, die 39/40 gegen die Deutschen gekämpft hatten und nachher bei uns in Kriegsgefangenschaft waren, berichtet, dass sie genauso empfunden hatten.

So muss man fast von einem Wunder sprechen, dass die Diözesen Paderborn und Le Mans an ihrem „Liebesbund ewiger Bruderschaft" festhielten und diesen in den Folgejahren eher intensivierten.

Nach diesen guten Erfahrungen war es nur folgerichtig, von Paderborn aus auch Beziehungen zu unseren Nachbarn im Osten aufzunehmen, obwohl die Bundesrepublik Deutschland keine gemeinsame Grenze mit Polen hatte, sondern die damalige DDR, die dann glaubte, die deutsche Alleinvertretung gegenüber den Polen zu besitzen.

Während meiner ersten Reise nach Polen habe ich dann allerdings lernen müssen, die Verhältnisse differenziert zu beurteilen.

Da waren die deutschstämmigen Polen, die Schlesier, die einmal lange Zeit in Deutschland gelebt hatten und jetzt in den polnischen Staat eingebunden waren. In den grenznahen Gebieten sprachen viele immer noch ein durchmischtes Deutsch, das man Schlesisch-Polnisch nannte. Diese Deutschen identifizierten sich nicht ohne weiteres mit den Polen. Kurzum, überall stieß ich auf eine wechselhafte, lebendige europäische Geschichte. Die offenen Wunden durch Gewalt und Unterdrückung waren nicht zu übersehen. Das weckte in mir die Überlegung, etwas für die Versöhnung zu tun, den Dialog zwischen den Völkern anzustoßen, sofern ich dazu einen Beitrag leisten konnte. Es lag mir daran, das, was mit den Franzosen möglich war, auch mit den Polen aufzubauen, also zu einer tragfähigen Brüderlichkeit zu finden. Auf diese Weise bin ich dann in ständigem Kontakt mit Polen geblieben.

Eine Brüderlichkeit zwischen dem deutschen und dem polnischen Volk oder auch Hilfestellung, damit die auf polnischem Staatsgebiet lebenden, wohnenden Schlesier auch einen solchen Schritt tun können?

Natürlich, auch. Wobei ja anfangs davon die Rede war, es wären nach der Vertreibung kaum noch Deutsche zurückgeblieben. Es gab dann auch Missverständnisse und Schwierigkeiten mit den polnischen Katholiken, denen vorgeworfen wurde, Kirchengebäude sowohl in Schlesien als auch im Ermland, die den protestantischen Deutschen gehört hatten, konfisziert zu haben.

Und es gab das provizierende Wort des polnischen Primas, der von der polnischen Eiche sprach, die in diesen Westgebieten, wie die Polen sie nannten, wieder verwurzelt sei. Breslau, so hatte Kardinal Hlond, der Vorgänger Wyszynskis, verkündet, sei zur alten polnischen Erde zurückgekehrt.

Damit waren wir deutschen Bischöfe nie einverstanden, zumal das geschichtlich nicht stimmt. Auch in Schlesien gab es damals kein polnisches Staatsgebiet im modernen Sinn, sondern es handelte sich um Territorien, regiert von Fürstengeschlechtern. Ich denke in diesem Zusammenhang an die Heilige Hedwig. Sie stammte aus Bayern und ihr Mann kam aus dem Geschlecht der Piasten.

Das die Entwicklung nach dem Zweiten Weltkrieg als Rückkehr ins polnische Reich gesehen wurde, war falsch, aber verständlich. Auch die Bischöfe und die Kardinäle waren ja ganz patriotisch national ausgerichtet. Und einige sind es heute noch. Man muss aber auch die Geschichte Polens insgesamt berücksichtigen, das, was Polen in den vergangenen 300 Jahren erlebt haben: lange Zeit ohne eigenes Staatsgebiet, mehrmals aufgeteilt, zuletzt zwischen Russland, das ganz Polen als russisch sehen wollte, und Deutschland, das Polen germanisieren wollte.

Wie wollten Sie unter diesen Vorzeichen erreichen, dass den Polen die Furcht vor den Deutschen genommen werden konnte?

Das war über eine lange Zeit sehr schwierig. Westdeutschland, also die Bundesrepublik, hatte keine gemeinsame Grenze mit Polen. Die polnischen Kommunisten verlangten, dass wir, wie nach dem Zweiten Weltkrieg, auch die provisorischen Grenzen als endgültig anerkennen sollten. Und die Politik der Bundesregierung machte die geforderte Anerkennung von der Wiedervereinigung Deutschlands abhängig. Es hieß: Vorher können wir weder einen Friedensvertrag abschließen noch die Grenze als endgültig akzeptieren.

Man muss natürlich auch sehen, dass 1946, bei der Vertreibung der Schlesier und der Ermländer, nicht alle Polen sich gerade edel verhalten haben. Polnische Bischöfe erklärten deutschen Bischöfen gegenüber, das sei Sache der Russen gewesen. Aus meinen Gesprächen habe ich aber auch anderes gehört. Nachdem weite Teile Ostpolens nach Russland gekommen sind, wurden die dort lebenden Polen nach Schlesien umgesiedelt, in Gebiete, aus denen man zuvor die Deutschen vertrieben hatte, oder dies noch tun wollte.

Die Polen haben sich bei der Vertreibung, etwa im harten Winter ´46, durchaus nicht immer als Freunde erwiesen. Sie waren ebenso rabiat, wie mir viele Schlesier berichteten, wie die Russen.

Inwieweit hat sich die Bischofskonferenz der Auffassung der Vertriebenenverbände angeschlossen? Wie war es möglich, bei aller Kenntnis von dem Unrecht, was auf beiden Seiten geschehen ist, Wege zu einer Versöhnung zu finden?

Bedenken Sie, dass ich erst 22 Jahre nach der Vertreibung der Deutschen aus Polen auch Mitglied der Bischofskonferenz geworden bin. Da hatte sich bei den Bischöfen doch die Position herausgebildet, dass wir auf Seiten der Vertriebenen stehen sollten, weil es Unrecht war und geblieben ist. Wir wollten eigentlich, dass die Vertriebenen zumindest die rechtliche Möglichkeit haben sollten, in ihre Heimat zurückzukehren. Je länger die Debatte aber dauerte, um so unrealistischer war diese Position, denn nach 30 Jahren waren die Vertriebenen im Westen integriert. Die Jüngeren unter ihnen kannten die verlorene Heimat gar nicht mehr. Selbst wenn sie damals die Erlaubnis bekommen hätten, wären nur relativ wenige wieder zurück gegangen, zumal ja auch ihr früherer Besitz inzwischen von den Umgesiedelten aus Ostpolen – in der Regel ebenfalls Vertriebene – besetzt war. Die konnten doch auch nichts für ihr Schicksal.

1965, zum Ende des Zweiten Vatikanischen Konzils, kam es dann zu dem historischen Briefwechsel zwischen den polnischen und deutschen Bischöfen mit dem entscheidenden Satz: „Wir vergeben und bitten um Vergebung."

Ich habe das nie als schwierig empfunden und freute mich, als dieser gemeinsame Brief beim Konzil verabredet wurde und war ungehalten, dass die Kommunisten in Polen und die Warschauer Regierung die Bischöfe deswegen getadelt hat.

Ich meinte, es wäre durchaus christlich, dass man Vergebung übt. Es war uns klar, dass zwanzig Jahre nach Kriegsende eine Rückgabe der Gebiete unrealistisch und auch nicht erstrebenswert war.

Im Zuge der deutsch-polnischen Grenzregelung hat der Heilige Stuhl die so genannten Westgebiete Polens kirchenrechtlich neu geordnet. Die alten deutschen Bistümer oder deren Teilgebiete, hörten auf zu bestehen.

Das hängt natürlich damit zusammen, dass die Bundesregierung unter Brandt und Scheel, die Verträge mit Warschau geschlossen hat. Danach erst hat Papst Paul VI. auch neue kirchliche Strukturen in den Gebieten eingerichtet.

Unklar für Paderborn war ja die Situation bei der deutsch-deutschen Teilung. Ein großer Teil des Erzbistums lag im östlichen Teil, in der damaligen DDR. Wo lagen da die Schwierigkeiten?

Als Weihbischof bin ich jedes Jahr in die DDR gefahren. Vor allem während der Leipziger Messe. Von meinen Mitstudenten stammten ja viele aus der DDR. Außerdem war eine ganze Reihe meiner priesterlichen Mitbrüder aus dem Westen als Seelsorger in Gemeinden auf DDR-Gebiet versetzt worden. Die konnten später nicht mehr zurück.

Wir haben uns jedes Jahr mit den Mitbrüdern in Leipzig getroffen. Als Weihbischof konnte ich das, wobei die Einschränkungen gravierend waren. Man durfte Leipzig und das Gebiet des Kreises Leipzig nicht verlassen. Wenn wir also von Leipzig aus etwa nach Dresden fahren wollten, konnten wir das nur in Autos mit DDR-Kennzeichen tun. Auch nach Magdeburg konnten wir nicht, ohne in unauffällige Wagen umzusteigen.

Das haben wir zwar getan, aber es war riskant. Wenn man uns erwischt hätte, wäre wohl nie mehr eine Einreiseerlaubnis erteilt worden. Das ging so lange gut, bis ich als Erzbischof versucht habe in die DDR zu kommen. Das wurde zunächst generell abgewiesen. Ich durfte auch nicht nach Ostberlin einreisen. Man hat mich am Grenzposten herausgeholt und mir mitgeteilt, meine Einreise in die Hauptstadt der DDR sei unerwünscht. Dann hat man mich zurückgeschickt.

Um festzustellen, ob das lediglich für einen bestimmten Kontrollpunkt galt, bin ich zu einem anderen gefahren. Und wurde wieder abgewiesen. Nahezu mit den selben Worten.

Ich habe dann wiederum dem Bundeskanzler geschrieben. Das war damals Helmut Schmidt. Ich erhielt daraufhin die Nachricht, dass ich zwar in den Ostteil Berlins gehen dürfe, nicht aber in den Ostteil des Paderborner Erzbistums, also nicht nach Magdeburg und Sachsen-Anhalt.

Nur einmal kam es zu einer Ausnahme. Das war, als der heilige Norbert von Xanten 1982 zum Patron für die Magdeburger Kirche erwählt wurde. Zur liturgischen Feier wurde ich eingeladen, wusste aber nicht, welche Bedingungen damit verbunden waren. Erst später habe ich das erfahren, nachdem ich schon zugesagt hatte. Die staatlichen Stellen hatten die Einreisebewilligung an die Bedingung geknüpft: Der Erzbischof von Paderborn darf in der Kirche in Magdeburg kein Wort sagen und er darf nicht der ranghöchste kirchliche Vertreter sein. Das war natürlich sehr ungewöhnlich: Eine Regierung verbietet dem immerhin kirchenrechtlich weiterhin zuständigen Bischof, in einer Kirche seines Bistums das Wort zu ergreifen. Aber weil ich dachte, du kommst vermutlich nie wieder dorthin, bin ich trotz mancher Bedenken dann doch gefahren.

Ich erinnere mich noch an jenen Samstagvormittag an der Übergangsstelle. Man ließ mich zwei Stunden warten, obwohl in dieser Zeit niemand sonst die Grenze passieren wollte. Diese Schikane war, wie ich später erfahren habe, tatsächlich gezielt gemacht. Das lief nach der Methode: wir haben ihm zwar die Erlaubnis gegeben, aber er soll auf jeden Fall zu spät kommen. Und so war es auch. Ich kam zu spät. Die Messe hatte schon begonnen und der damalige Bischof Braun hatte die

Gäste schon begrüßt, auch mich als Abwesenden, und genau so den Erzbischof von Prag, Kardinal Tomasek, als ranghöchsten Ehrengast. Er hatte zunächst zugesagt, musste dann aber wegen seines hohen Alters absagen.

Somit war mein Besuch für die Staatsmacht offenbar zusätzlich gefährlich geworden. Ich sollte also nicht nur kein Wort in der Kirche sagen, sondern durfte auch nicht der ranghöchste kirchliche Vertreter sein. Das war aber nur möglich, wenn Bischof Braun zunächst den Prager Kardinal entschuldigt hätte, um dann ebenso mit mir zu verfahren. Als ich dann völlig verspätet kam, hat mich der damalige Dompropst erkannt und nach vorne gerufen. Ich habe mich in der Sakristei umgekleidet und mitzelebriert.

Die Bundesregierung hat sich für Ihre Einreise bei den DDR-Behörden verwendet, haben Sie in diesem Zusammenhang mehr darüber erfahren, warum es zu diesen Schikanen gekommen war?

Man hat mir aus Bonn mitgeteilt, im diplomatischen Verkehr sei es generell nicht üblich, die Gründe für Ablehnungen zu erläutern. Recherchen haben dann aber ergeben, dass mir wie anderen westdeutschen Bischöfen, die Bistums-Anteile in der DDR hatten, die Einreise verwehrt wurde.

Ostberlin wollte mit solchen Maßnahmen wohl auch den Souveränitäts-Anspruch der DDR herausstellen.

Natürlich. Sie wollten ja, dass die Grenzen der deutschen Bistümer neu geregelt würden. Papst Paul VI. und Erzbischof Casaroli waren grundsätzlich damit auch einverstanden. Die neuen Bistumsgrenzen sollten der so genannten „Staatsgrenze West“ der DDR entsprechen. Davon betroffen waren die Bistümer Hildesheim, Fulda, Würzburg und Paderborn.

Wie beurteilen Sie im Nachhinein die so genannte „vatikanische Ostpolitik“? Erzbischof Casaroli hat sie wiederholt als Versuch erklärt, einen modus vivendi zu finden, um eine geordnete Seelsorge, wenn nicht das Überleben der Kirche in Staaten zu sichern, die der Religion feindselig oder doch ablehnend gegenüberstehen.

Ja, ich denke, man muss diese Politik von römischer Seite aus verstehen. Man wollte den katholischen Gemeinden in diesen Diasporagebieten, mit einem sehr kleinen Prozentanteil der Katholiken an der Bevölkerung – mit Ausnahme des Eichsfeldes – eine (Über-) Lebensmöglichkeit schaffen. Man rechnete mit einem Fortbestand der DDR für die nächsten Jahrzehnte.

Rom glaubte, dieses Ziel durch Nachgiebigkeit zu erreichen. Die deutschen Bischöfe aus den Ostregionen, vor allem aber der Berliner Kardinal Bengsch, erfahren im Umgang mit kommunistischen Regierungen, waren anderer Meinung. Kardinal Bengsch hatte versucht, sich in Rom sowohl bei Erzbischof Casaroli, als auch bei Paul VI. persönlich durchzusetzen. Das war ihm aber zunächst, soweit ich das weiß, nicht gelungen.

Ich selber habe als Erzbischof ebenfalls mit Erzbischof Casaroli, (Erzbischof Agostino Casaroli, später Kardinalstaatssekretär, war als vatikanischer Chef-Diplomat zuständig auch für die sogenannte „Ostpolitik") gesprochen. Erzbischof Casaroli hat mir einen langen Vortrag gehalten. Ich glaube, die vatikanische Ostpolitik war in den letzten Monaten des Pontifikats von Papst Paul VI. soweit fortgeschritten, dass, wäre der Papst nicht Anfang August 1978 gestorben, wenige Wochen später die Verselbständigung der westdeutschen Bistumsteile im Osten erfolgt wäre. Bereits 1973 hatte Paul VI. den bischöflichen Kommissaren (Weihbischöfe und Prälaten) den Status von Apostolischen Administratoren verliehen und die bischöflichen Ämter eingerichtet. Dies bedeutete allerdings nicht, dass diese bischöflichen Ämter damit Apostolische Administraturen waren. Rom hatte in einer besonderen Situation eine eigene Lösung gefunden. Die Gebietsanteile westdeutscher Bistümer auf DDR-Territorium gehörten kirchenrechtlich weiter zu ihren Mutterdiözesen. Da der zuständige Ortsbischof seinen Bezirk im Osten nicht mehr ordnungsgemäß führen konnte, übernahmen die Administratoren selbständig handelnd wie ein Bischof diese Aufgabe. Sie waren exemt, das heißt, dem Papst direkt unterstellt.

Natürlich hielten wir die Beziehungen zum Weihbischof und Generalvikar und später zum Administrator in Magdeburg aufrecht, zunächst mit Weihbischof Rintelen und dann mit Bischof Braun, die ja beide auch aus dem Westen stammten und die wir gut kannten. Bischof Braun legte großen Wert auf die Restaurierung von denkmalswerten Kirchen und auf den Neubau von Kirchen, Pfarrhäusern und anderen Gemeinde-Einrichtungen. Dafür brauchte er aber Westgeld. Die marode DDR hatte besondere Bauprogramme für kirchliche Häuser eingerichtet, um auf diese Weise an Devisen zu kommen. So konnten wir unsere Bauprogramme durchziehen, auch wenn örtliche Parteifunktionäre mitunter knurrten, wegen der vielen und schnellen Baugenehmigungen für kirchliche Vorhaben. Aber das lag am begehrten Umrechnungskurs in D-Mark.

Wie funktionierte der Geldtransfer?

Das ging über Dänemark. Erledigt wurde dies durch eine auf solche Transaktionen spezialisierte Firma.

Waren sich denn die westdeutschen und die ostdeutschen Bischöfe einig, alles gegen eine Veränderung der kirchlichen Verwaltungsbezirke in der DDR zu unternehmen, solange es keine Wiedervereinigung gab?

Ja. Zumindest offiziell waren wir Bischöfe – Ost und West – uns einig.

Und wie war das auf Seiten der westdeutschen Politik? Gab es einen Schulterschluss zwischen Parlament, Regierung und Bischofskonferenz gegen die Absichten des Heiligen Stuhls?

Ich denke ja.

Nicht nur mit der CDU?

Nein, in den 70er Jahren bestand die Regierung aus der SPD-FDP-Koalition. Da gab es eigentlich auch politisch keine Differenzen. Wir, das heißt die deutschen Bischöfe, einschließlich meiner Person, haben versucht, dem Kardinalstaatssekretär und auch dem Papst klar zu machen, dass man mit Nachgeben nach unseren Erfahrungen mit den Kommunisten nichts erreichen wird, sondern nur Begehrlichkeiten für weitere Zugeständnisse weckt.

Bei ihrem ersten Rom-Besuch als Erzbischof von Paderborn sollen Sie – so wird berichtet – gegenüber der Kurie „sehr deutlich" Ihre Auffassung zur vatikanischen Ostpolitik dargelegt haben.

Sicher.

Und in welcher Form?

Durch ausführliche und sehr intensive Gespräche mit Erzbischof Casaroli. Und der verstand Deutsch!

Nach der „Wende" besucht Papst Johannes Paul II. zum dritten Mal Deutschland, das wiedervereinte Deutschland. Schon bei seinem Amtsantritt war den Politbüros in Moskau und Warschau klar, dass ihnen mit dem polnischen Papst ein ideologisch und politisch harter Widersacher entgegentreten würde. Es genügt, die Stasi-Akten über ihn zu lesen.

Also ich kann nur sagen, als Johannes Paul II. 1978 überraschend gewählt worden war, habe ich sofort damit gerechnet, dass diese vatikanische Ostpolitik, die Paul VI. fast zu Ende geführt hätte, so nicht weitergehen würde. Natürlich habe ich ihm dann auch beim seinem ersten Deutschland-Besuch in einem persönlichen Gespräch meine Auffassung mitgeteilt. Er hat zwar nicht direkt geantwortet, das konnte ich auch nicht erwarten. Aber ich hatte den Eindruck, er versteht das. Er weiß ja aus seiner Krakauer Zeit, wie man mit Kommunisten zu reden hat.

Erfahrungen im „Dritten Reich“

Wir sprechen von zwei Männern der Kirche, die in jungen Jahren den Totalitarismus, wenn auch in verschiedenen Ausgangssituationen erlebt haben. Johannes Joachim Degenhardt, Jahrgang 1926,war bei Kriegsbeginn 13 Jahre alt und als 15jähriger Gruppenführer im katholischen Bund „Neudeutschland“.

Weil die Älteren schon eingezogen waren oder eingezogen wurden. Sie hatten sonst niemand.

Wie haben Sie Ihre Aufgabe wahrgenommen?

Die katholischen Jugendorganisationen waren zwischen 1937 und 1939 von den Nazis aufgelöst und verboten worden. Aber wir haben die Jugendarbeit auch nach dem Ende der Verbände weitergeführt. Wir Jugendleiter galten als „Laienhelfer“ der Seelsorger. In kleinem Kreis haben wir die Gruppen weitergeführt. Ich war mit 15 Jahren zuständig für Jugendliche, die drei Jahre jünger waren als ich. Wir haben so weitergemacht wie vor dem Verbot die Bündische Jugend allgemein. Als junge Leute haben wir gar nicht daran gedacht, dass uns die Gestapo auf die Spur kommen könnte.

Das kam erst am Tag der Bischofsweihe von Erzbischof Lorenz Jaeger. Es hatten sich ja so viele junge Leute nach Paderborn aufgemacht. Und viele kamen mit ihren Bannern. Damit hatte die Gestapo wohl nicht gerechnet. Sie muss gemerkt haben, wenn die sich sogar mit ihren Bannern zeigen, dann sind die ja noch im Untergrund tätig.

Ich sehe den Nachmittag des Weihetages noch vor mir, die Jesuitenkirche, bis auf den letzten Platz mit Gläubigen aus Paderborn gefüllt. Und dann kamen noch die Jugendlichen aus der Stadt und von weiter her dazu. Mit ihren Bannern.

Wie haben die Jugendlichen das organisiert? Durch Zuruf, oder wie?

Das war überhaupt keine Frage. Als bekannt geworden war, wann der neue Erzbischof seine Weihe erhalten würde, stand für uns selbstverständlich fest, wir würden nach Paderborn reisen, unter allen Umständen. Wir nahmen unsere Banner mit, und wir haben uns mit den NDern, die es ja auch noch gab, am Vorabend getroffen. Da wurde nicht viel hin- und hergeredet.

Was heißt „fuhren"? Mit dem Zug?

Ja, natürlich. Andere Beförderungsmittel waren damals jedenfalls für uns nicht möglich.

Sie wurden nicht abgefangen durch irgendwelche Sicherheitskräfte?

Nein, nein. Außerdem, es gab ja viele Züge.

Aber dann machten Sie doch „Bekanntschaft" mit der Gestapo?

Nicht in Paderborn.

Aber Sie wurden doch verhaftet?

Die Gestapo war dann doch wohl aufmerksam auf uns geworden. Wir waren ja nicht wenige. Wir hielten Verbindung untereinander, zum Beispiel durch Briefkontakte. Da gab es die Siegener Gruppe, die schon bald nach der Bischofsweihe verhaftet wurde. Dabei kam heraus, dass die Siegener mit der Hagener Gruppe, zu der ich gehörte, in Beziehung stand. Dadurch sind wir aufgefallen. Am 3. Dezember 1941 wurden drei aus unserer Gruppe verhaftet.

Der eine war Dieter Büenfeld, der wenige Tage vor seinem Abitur stand. Er wurde also verhaftet und von der Schule verwiesen. Der Zweite war Hubert Wichtmann, ein Jahr jünger, aber auch Jahrgang 1924. Und dann ich, der Jüngste, aus der 11. Klasse, Obersekunda.

Die beiden anderen wurden direkt von der Schule weg verhaftet. Mich holten sie nach der Schule, von Zuhause ab. Meine Mutter war zu diesem Zeitpunkt nicht da, mein Vater natürlich auf der Arbeitsstelle.

Wie sind die Gestapo-Beamten vorgegangen?

Also, sie waren ja mit einem Auto gekommen. Um nicht allzu sehr aufzufallen, hatten sie den Wagen etwas abseits geparkt. Sie kamen genauso, wie man sich das vorstellt. Fast wie im Film: Schwarzer Ledermantel und so weiter.

Zwei Gestapo-Leute drangen in die Wohnung ein. Wir Kinder waren, wie gesagt, allein. Ich glaube ich habe selbst geöffnet. Dann sind sie einfach eingetreten, haben die Tür hinter sich zugezogen. Die Leute im Hause sollten nicht hören, was gesprochen wurde. Dann haben sie mich gefragt: Du bist der Hans-Joachim? Ja, bin ich, habe ich geantwortet. Der eine der Beamten sagte dann zu mir: Dann zeig mir mal deine Sachen.

Jugend auf der Suche nach dem besten Ausblick bei der Bischofsweihe von Erzbischof Lorenz Jaeger.

Das waren die Dinge, die man für die Jugendarbeit brauchte: Literatur, Liederbücher, die Gitarre und all das. Außerdem stand da ja noch ein Vervielfältigungsapparat. Den haben sie natürlich mitgenommen.

Sie fuhren anschließend mit mir zur Gestapostelle in Hagen, wo die beiden anderen Schulkameraden, saßen. Dann sind wir Drei zusammen nach Dortmund gebracht worden. Unterwegs hatte mich der Gestapomann, – noch bevor ich mit den beiden anderen zusammen war – geschlagen.

Ganz wohl war ihm offenbar nicht, einen 15jährigen einfach so, hinter dem Rücken der Eltern, mitgenommen zu haben. Er hat mich dann aber nach meinem Geburtstag gefragt und als ich ihm das Datum nannte, nämlich Ende Januar, sagte er nur: Den nächsten Geburtstag kannst Du im KZ verbringen. Vielleicht wollte er mich auch nur einschüchtern. Wer weiß. Aber was KZ bedeutete, das ahnten wir schon, denn diejenigen, die im KZ gewesen und wieder herausgekommen waren, die haben kein Wort gesagt. Manchen war ich ganz nah verbunden. Die waren nur noch von der Angst getrieben, wieder dorthin zu kommen. Das hatte man ihnen angedroht, falls sie reden würden.

Also, Angst hatte ich natürlich. Ich habe damit gerechnet, dass ich nach dem Aufenthalt im Gefängnis in Dortmund zur Gestapo komme, also ins KZ.

Von der Gestapostelle in Hagen waren wir zunächst zur Gestapostelle in Dortmund-Hörde gebracht worden. Von dort in das Untersuchungsgefängnis in der Steinstraße in Dortmund. Da hat man uns alles abgenommen, was man unter Umständen auch zum Selbstmord hätte benutzen können. Das Koppel, das Taschenmesser, natürlich auch das Geld, das wir bei uns hatten. Dann wurden wir in eine Zelle gesperrt. Vermutlich weil ich der Jüngste war, kam ich in eine Einzelzelle, die anderen in eine Gemeinschaftszelle. Inzwischen waren über 30 katholische Jugendliche verhaftet worden. Die meisten kamen aus dem Sauerland. Ich konnte sie durch die Zellenwände hören, wenn sie ihre Fahrtenlieder sangen und noch Späße machten.

Niemand hat versucht Sie umzudrehen, mit den bekannten Versprechungen: Komm zu uns, zur Hitlerjugend. Das hat Zukunft?

Die Polizisten haben das nicht gemacht, wohl aber die Gestapoleute während der Vernehmungen. Für die Wehrmacht waren wir zwar noch zu jung. Aber sie wollten uns von der Kirche weghaben. „Macht doch nicht solche Geschichten mit den Katholen“, hieß das dann. Das haben sie schon versucht. Aber soweit ich es weiß, hat daran niemand ernsthaft gedacht.

Wie haben Sie in der katholischen Jugend den Krieg und seine Schlussphase, die Sie als Soldat mitgemacht haben, erlebt?

Was sollten wir uns wünschen? Den von den Nazis bis zuletzt propagierten so genannten „Endsieg“, mit der Konsequenz, die NSDAP weiter am Ruder zu haben oder sollten wir uns den Sieg der anderen erhoffen, mit all den Nachteilen für Deutschland?

Die anderen, sind damit die Kommunisten gemeint?

Ich meine die Alliierten, und dazu gehörten auch die Kommunisten.

Also kämpfen bis zur letzten Patrone?

Man hatte ja von den Kommunisten unter Stalin mit ihrer rabiaten Art gehört. Sie waren ja schrecklich gegenüber ihren eigenen Leuten. Es fiel uns schwer, Deutschland unter dem Einfluss von Atheisten zu sehen. Uns war klar, wenn die Kommunisten in Deutschland an die Macht kämen, würden sie den katholischen Glauben, die katholische Kirche verfolgen. Wir haben also untereinander über den Ausgang des Krieges diskutiert. Wir sind schon allein aus patriotischen Gründen zu der Überzeugung gekommen, uns für den Sieg der Deutschen einzusetzen, auch wenn auf längere Sicht, nach dem „Endsieg“, die Nazis die Verfolgung der katholischen Kirche eingeplant hatten. Wir sahen uns in dem Dilemma, einerseits die Nazis loswerden zu wollen, andererseits Deutschland aber auch nicht kaputt gehen zu lassen.

Das hätte für Deutschland bedeutet, weiter vom System und der Ideologie des Nationalsozialismus beherrscht zu werden. Wurde das mit den geistlichen Leitern diskutiert?

Wir hatten alle unsere Gruppenkapläne. Aber wir wussten auch, dass man sehr sehr vorsichtig sein musste. Die Gestapo-Leute haben uns bei unserer Festnahme natürlich sofort nach den Leitern und Kaplänen gefragt. Darüber haben wir aber nie ein Wort verloren. Sie haben es aus uns nicht herausbekommen. Für die Gestapo wäre das ein willkommener Anlass gewesen, unsere Kapläne ins KZ zu bringen, und diese hätten das – wenn man die damalige Zeit berücksichtigt, vielleicht nicht überlebt. Das war uns klar. Andererseits hatten wir natürlich Kontakt mit jungen Vikaren, die es damals viel mehr gab als heute. In Hagen hatten wir einen Vikar, er ist vor wenigen Jahren gestorben, den wir sehr schätzten. Ihm verdankten wir, ideologisch und spirituell auf der richtigen Linie geblieben zu sein.

Bei mir persönlich war die Gefahr den Nazis zu verfallen vielleicht nicht so groß, weil schon die Eltern selber ausreichend dafür gesorgt haben, dass wir deren Propaganda nicht erliegen konnten.

Bei Ihnen gab also die Prägung durch das Elternhaus und durch Priester in Ihrer Nähe den Ausschlag. Hielt denn die Theologie der damaligen Zeit Schritt mit den ideologischen Herausforderungen durch den Nationalsozialismus?

Nun, Sie können von mir, als damals 15jährigem keine hohe theologische Qualifikation abfragen.

Aber was konnten Sie damals lesen, was wurde gelehrt?

Von manchen Namen aus der Anfangszeit des Dritten Reiches, etwa dem Katholiken und Staatsrechtler Carl Schmitt, habe ich erst sehr viel später, als Theologe, gehört. Ich wusste gar nicht wer das war. Man muss wohl die Anfangszeit des Nationalsozialismus, die Jahre 33/34, von den späteren Jahren unterscheiden, in denen der Gegensatz zum Nationalsozialismus stärker hervortrat.

Ich glaube, gerade in diesem Punkt muss man, weil man im Nachhinein immer schlauer ist, barmherzig bleiben. Natürlich haben viele Menschen sich auf die Zusagen der Nationalsozialisten verlassen. Selbst kluge Kirchenmänner, wie etwa beispielsweise der Erzbischof von Freiburg Konrad Gröber haben sich anfangs darauf verlassen. Dennoch haben sich die meisten Bischöfe nicht übertölpeln lassen. Sie hatten hinreichend Erfahrungen mit den Nationalsozialisten schon vor der Machtergreifung gesammelt. Sie hatten Katholiken, die der Partei beigetreten waren, exkommuniziert.

Doch vor den Märzwahlen waren die Bischöfe bereit, die Nationalsozialisten zu akzeptieren, nicht dogmatisch, aber politisch. Katholiken wurde erklärt, sie könnten die Partei wählen.

Es war nicht Aufgabe der katholischen Kirche, politischen Widerstand zu leisten. Auch wenn viele Historiker heute behaupten, die katholische Kirche hätte in diesem Punkt versagt. Das ist nach meiner Meinung völlig falsch.

Damals haben wir von manchen unserer Bischöfe erwartet, sie würden die katholische Position energischer vertreten. Aber das war kein Grund an ihrer Haltung zu zweifeln, oder ihnen zu unterstellen, sie wären vielleicht „zu sehr braun“ gewesen.

Wir mussten allerdings mit ansehen, wie evangelische Kirchen und Gemeinden untereinander sehr große Differenzen hatten.

Sie sprechen von den Deutschen Christen auf der einen Seite und der Bekennenden Kirche auf der anderen.

Wobei die Bekennende Kirche ein kleiner Kreis war. Davon redet man heute nur nicht gern. Die Bekennende Kirche versammelte nicht die große Mehrheit der evangelischen Christen. Andererseits gab es die sogenannten „zerstörten Kirchen“, deren Synoden und Gremien mit Parteimitgliedern durchsetzt waren.

Was war mit den „Deutschen Christen“ unter dem Reichsbischof Müller?

Den Versuch Hitlers, konfessionelle Nationalkirchen zu errichten, hat die katholische Kirche nicht mitgemacht. Als mit den Nürnberger Gesetzen, und da ging es um Rassismus, die so genannten Nichtarier, also die Juden, zu Untermenschen deklassiert wurden, haben evangelische Christen nachgiebig reagiert. Sie haben ihre Pfarrer jüdischer Herkunft ausgeschlossen.

In dieser Hinsicht können wir uns über unsere Kirche als einer Weltkirche freuen. Allein schon ihr übernationaler Status hat es ihr ermöglicht, diese Rassegesetze deutlich abzulehnen.

Die katholische Kirche hat sich zwar für konvertierte Juden eingesetzt, also Katholiken jüdischer Herkunft, kaum aber für die anderen, jedenfalls nicht in der Anfangszeit. Das belegen die schriftlichen Eingaben der damaligen Zeit.

Das kann man nachträglich als Versäumnis sehen. Wobei zu berücksichtigen wäre, dass nicht nur die Juden, sondern auch Katholiken unter Verfolgungen gelitten haben. Zunächst galt die Sorge der Kirche diesen Menschen, ohne die Not der anderen zu übersehen.

Aber wenn zum Beispiel nach den November-Pogromen von 1938, der so genannten Reichskristallnacht, ein deutscher Bischof öffentlich protestiert hätte – nur Bernhard Lichtenberg hat gesagt, was zu sagen war....

Man muss die Ereignisse aus der damaligen Situation heraus beurteilen. Die Öffentlichkeit war durch die Propaganda völlig desinformiert. Die Pogromnacht wurde als spontane Aktion der Bevölkerung dargestellt. Wir wissen heute, wer dahinter stand, nämlich die SA. Man meinte, die Aktion sei von untergeordneten Stellen veranlasst worden und nicht Teil der offiziellen Politik. Darüber aber konnte man nur flüstern: „Ja, wenn das der Führer wüsste“.

Und wenn Sie vom Reichskonkordat sprechen, das gleich im Sommer 1933 zwischen dem Heiligen Stuhl und der Reichsregierung geschlossen wurde, dann muss man davon ausgehen, dass der Vertragstext weitgehend schon vorher fertig war. Er konnte wegen der politischen Instabilität in der Zeit der Weimarer Republik nicht unterschrieben und ratifiziert werden. Die Parlamentsmehrheiten waren nicht zu bekommen. Hitler hat das übernommen, weil er sich damit internationales Ansehen versprach. Auf vatikanischer Seite verhandelte der damalige Kardinalstaatssekretär Eugenio Pacelli, der spätere Papst Pius XII., der lange Jahre Nuntius zunächst in Bayern und dann für das ganze Reich in Berlin gewesen war. Pacelli wollte in der wahrscheinlich schwieriger werdenden Zeit, als die Nationalsozialisten an der Macht waren, der katholischen Kirche eine gewisse rechtliche Sicherung geben.

Um den Preis politischer Enthaltsamkeit der Kirche, das heißt des Klerus. Das „Zentrum", die politische Vertretung der Katholiken, wurden von Rom „geopfert".

Aber das Zentrum hat sich ja selber aufgelöst. Schon die Gleichschaltung mit der totalitären Führung erfolgte nicht auf Drängen der Hierarchie. Es war sicher nicht glücklich, dass ein Priester, Prälat Ludwig Kaas, Vorsitzender der Zentrumspartei war und dass diese dem Ermächtigungsgesetz zugestimmt hat.

Gut, das sind Fragen, die Ihrer Zeit vorausgehen. Uns ging es um die Beurteilung der Ereignisse nicht nur aus damaliger sondern auch aus heutiger Sicht. Welchen Preis musste die Kirche zahlen, war sie bereit zu geben, um Atemluft zum Überleben zu gewinnen?

Hinterher ist man immer klüger. Die damalige Führung der katholischen Kirche in Deutschland wird meiner Meinung nach viel zu negativ beurteilt.

Wir junge Menschen wären zufriedener gewesen, wenn die Bischöfe einmal öffentlich auf den Tisch gehauen hätten. Dazu waren nur einzelne bereit, wie Clemens August Graf von Galen, der Bischof von Münster oder Conrad Graf von Preysing, der Bischof von Berlin. Der Vorsitzende der Fuldaer Bischofskonferenz Kardinal Adolf Bertram, der Erzbischof von Breslau, vertrat aber eine andere Linie. Er hat auf schriftliche Eingaben bei der Reichsregierung gesetzt und hat ja häufig protestiert. Er war der Meinung, das öffentliche Proteste nichts bringen würden. Man müsse mit den Machthabern soweit in Beziehung bleiben, wie es eben geht.

Sie haben die Uniform der Wehrmacht tragen müssen. Dann folgte Kriegsgefangenschaft, in einem Lager als Waldarbeiter...

Holzfäller! Waldarbeiter beschönt zu sehr.

Das war zunächst in der Nähe von Le Mans und später im Argonner Wald.

Wie lange waren sie in der Gefangenschaft?

15 Monate. Ich kam also zunächst, wie eben gesagt, in der Nähe von Le Mans nach La Fleche.

Kurze Rückblende: Sie sind in den letzten Kriegsmonaten eingezogen worden.

Ich bin Soldat geworden im September 44 und wurde dann in Dänemark ausgebildet.

Welche Truppengattung?

Infanterie. Vorher war ich im Arbeitsdienst. Zwischen der Entlassung aus dem Arbeitsdienst und dem Einzug in die Wehrmacht lagen knapp zwei Wochen. Während dieser Zeit wurde ich viermal zur Polizei bestellt. Dort saßen Leute der Waffen-SS, die mich jedes mal bedrängt haben, bei ihnen einzutreten.

Ich konnte mich nur dadurch retten, dass ich sagte, was auch stimmte, dass ich mich schon freiwillig zur Infanterie gemeldet hatte. Daher konnten sie nichts mehr unternehmen. Sonst wäre ich in diesen letzten Kriegsmonaten gezwungen worden, bei der Waffen-SS mitzumachen, wie viele meiner Altersgenossen. Was das für die Kriegsgefangenschaft bedeutet hätte, muss ich Ihnen nicht eigens sagen.

Die Ausbildung bei der Wehrmacht in Dänemark dauerte drei Monate. Dann kam ich zurück, und zwar nach Detmold. Dort wurde ich als Reserveoffiziersbewerber eingeteilt. Im März 45 begann der Angriff der Alliierten auf Deutschland. Ich war bei der Panzerabwehr. Zu dem Zeitpunkt hatten wir drei Kanonen. Als es nun darum ging, den Amerikanern in der Nähe von Ahlen im Münsterland, entgegenzutreten, wurden wir mit unseren Kanonen sofort dorthin kommandiert.

Wir hatten aber für unsere drei Kanonen nur eine Zugmaschine. Also haben wir die Reihenfolge ausgelost und dabei kam meine Kanone an die dritte Stelle. Der Lastwagen musste mit der ersten Kanone zur Front und kam dann wieder zurück, um die zweite zu holen. Als wir mit unserer dritten Kanone an die Kampflinie kamen, waren die anderen beiden Kanonen schon zerschossen. Die Offiziere, die uns zu unserem Einsatz begleitet hatten, waren schon geflohen. Sie hatten eigene Fahrzeuge. Als wir in Detmold ankamen, war von denen niemand mehr zu sehen.

„Getürmt“ wie man sagt?

Getürmt, ja. Nur ein alter Hauptmann der Reserve, war zurückgeblieben. Der sagte uns dann: „Wenn ihr die Möglichkeit habt, dann zieht euch zurück.“

Und die Kameraden? Lebten die noch?

Einige sind gefallen, andere wurden verwundet. Eine ganze Reihe sind in Gefangenschaft geraten. Wir haben uns zwar mit unserer Panzerabwehrkanone noch eingegraben, aber schon am gleichen Abend erhielten wir den Rückzugsbefehl. Also wieder zurück nach Detmold. Da wir motorisiert waren, kamen wir durch, wobei wir auf der Autobahn schon die amerikanischen Panzer hören konnten. Andere Einheiten, die nicht so schnell waren, kamen schon unterwegs in Gefangenschaft.

Für den Hauptmann war der Krieg beendet?

Es hatte keinen Sinn, in dieser Situation einen neuen Widerstand aufzubauen. Aber es war auch klar, wir sollten zu unseren Einheiten zurück. In Detmold wurden wir auch sofort an der dort erwarteten Front eingesetzt. Praktisch haben wir gewartet, bis die Amerikaner kamen und uns gefangen nahmen. Von Detmold ging es dann über Gütersloh zunächst nach Rheinberg, wo wir mit DDT entlaust wurden, was auch dringend nötig war. Von dort wurden wir per Bahn nach Chartres transportiert. Wir waren acht Tage unterwegs.

Nach sechs Wochen in diesem riesigen Lager mit etwa 50.000 Gefangenen, folgte der Arbeitseinsatz. In der Nähe von Le Mans mussten wir einen Wald mit sehr alten Baumbeständen ausschlagen. Die Bäume waren durch ein Munitionslager, das in die Luft geflogen war, von den Splittern mehr oder weniger zerstört worden. Deshalb musste der ganze Wald gerodet werden. Für jemanden, der noch nie eine Axt in der Hand gehalten hat, war es nicht so einfach, einen Baum zu fällen, schon gar nicht Bäume, mit einem derartigen Umfang.

Und vermutlich mit nicht viel Fett auf den Rippen?

Das sowieso nicht. Es wollte auch niemand mit mir arbeiten. Den anderen war ich wohl zu schwach. Man wollte nicht wegen mangelnder Arbeitsleistung auffallen. Wenn ich nicht einen Unteroffizier gefunden hätte, der sich meiner erbarmte, wäre es mir schlecht ergangen. Er war nicht zur Arbeit herangezogen worden. Mit seiner Hilfe schafften wir zusammen die Quote, die für jeden Tag festgelegt wurde. Ich wäre sonst gezwungen worden, das Pensum, das ich unter der Woche nicht erreicht hatte, an Sonn- oder Feiertagen nachzuarbeiten.

Selbst in einer solchen Situation hielt die Kameradschaft durch?

Ja, bei dem Unteroffizier. Später im Argonner Wald wurde die Arbeit auch leichter. Die Bäume waren jünger, weil sie erst nach dem Ersten Weltkrieg angepflanzt worden waren. Dort waren einmal die Schützengräben gewesen. Wir mussten täglich eineinhalb Festmeter schlagen. Anschließend haben wir die französischen Bauern aufgesucht, um Kleidung gegen Lebensmittel einzutauschen.

Die Amerikaner waren zwar abgezogen, hatten aber einen Teil ihrer Bekleidung großzügig uns Kriegsgefangenen überlassen. Jeder von uns hatte also Oberhemden, Hosen und Mützen. Die Franzosen hatten solche Sachen nicht. Sie waren völlig verarmt. Wir konnten so das eine oder andere gegen Fettsachen, Eier, Speck oder Butter eintauschen. Beide Seiten haben natürlich gefeilscht und wenn wir ein Kilo Speck ausgehandelt hatten, dann wurde das natürlich nicht nachgewogen. Wir waren ja froh, überhaupt etwas zu haben. Fett und Fettnahrung, die fehlte uns. Allerdings mussten wir aufpassen, nicht doch heimlich verraten und von der Polizei erwischt zu werden. Dann wären wir in französischer Kriegsgefangenschaft gelandet und nicht vor 1948 nach Hause gekommen.

Ein Erlebnis aus dieser Zeit möchte ich nicht verschweigen. Weil es ganz außergewöhnlich ist. Ich war schon ein Jahr in Gefangenschaft, als ich zum ersten Mal Post von meinen Eltern bekam. Es gab damals Karten vom Roten Kreuz. Man durfte nur 25 Worte darauf schreiben. Mein Vater hat sich das wohl überlegt und hat geschrieben: „Wir leben alle noch, es geht uns gut." Dann hat er die Anschrift meines jüngeren Bruders mitgeteilt, der ebenfalls in amerikanische Kriegsgefangenschaft geraten und wie ich nach Frankreich gebracht worden war. Sie können sich meine Überraschung vorstellen. Ich bin mit der Adresse zur Schreibstube gegangen und habe gefragt: „Wisst ihr wo das ist?" Zu meiner Verblüffung sagte man mir, dass man jede Woche einmal dorthin fährt. Ich erhielt sogar das Angebot mitzufahren.

Ich habe mich dann an dem bewussten Tag hinten auf den Lastwagen verfrachtet, die Amerikaner haben das nicht mitbekommen. In dem Lager, in dem mein Bruder sein sollte, bin ich dann auf einen der Wachsoldaten, einen Schwarzen zugegangen, habe meine spärlichen Englisch-

Kenntnisse zusammengekramt und gesagt: „My brother is here." Der Amerikaner freute sich darüber wie ein Kind. Er schlug mir auf die Schulter und sagte: „Come on." Dann ist er mit mir durch neun Büros gezogen und hat immer wieder gesagt: „His brother is here." Zum Schluss waren wir beim Lagerleiter angelangt. „Wait a moment", meinte der nur und hat dann mit der Arbeitskompanie telefoniert und gefragt: „Habt ihr bei euch einen Degenhardt?" „Ja", kam die Antwort, „die sind gerade dabei rauszufahren."

„Dann soll der nicht raus; soll im Lager bleiben. Sein Bruder ist hier." So habe ich meinen Bruder wiedergefunden. Wir haben dann beschlossen, dass ich einen Antrag auf Versetzung in die Arbeitseinheit meines Bruders stelle. Und das hat auch geklappt. Nach drei Tagen hatte ich den Bescheid.

Das heißt, bei allen Grausamkeiten des Krieges gab es immer auch Zeichen von Mitmenschlichkeit.

Ja, deswegen sage ich das. Zwei Wochen später wurde übrigens diese Kompanie aufgelöst und wir kamen ins Entlassungslager.

Diese Zeitperiode in Ihrem Leben, die Front und die Kriegsgefangenschaft, haben sich in Ihr Leben eingeschnitten. Ihre Worte lassen spüren, wie sehr sie dieses Erleben bis heute bewegt.

Ja, ich habe mich damals entschlossen, Priester zu werden. Ich hatte zwar schon vorher mit dem Gedanken gespielt, aber in der Kriegsgefangenschaft, vor allem in Chartres, hatte ich viel Zeit nachzudenken. Was würde nach dem Krieg sein. Was ist sinnvoll für dein Leben?

So fiel dann die Entscheidung: Stell dich unserem Herrn Jesus Christus und seiner Kirche zur Verfügung.

Diese Erfahrung teilen Sie mit dem jetzigen Papst. Man könnte von einer Art Seelenverwandtschaft sprechen.

Richtig. Auch er hat die Erfahrung des Krieges gemacht, nur eben wie gesagt, von der anderen Seite.

Nach der Entlassung aus der Kriegsgefangenschaft, im Sommer 46, bin ich noch einmal zum Gymnasium gegangen, habe den Kriegsteilnehmerkurs absolviert und mein Abitur nachgemacht. In Bad Driburg habe ich dann Theologie studiert, denn das Konvikt in Paderborn war ebenso ausgebombt wie auch die gesamte Innenstadt; vom Bahnhof bis zum Dom stand kein heiles Haus.

In Bad Driburg haben uns die Steyler Missionare aufgenommen, die dort ein Internat besaßen. Das war noch nicht wieder eröffnet und die

Diözese hatte für vier Jahre die Erlaubnis bekommen, in diesem Haus die unteren Semester der Theologenschaft auszubilden.

Die jungen Leute heute können sich kaum noch vorstellen, unter welchen Verhältnissen wir dort lebten. Ich habe darüber einmal in einem Hirtenwort geschrieben. Hundert Studenten waren in zwei Schlafsälen untergebracht. Trotzdem, ich denke gern daran zurück, denn wir hatten eine gute geistliche Begleitung. Hier ist vor allem auch der damalige Präfekt des Leokonviktes, Heinz Schürmann, zu nennen. Er war ein sehr spiritueller Mann, bescheiden und zurückhaltend.

„Nie wieder Krieg" hieß es nach den Erfahrungen mit der Katastrophe. In den 80er Jahren wurde die gesellschaftliche Diskussion von der Friedensbewegung bestimmt, vom NATO-Doppelbeschluss. Die Kirche hat sich kontinuierlich immer wieder in diese Friedensdebatte eingeschaltet. Die Koordinaten haben sich verändert, die Bedrohungen, denen sich die freie Welt ausgesetzt sah und sieht, sind andere.

Ja, ich habe noch etwas vom Pazifismus der Vorkriegszeit, bis Ende der 30ziger Jahre mitbekommen. Das ist eine andere Erfahrung, als die der meisten, die heute die Diskussion bestimmen. Ich frage mich, ob man die Aufrüstung Nazi-Deutschlands nicht mit einer Gegenrüstung hätte beantworten müssen. Was wäre passiert, wenn maßgebliche internationale Politiker anders reagiert hätten? Das sogenannte „Münchner Abkommen" von 1938, in dem Chamberlain die damalige Tschechoslowakei dem unbedingten Frieden in Europa opferte, ist ein Beispiel dafür. Gut, hinterher ist man immer klüger – aber die Frage ist doch, ob nicht an manchen Stellen stärkerer Widerstand richtiger gewesen wäre.

So aber waren Frankreich und England 1939 völlig unvorbereitet. Hitler konnte faktisch ganz Europa besetzen. Das hat mich zu der Frage gebracht, ob es richtig ist, generell Pazifist zu sein. Damals hätte man diese Blitzkriege wahrscheinlich verhindern können, gegen Polen und später im Westen gegen die Benelux-Länder und Frankreich.

Natürlich ist der Friede ein hohes Gut. Er beruht jedoch auf Voraussetzungen, wie zum Beispiel die Gerechtigkeit, die nicht aus dem Blick geraten dürfen. Insofern bin ich mit den Erklärungen der Deutschen Bischofskonferenz zum Frieden sehr einverstanden. Diese Linie ist nach meiner Meinung richtig. Es kann heute nicht zunächst darum gehen, den Akzent auf die Frage des gerechten Krieges zu setzen. Ein Krieg mag gerechtfertigt sein und erzeugt dennoch soviel Unrecht. Wir sehen ja die Grausamkeiten in den Kriegen und Bürgerkriegen in vielen Teilen der Erde, wenn ich nur an Ruanda denke. Oder blicken wir vor die eigene

Haustür, etwa nach Bosnien. Leider beteiligen sich auch Christen an diesen Metzeleien.

Die militärische Intervention der NATO auf dem Balkan aus humanitären Gründen hat auch Fragen aufgeworfen, sowohl die Kriegshandlungen als auch die weitere politische Entwicklung nach der sogenannten Befriedung in Bosnien und im Kosovo betreffend.

Ja, etwa wenn man Beobachter entsendet, die aus Neutralitätsgründen nicht eingreifen können, und nicht in der Lage sind, brutales Unrecht aufzuhalten. Aber auch hier stellt sich die Frage nach dem Ziel militärischer Intervention. Schnell waren sich die Europäer einig, helfen zu wollen, weitere Gewalt und Leid zu verhindern. Doch unklar blieb die politische Zielsetzung. Es fehlten gute Konzepte für die Zeit nach der Intervention. Fraglich ist doch auch, ob ein Einschreiten nicht frühzeitiger hätte erfolgen müssen. Die Wunden, die der Krieg schließlich gerissen hat, werden nur über Jahrzehnte heilen können. Versöhnung bedarf, auch dafür ist der Balkan ein gutes Beispiel, der Gerechtigkeit. Ohne sie wird kein Frieden möglich sein.

Die Sorge um Bildung und Erziehung

Die Zeit der Volkskirchen gehört der Vergangenheit an. Dies gilt für Katholiken wie für Protestanten. Von 80 Millionen Deutschen dürften vielleicht noch 54 Millionen getauft sein, zwar immer noch eine Mehrheit, aber die meisten vielleicht doch nur noch Taufschein-Christen. Auf der anderen Seite sieht man eine zunehmende Zahl von Erwachsenentaufen und so genannten Zweit-Bekehrungen. Sollte die gewohnte Taufpraxis vor diesem Hintergrund neu bedacht werden?

Es geht nicht um ein Entweder-Oder. Katholisch sein heißt immer ein „sowohl – als auch". Wo Menschen in einem Milieu aufwachsen, in dem Religion und Glaube keine Rolle mehr spielen, wird man wohl stärker das Katechumenat und die Erwachsenentaufe betonen müssen. Das bedeutet aber keine Absage an die seit altersher geübte Praxis der Kindertaufe. Sie bleibt die inzwischen traditionelle katholische Form der Eingliederung in die Gemeinschaft der Kirche. Sie ist das erste Sakrament und öffnet grundlegend den Weg zum Empfang aller anderen Sakramente.

Es geht nicht um die Frage, ob man der Erwachsenentaufe oder der Kindertaufe den Vorzug geben soll, sondern es kommt vielmehr darauf an, und daran sollte man arbeiten, die Familien darin zu stärken, ein christliches Leben zu führen, ihre Kinder in diesem Sinne zu erziehen. Eltern sollten glaubwürdig ihr Versprechen ablegen und halten, ihr Kind katholisch zu erziehen. Kinder sollten in einer so wichtigen Frage wie die der Religion nicht sich selbst überlassen bleiben, sondern in einer Umgebung aufwachsen, die zum Glauben führt.

Sie betonen, wie wichtig es ist, dass Eltern ihr Wort halten. Stehen pastoral-theologische Konzepte zur Verfügung, die dabei Unterstützung anbieten? Taufe, Erstkommunion, Firmung werden als Riten der Eingliederung in der Gemeinde wahrgenommen, danach folgt häufig ein Loch, eine lange Pause bis vielleicht zur Ehevorbereitung. Und was danach kommt, bleibt oft vage.

Es gibt diese Hilfestellungen für Erwachsene. Aber jeder entscheidet frei und unabhängig, ob er sie annimmt. Gespräche, Glaubensseminare werden genügend angeboten. Doch wie man weiß, die Menschen haben ihre eigenen Vorstellungen, wie sie mit ihrer Freizeit umgehen. Wir müssen nüchtern feststellen, dass wir immer nur einen kleinen Teil der Erwachsenen erreichen. Es bleibt der Gnade Gottes überlassen, wie Eltern, die für ihre Kinder Verantwortung tragen, selbst erkennen, welchen Weg sie in der religiösen Erziehung gehen sollen. Natürlich wollen alle nur das Beste für ihre Kinder. Ich wünsche mir, dass sich Eltern fortwährend mit den Fragen des Glaubens beschäftigen, um ihren Kindern – und natürlich auch sich selbst – Antworten auf die je neu erwachsenen Fragen an den Glauben geben zu können. Je intensiver Menschen sich auf diesen Weg machen, um so mehr entdecken sie, dass Gott sie in die Weite führt. Wer dies jemals erfahren hat, wird sich nicht von Gott abwenden wollen, oder lange überlegen, ob der Glaube für die eigenen Kinder das Richtige ist.

Kirche und Schule – ein Verhältnis, das Tradition hat. Warum liegt der katholischen Kirche so viel an diesem Feld?

Das muss man zunächst einmal historisch betrachten. Längst bevor sich die öffentliche Hand um Bildungsfragen gekümmert hat, war unsere katholische Kirche in Europa, aber auch in der ganzen Welt zur Stelle und kümmerte sich um die junge Generation.

Ich erinnere hier in Paderborn an die Domschule, die faktisch kurz nach der Gründung des Bistums schon eingerichtet wurde. Ihre Frage nach dem Warum lässt sich einfach beantworten: die Kirche sieht darin eine Konsequenz aus dem Auftrag Jesu „Geht in alle Welt und verkündet allen die Frohe Botschaft". Zwar liegt die erste Verantwortung für die Erziehung der Kinder bei den Eltern. Aber sie allein wären überfordert. Sie brauchen Hilfe, und die kann ihnen durch die katholische Kirche, durch die Pfarrgemeinden und vor allem durch die Institutionen der katholischen Kirche gegeben werden. Das äußert sich heute darin, dass die katholische Kirche freie Schulen verschiedenster Art hat. Wir nehmen keine Monopolstellung in Anspruch. Aber wir möchten gerne, dass Eltern, die ihre Kinder in eine katholische Schule schicken wollen, dazu auch die Möglichkeit haben. Das heißt: Wir erwarten vom Staat die entsprechende Unterstützung, sei sie finanzieller oder institutioneller Art, das heißt vor allem auch, eine Lehrerschaft zu haben, die auf dem Hintergrund ihrer gläubigen, christlich-katholischen Lebensführung die jungen Menschen erziehen.

Sie waren 15 Jahre lang Schulbischof in der Bischofskonferenz.

Kardinal Döpfner, der seinerzeit Vorsitzender der Deutschen Bischofskonferenz war, hatte mich gebeten, die Aufgaben von dem Aachener Bischof Dr. Johannes Pohlschneider, der in den Ruhestand gegangen war, zu übernehmen.

Ich war vorher schon in der Kommission der Bischofskonferenz für Schule und Erziehung. Ich fand die Aufgabe wichtig, allerdings auch schwierig. Denn in Deutschland sind die kulturellen Fragen Ländersache, also auch die Fragen von Bildung, Schule und Hochschule. Wir begegnen sehr unterschiedlichen Ausgangssituationen, wenn man zum Beispiel an die kleine Minderheit von Katholiken in Schleswig-Holstein denkt, im Vergleich etwa zum Saarland oder Bayern.

In der Schulkommission legten wir deshalb immer Wert auf eine ausgewogene Vertretung aus den verschiedenen Ländern, um auf der Höhe der Zeit zu bleiben. Dabei ging es nicht nur um das Verhältnis zwischen katholischer Kirche und Staat, sondern auch um Abstimmung mit den evangelischen Kirchen. Ebenso spielte die Frage der Internate eine wichtige Rolle. Die vielfach von Ordensgemeinschaften geführten Einrichtungen gerieten allein schon durch den Nachwuchsmangel zunehmend in Schwierigkeiten, aber auch finanziell.

Inzwischen haben sich die Probleme verlagert. Sie werden von der zunehmend pluraler werdenden Gesellschaft bestimmt, was immer auch das konkret sein mag. Damit stellt sich die Frage nach dem Religionsunterricht anders. Ist es sinnvoll, Religionsunterricht weiter in der Schule zu erteilen? Es geht um die Vermittlung religiösen Wissens über den Religionsunterricht hinaus.

Wo sehen Sie die Schwerpunkte? Beibehaltung des Religionsunterrichts oder Rückzug aus der öffentlichen Schule, verbunden mit einer Stärkung der kirchlichen Einrichtungen?

Ich sehe hier keinen Gegensatz. Erziehung und Bildung prägen den ganzen Menschen. Die katholische Kirche kann sich aus dem Religionsunterricht nicht zurückziehen, schon allein, weil in den Familien vielfach Defizite sichtbar werden, und auch, weil Eltern oft meinen, sie könnten diese Aufgabe nicht bewältigen und müssten sie an die Schulen und damit auch an die Kirche abgeben.

Natürlich gehört zur Erziehung auch eine Förderung des Wissens, also zur religiösen Erziehung auch religiöses Wissen. Es wäre falsch zu behaupten, die jungen Leute müssten von intellektuellen Kenntnissen ferngehalten werden. Nein, wir müssen ihnen in einem ausgewogenen Verhältnis Wissen und Glauben und gefühlsbetonte Erlebnisse vermitteln. Das alles gehört zusammen und deshalb wünscht die katholische Kirche, wenn die Eltern das so wollen, in ausreichendem Maß eigene Schulen, wo

Schule und Elternhaus sich in dem gemeinsamen Erziehungsziel begegnen.

Ich finde es richtig, wie der konfessionelle Religionsunterricht derzeit geregelt ist. Es muss doch versucht werden, eine Nähe zur jeweiligen kirchlichen Situation herzustellen. Man kann nicht Christ sein, ob katholisch oder evangelisch, ob als Orthodoxer oder Anglikaner, ohne sich konkret in seine Kirche zu integrieren.

In Ihrem Verhältnis zu den jungen Menschen lassen sich Schnittlinien ausziehen, die mit Ihren ganz persönlichen Erfahrungen zusammenhängen. Sie haben in den Jahren, die für einen Heranwachsenden prägend sind, erleben müssen, wie die Normen der Menschlichkeit aufgehoben wurden. Auch die Jahre des Wiederaufbaus standen nicht nur im Zeichen höchster Moralität. Daraus folgerte, was man die Jugendrevolte der 68er nannte. Und jetzt befinden wir uns in der Erlebniswelt der sogenannten Spaß-Gesellschaft nach dem Motto: Everything goes, Lust auf Genuss ohne Schranken.

Zunächst einmal: Wenn man länger lebt, stellt man fest, wie Höhen und Tiefen wechseln. Man sieht, je länger man lebt, dass zeitgebundene Vorstellungen auch nach kurzer Zeit nicht mehr da sind. Nach dem Kriege herrschte zunächst eine Hochstimmung. Man wollte wieder leben. Aber es zeigte sich auch ein Aufbruch im kirchlichen Leben, besonders bei jungen Menschen.

Das habe ich als Vikar, als junger Priester miterlebt. Es ist vielleicht nicht uninteressant: Mit den Jugendleitern aus meiner ersten Gemeinde stehe ich noch heute in einem lebendigen persönlichen Kontakt. Die sind inzwischen auch schon im Pensionsalter? Aber wir treffen uns gelegentlich, nicht nur, um der früheren Zeiten zu gedenken, sondern weil die prägende Kraft der damaligen Jugendzeit bis heute anhält, bis in die Familien hinein.

Dann kamen revolutionäre Jahre ab Ende der 60er. Ich war damals Studentenpfarrer und habe die Opposition, die auch die katholischen Studentengemeinden erfasst hat, keineswegs bedauert. Man musste sich als Seelsorger notwendigerweise mit den zeitgebundenen neuen Ideen und Praktiken auseinandersetzen.

Haben Sie diese Entwicklung als Provokation empfunden? Wurden Dinge infrage gestellt, die für Sie unverfügbar waren? Man sprach von den notwendigen gesellschaftlichen Aufbrüchen.

Ja, ich war schon der Meinung, dass sich manches auch ändern musste. Ich war aber nicht der Auffassung, wie damals wohl viele Jugendliche, dass die Änderungen auf der Basis der marxistischen Ideologie erfolgen sollten.

Aber dass sich etwas ändern sollte, auch an den Universitäten, der Meinung war ich schon. Wenige Jahre nach dieser jungen Revolte kam dann ja eine andere Generation von Jugendlichen, die man vielleicht mit dem Wort „Hippie" am Besten bezeichnen kann, d.h. eine Generation, die viel stärker die Innerlichkeit, das Geistige, hervorhob. Das Interesse für politische Gestaltung war vielfach verloren gegangen. Und so hat sich das in den vergangenen 30 Jahren weiter entwickelt.

Heutzutage scheinen fast alle Tabus gebrochen zu sein, insbesondere die Sexualität betreffend. Andererseits findet man bei jungen Menschen ein hohes Maß an Moralität, wenn die Fragen von Treue und Bindung ins Spiel kommen, vielleicht nicht nach den kirchlichen Moralvorstellungen, aber doch wohl in einem allgemein menschlichen Verständnis. Sprechen Sie mit jungen Menschen über diese Themen?

Im Rahmen der Möglichkeiten eines Bischofs, natürlich. Schon als Weihbischof habe ich mit den führenden Jugendlichen in den katholischen Gruppierungen hier im Erzbistum Paderborn regelmäßig Kontakt gehalten. Wir haben uns regelmäßig getroffen. Wir waren uns nicht in allem einig. Aber es bestand ein menschliches Vertrauensverhältnis zwischen uns, und das ist auch heute noch vorhanden, glaube ich. Von daher weiß ich, was junge Leute bewegt.

Die Einstellung junger Menschen in moralischen Dingen, insbesondere zur menschlichen Sexualität, hat sich vollständig geändert gegenüber der Zeit unmittelbar nach dem Kriege. Die jungen Menschen heute verstehen ihre sexuelle Praxis keineswegs unter den Vorzeichen von Schuld oder Sünde. Ich höre das von den Priestern. In der Beichte kommt dieses Thema fast nicht vor. Die Frage ist, ob die jungen Menschen damit leichter und glücklicher leben als früher. Durch den Wegfall vieler orientierender Normen, die uns früher geradezu selbstverständlich Orientierung gaben, werden viele überfordert. Die Suche nach einem Weg, wie man als Mensch richtig leben kann, wird doch an den vielen Jugendlichen deutlich, die nun schon seit Jahren sich zu den Weltjugendtreffen mit dem Papst versammeln. Eine unvorstellbar große Zahl von jungen Menschen aus aller Welt. Man fragt sich, was sie bewegt, diesem alten Mann, als welcher der Papst heute ja physisch vor ihnen steht, zuzujubeln und manche Reise-Schwierigkeiten in Kauf zu nehmen.

Viele Musiktitel der Jugendszene haben religiöse Inhalte.

Ich meine, die Frage nach dem Sinn des Lebens, nach dem, was ich tun darf und was nicht, die moralischen Fragen und all das, was die Beziehungen junger Menschen zueinander angeht, das sind Grundfragen, die immer wieder auftauchen und in jeder Generation neu zur Diskussion gestellt werden.

Sind denn die Erzieher, Religionslehrer, junge Priester darauf vorbereitet? Lernt man in der Ausbildung, die Sprache, das Empfinden von jungen Menschen heute zu verstehen?

Ich gehe einmal davon aus. Es setzt aber voraus, dass Priester oder Lehrer auch selber offen bleiben. Man kann in der Ausbildung nicht schon das vorwegnehmen, was vielleicht in zehn oder zwanzig Jahren im Vordergrund steht. Das gilt auch für die Pfarrer. Sie müssen die Ohren offen halten. Vielleicht, ja gewiss haben Personen und Gestalten aus anderen Lebensbereichen – Fernsehen, Film, Sport und Unterhaltung – jenen Vorbildcharakter übernommen, den in früheren Zeiten Seelsorger oder Erzieher ganz selbstverständlich übernommen haben.

Also, die Kultfiguren aus der Welt der Unterhaltung und des Sports von heute sind ja sehr kurzlebig, nicht wahr? Das würde dafür sprechen, nach Vorbildern zu suchen, die etwas dauerhafter sind.

Das muss nicht zwangsläufig oder bewusst geschehen. Es müssen einfach glaubwürdige Menschen da sein, die jungen Menschen als Vorbilder gelten. Das war zu meiner Jugendzeit so. Ich denke, das wird heute genauso gut sein.

Religion in moderner Gesellschaft

„St.-Liborius-Medaille für Einheit und Frieden"

Der heilige Liborius ist Patron des Domes und des Erzbistums sowie der Stadt Paderborn. Er war im 4. Jahrhundert Bischof von Le Mans. Seine Gebeine wurden 836 nach Paderborn übertragen. Seither erfreut sich der Heilige in Paderborn ununterbrochener Verehrung.

Bei der Übergabe der Reliquien in Le Mans am 1. Mai 836 schlossen die beiden Kirchen von Le Mans und Paderborn einen „Liebesbund ewiger Bruderschaft", der alle Auseinandersetzungen zwischen Frankreich und Deutschland überdauert hat. Beide Kirchen verpflichteten sich zu gegenseitiger Fürbitte und Hilfe. Im Laufe der Geschichte hat sich dieser „Liebesbund" wiederholt bewährt. Noch heute ist er von ungebrochener Lebendigkeit; er ist der älteste Vertrag, der noch immer Geltung hat.

Die geschichtliche Kraft des „Liebesbundes ewiger Bruderschaft" hat Erzbischof Dr. Johannes Joachim Degenhardt bewogen, im Jahre 1977 die „St.-Liborius-Medaille für Einheit und Frieden" zu stiften, als Stadt und Kirche von Paderborn die 1200-Jahr-Feier des ersten Reichstags und der ersten Missionssynode auf sächsischem Boden begingen. Im Vorfeld der ersten direkten Wahlen zum Europäischen Parlament unterstrich der Erzbischof damit die Notwendigkeit der europäischen Einigung.

Die „St.-Liborius-Medaille für Einheit und Frieden", die alle fünf Jahre verliehen wird, soll jeweils eine Persönlichkeit auszeichnen, die sich um die europäische Einigung auf christlicher Grundlage verdient gemacht hat. Als erster wurde 1977 der Premierminister des Königreichs Belgien, Leo Tindemans, ausgezeichnet; fünf Jahre später der Präsident des vatikanischen Sekretariates für die Einheit der Christen und Erzbischof von Utrecht, Jan Kardinal Willebrands.

Abweichend vom Fünf-Jahres-Rhythmus erhielt die Medaille 1986 – im Jahre der 1150-Jahr-Feier der Übertragung der Reliquien des heiligen Liborius nach Paderborn – der Präsident des Europäischen Parlamentes, Dr. Pierre Pflimlin. Mit Csilla Freifrau von Boeselager erhielt 1992 die erste Frau und die erste Persönlichkeit aus dem Erzbistum Paderborn die „St.-Liborius-Medaille für Einheit und Frieden. Freifrau von Boeselager,

Gründerin und erste Vorsitzende des Ungarischen Malteser-Caritas-Dienstes verstarb am 23. Februar 1994. Professor Dr. Wladyslaw Bartoszewski, Regimegegner und einer der ersten Außenminister des neuen unabhängigen Polen war 1997 die erste Persönlichkeit aus Osteuropa, der die „St.-Liborius-Medaille für Einheit und Frieden" zugesprochen wurde.

1999 verlieh der Erzbischof die „St.-Liborius-Medaille für Einheit und Frieden" anläßlich des Bistumsjubiläums 1200 Jahre Bistum Paderborn erneut abweichend vom Fünf-Jahres-Rhythmus. Er ehrte damit die Verdienste des früheren Bundeskanzlers Helmut Kohl um die Einigung Europas.

Heute gilt – fast mehr noch als am Ende des Dreißigjährigen Krieges – das Wort, das der belgische Jesuit Johannes Bollandus 1648 an die Friedensunterhändler in Münster richtete: „Um den Frieden der Völker zu sichern, bedarf es jener christlichen Eintracht und Gemeinschaft, welche uns die Libori-Verehrung immerfort ins Gedächtnis ruft."

Entlaubte Bäume in einer leeren Landschaft, so oder ähnlich hat Johann Baptist Metz einmal die Situation der christlichen Kirchen in Deutschland beschrieben. Sind wir dort angelangt, was Vertreter der Spätaufklärung vor 150 Jahren behauptet haben, die Geschichte der christlichen Welt sei zu Ende?

Das sind kurzsichtige Überlegungen. Ich glaube das nicht. Ich bin kein Prophet, aber wir sehen ja schon durch die Terroranschläge vom 11. September 2001 in New York und Washington, wie unmittelbar in diesem Zusammenhang, wenn auch nur kurzzeitig, sehr viele das Bedürfnis hatten, diesen Schrecken, mit dem man nie gerechnet hatte, im Gebet zum Ausdruck zu bringen.

Ich war damals unterwegs nach Australien, um die Diözese Port Pirie zu besuchen, mit der unser Bistum eine Partnerschaft pflegt. Port Pirie, bei Adelaide in Südaustralien, ist ein kleiner Ort. Das Bistum zählt vielleicht 28.000 Gläubige. Ein großer Teil des Gebiets ist Wüste, über eine Million Quadratkilometer.

Am Abend nach meiner Ankunft habe ich in der kleinen Hauptkirche die Messe gefeiert. Das war am Tag nach dem Terroranschlag. Und ich habe mich gewundert, wie viele Menschen gekommen waren, an einem Tag mitten in der Woche.

Das Sprichwort sagt, „Not lehrt beten."

Ich habe mich nur gewundert, wie die Menschen auf den Terroranschlag reagiert haben. Immerhin waren die Bänke in der Wochentagsmesse bis auf den letzten Platz besetzt.

Angst, die zum Glauben führt?

Nein, aber eine Konfrontation mit der Frage nach dem Sinn, dem Warum und Wohin menschlichen Lebens. Ein derartig zynischer Anschlag erschüttert und wirft die Urfragen des Menschen an die Oberfläche. Erschüttert und vielleicht auch verängstigt, sicher aber ohnmächtig suchen Menschen Halt im Gebet.

Aber reicht das schon aus?

Natürlich nicht. Die Bilder mit der dahinter stehenden Wirklichkeit waren schon schnell wieder verflogen, sie waren nicht nachhaltig gewesen. Ernsthaftes Gebet ist auf Dauer angelegt, weil es ein Gespräch mit Gott ist, eine persönliche Begegnung.

Es heißt, die Deutschen, aber nicht nur sie, lebten in einer „Ohne"-Gesellschaft: auch ohne Gott. Eine Zeitung spielte mit der Schlagzeile „Gott bye". Ist das nur eine vorübergehende Zeiterscheinung oder spiegelt diese Glaubenssituation einen grundsätzlichen geistig-kulturellen Wandel wider?

Ich sehe darin keinen grundsätzlichen Wandel, wohl aber eine andere Art der Veränderung, besonders in Europa.

Die Zahl der Menschen, die überzeugt christlich im Alltag leben, ist augenblicklich leicht rückläufig. Moderne Menschen verstehen sich als liberal, säkularisiert und glauben, ganz ohne Gott auskommen zu können. Darüber hinaus blenden sie allerdings auch viele andere Seiten des menschlichen Lebens aus: Krankheit, Leid, Unglück, Angst und Verzweiflung. Insofern habe ich den Eindruck, dass immer mehr Menschen in einer virtuellen Welt leben. Sie bauen ihre Existenz auf Werte und Überzeugungen, die nicht tragfähig sind, sich vielmehr schon nach kurzer Zeit überlebt haben. Dieses veränderte, andere Bild vom Menschen aber führt doch auch zu einem anderen Bild von Gott. Neben einem falschen Verständnis von Freiheit und Liberalität führt eine maßlose Konsumhaltung in einen neuen Materialismus, der in vielen Facetten lebensfeindlich ist. Der Papst wird nicht müde hierauf hinzuweisen, wenn er sich für eine Kultur des Lebens einsetzt. In den letzten Jahren habe ich allerdings auch den Eindruck, dass mehr Menschen diesen Hinweis verstehen. Ich glaube, wir leben augenblicklich in einer Umbruchphase. Viele haben die orientierende Mitte aus den Augen verloren, die immer auch etwas mit Ordnung zu tun hat, müssen sie wieder neu entdecken, und das führt zu ganz unterschiedlichen Reaktionen: Während die einen stark in der Welt leben, entdecken andere die engen Grenzen und falschen Perspektiven dieser Lebensweise und suchen den offenen Himmel.

Der Glaube hat vor diesem Hintergrund, salopp gesagt, Konjunktur. Im übrigen geht man mit religiösen Bildern recht freizügig um. Da leuchtet in der Weihnachtszeit von den Litfass-Säulen das Plakat einer Zigaretten-Reklame mit dem Slogan „Oh, du köstliche". Nonnen sind immer ein beliebtes Werbemotiv. Die Marketing-Strategen werden am Ende noch behaupten, etwas Gutes für den Glauben zu tun, wenn sie die religiöse Sprache auf diese Weise popularisieren.

Das zeigt, welche Rolle christliche Vorstellungen und die starken Bilder unseres Glaubens, die ja auch eine Lebenshaltung und vor allem Orientierungsmöglichkeiten zu vermitteln suchen, in der Ethik, in den Medien und in der Werbung spielen. Aber das bleibt doch nur sehr oberflächlich. Die Ernsthaftigkeit kommt nicht zum Ausdruck. Zumal, wenn die Grenzen des guten Geschmacks überschritten werden. Es gehört dann zur neuen Liberalität, dass man religiöse Gefühle der Christen verunglimpfen darf. Das Bewusstsein, Menschen in ihren religiösen Gefühlen zu verletzen, ist kaum ausgeprägt.

Stellt sich die Kirche selbst mit ihrem Angebot nicht mehr deutlich genug dar?

Die Frage möchte ich mit einem Hinweis beantworten. In unseren Medien kann ich heute – wenn überhaupt– keine Position vertreten, ohne seitens der Redaktionen sofort auch kommentiert zu werden. Ein gutes Beispiel ist hier meine Entscheidung, ein Jahr früher als die anderen Bistümer aus der staatlichen Schwangerenberatung auszusteigen. In einem der Interviews, die ich im Anschluss an eine Pressekonferenz gegeben habe, war bei der Ausstrahlung nichts von dem zu hören, was ich kritisch zu Punkten wie dem „Beginn des menschlichen Lebens" oder dem „Schutz von Embryonen" gesagt habe. Nicht selten erlebe ich, dass Journalisten lediglich ihre Vorurteile bestätigt bekommen wollen. Sie sind nicht immer gut informiert und unvoreingenommen interessiert. Natürlich bleibt die Frage, ob die Kirche die richtigen Wege wählt, die Menschen zu erreichen. Hier gilt es, von Zeit zu Zeit die Konzepte zu überprüfen. Stimmen die Ziele und Zielgruppen, die Instrumente in unserer Kommunikation?

Ist die häufig zitierte Gotteskrise nicht letztlich eine Krise des Menschen. Und wenn das so ist, wer gibt heute die Orientierung vor?

Gottesbild und Menschenbild hängen eng zusammen, sind zwei Seiten einer Medaille. Die Frage, die sich der Mensch selbst ist, führt unmittelbar zur Gottesfrage und provoziert, wo sie ernst genommen wird, eine Entscheidung. Das bleibt nicht ohne Handlungsfolgen oder sollte es jedenfalls nicht bleiben. So ist es für Christen nicht möglich, Gott zu ehren und anschließend an der Not eines Menschen vorbei zu gehen. Ich bin davon überzeugt, dass die Krise der heutigen Zeit unmittelbar mit dem unklaren Bild zusammenhängt, das der Mensch von sich selbst zeichnet, das dann auch nicht ohne Folgen für das Gottesbild bleibt. Das Bild des Turmbaus von Babel kommt mir in letzter Zeit mit Blick auf die aktuellen Entwicklungen in der Welt häufiger in den Sinn. Die Menschen sind emsig und fleißig, sie „machen“ und versuchen schließlich, die Trennung zwischen Himmel und Erde zu überwinden, ohne zu merken, wie sie das eigentliche Ziel aus den Augen verlieren. Johann Baptist Metz formulierte einmal als kürzeste Definition für Religion die „Unterbrechung“. Menschen öffnen sich religiösen Fragen, wenn ihr Alltag unterbrochen wird. Die sogenannten Schicksalsschläge, die unsere Pläne durchkreuzen, sind es doch, die uns fragend machen. In einem funktionalistischen, technokratischen Menschenbild und einer beschleunigten Zeit, wie das Philosophen nennen, fehlen Räume der „Unter-brechung“, die der Mensch braucht, die ihn öffnen für den Himmel, für Gott. Der Begriff der Gotteskrise ist meines Erachtens allerdings genauer zu hinterfragen. Nicht Gott ist in eine Krise geraten, sondern der Mensch.

Brauchen wir eine neue Grundwerte-Debatte? Kardinal Ratzinger hat die Kirche als die eigentlich einzige moralische Autorität gesehen, die als Ordnungsfaktor in einem funktionsfähigen Staat und einer geordneten Gesellschaft wirken kann.

Das hat etwas mit dem schon angedeuteten Verlust der orientierenden Mitte zu tun. Und ich sehe wenigstens zur Zeit keine anderen Institutionen als die Kirchen, die diesen Verlust kompensieren könnten. Denn hier werden die Urfragen des Menschen auch gegen den Strom oder Mainstream der Zeit gestellt. Wer gibt Antworten auf die Frage des Leids, der Schuld, des Todes? Es wäre wünschenswert, wenn man sie allerdings nicht nur dann ins Gespräch bringt, wenn es genehm ist, sondern auch dann, wenn das, was sie zu sagen hat, nicht dem Zeitgeschmack entspricht. Kirche und kirchliche Verkündigung sind kein gesellschaftliches Feigenblatt.

Soziologen sprechen von der Ökonomisierung der Gesellschaft. Alles wird nach wirtschaftlichen Gesichtspunkten beurteilt. Kann die Kirche überhaupt Einfluss auf diese Welt des Marktes nehmen?

Wir wissen doch, wie empfindlich der Markt ist. Das erleben wir tagtäglich in den Nachrichten; das haben wir auch als Entwicklung des 11. September gesehen. Das alles zeigt: Der Markt hat Grenzen, er wird in der öffentlichen Wahrnehmung buchstäblich überbewertet. Wir haben uns in Deutschland nach dem Krieg sehr bewusst für eine soziale Marktwirtschaft entschieden, die vom Gedanken lebt, dass der Markt allein nicht alle Bereiche menschlichen Lebens regeln kann. Bildung, Gesundheitswesen, Kultur – also das, was den Menschen zum Menschen macht – das lässt sich nicht allein durch das Prinzip Angebot und Nachfrage regeln. In letzter Zeit werden die Stimmen lauter, die einen freien Markt wünschen, mehr Verantwortung für die Menschen. Gemeinwohl und Solidarität werden hintangestellt. Die Folgen sind in einzelnen Ländern – in Ansätzen auch bei uns – zu sehen: die Gesellschaft steht in der Gefahr, sich zu spalten nach dem Motto „Reiche werden reicher, Arme ärmer". Die Ökonomie besitzt sicher zu Recht einen hohen Stellenwert, sie darf aber nicht der Maßstab für alles und jedes Tun in unserer Gesellschaft werden. Ich halte die zu beobachtende Ökonomisierung für eine schwerwiegende Fehlentwicklung.

Die Kirche wird sich immer dann einschalten, wenn Entwicklungen die Würde des Menschen verletzen. Sei es, dass der Lebensraum für Familien immer enger und lebensbedrohender wird, sei es, dass Menschen vom gesellschaftlichen Leben ausgeschlossen werden, etwa durch Arbeitslosigkeit oder Krankheit. Der Kirche geht es um das Heil des Menschen, darum, dass möglichst viele Menschen den Weg zu Gott finden.

Im Geltungsbereich moralischer Werte und sittlicher Normen sind die Maßstäbe auseinandergeraten. Individualität bestimmt die Lebensführung vieler, die Vereinbarungen früherer Generationen gelten nicht mehr als allgemein verbindlich. Die Philosophen unserer Zeit erklären Zustände ohne Rat zu wissen. Jürgen Habermas ermutigt die Kirchen, sich der eigenen Dogmatik zu erinnern, wohl als zuverlässiges Wegzeichen in orientierungsloser Zeit? Hat die Theologie den Anschluss verpasst?

Ich denke nicht, dass gerade die Theologen die großen Versager sind. Ich glaube, die Theologie, und ich meine hier ausdrücklich die katholische Theologie, hat die wichtigen neuen Fragestellungen wahrgenommen und dargestellt. Denken Sie beispielsweise an die neueren Diskussionen um

Anfang und Ende menschlichen Lebens. Da habe ich schon den Eindruck, dass die Moraltheologie oder Theologische Ethik, wie es heute des öfteren heißt, am Puls der Zeit ist und im Rückgriff auf die grundlegenden kirchlichen Aussagen um des Menschen und seines Menschseins willen Klartext redet. Freilich stellt sich die Frage, ob die wissenschaftliche Theologie nicht doch manchmal die Dinge deutlicher beim Namen nennen müsste. Der Konnex zu dem, was wir im Glaubensbekenntnis bekennen, ist mir oftmals zu wenig explizit. Sicher, auch und gerade der Theologe hat sich Hermeneutik und Erkenntnistheorie seiner Zeit zu stellen, in der er jeweils lebt und arbeitet. Dennoch scheint mir der Anschluss an das, was wir kirchliches Lehramt nennen, noch zu wenig akzentuiert.

Wie können christliche Normen nicht nur in den Glaubensalltag allgemein eingebracht, sondern auch in Politik umgesetzt werden? Von Konrad Adenauer stammt der Satz, christliche Politik sei die Kunst, das auf ethischer Grundlage richtig Erkannte zu verwirklichen. In dieser Auffassung steckt eine gewisse Relativierung, wie sie auch in einem der jüngsten Grundsatzpapiere der CDU zum Ausdruck kommt. Das christliche Menschenbild könne nicht der bindende Verhandlungsrahmen für die Politik in den Parlamenten sein. Damit sind die Grenzen markiert.

Parteipolitisch sollte die Kirche nicht tätig sein. Das brauchen wir in Deutschland nicht. Es gibt genug überzeugte Christen, die anders als Kleriker in diesem den Laien vorbehaltenen weltlichen Bereich wirksam sein können. Im übrigen sehe ich nicht die großen Diskrepanzen zwischen einem christlichen Menschenbild und dem, was die Menschenrechte verlangen. Unterschiede bestehen doch in der letzten Begründung bestimmter Werte und Überzeugungen. Politik hat etwas mit Steuerung und verantwortlichen Perspektiven zu tun. Wenn wir heute von Entscheidungsstaus und politischem Stillstand sprechen, dann mag das damit zusammenhängen, dass die Demoskopie manchen Politikern wichtiger ist als das Werben um verantwortliche politische Perspektiven. Wir brauchen auch für die weitere Zukunft Menschen, die um des Menschen willen verantwortlich tätig werden.

Wenn die allgemeine Moral in Unordnung gerät, erinnern sich manche Politiker der Kirche als Hüterin der Sittlichkeit unter den Menschen, selbst Verantwortungsträger, die persönlich der Religion eher distanziert begegnen.

Das ist eine einseitige Sicht, als wenn die Kirchen nur für die öffentliche Ethik zuständig wäre. Das ist zwar nicht falsch. Aber darauf beschränkt sich die Aufgabe der christlichen Kirchen nicht. Es geht ganz konkret um das Menschenbild und um gesellschaftspolitisches Handeln, vor allem dann, wenn die soziale Gerechtigkeit auf dem Spiel steht, der Schutz von Benachteiligten oder auch des menschlichen Lebens am Anfang und am Ende.

Ich freue mich natürlich, wenn ein Politiker wie Gregor Gysi, der sich öffentlich als Atheist bekennt, dennoch sagt, einen ganz gottlosen Staat würde er für ein Unglück halten.

Katholische Repräsentanz in der Öffentlichkeit, im politischen Alltag, gegenüber Staat und Gesellschaft, dabei denkt man in erster Linie an die Bischofskonferenz und in der Verlängerung an den Apostolischen Stuhl sowie an das Zentralkomitee der Deutschen Katholiken, als das Dach des organisierten Laien-Katholizismus. Die Zeiten des Kulturkampfes liegen mehr als hundert Jahre zurück. Manche Vorbehalte aber sind geblieben. Der Papst bestimmt, was auch in Deutschland als katholische Auffassung gilt. Kirche und Parteien, auch jene mit dem christlichen C im Namen, fallen bei manchen Entscheidungen auseinander.

Wie lässt sich katholisches Verständnis in die gesellschaftlichen und politischen Prozesse unserer Zeit einbringen? Wer hat die Richtlinienkompetenz, liegt sie allein in Rom?

Man muss die Entwicklung dieses spezifisch deutschen Katholizismus vor dem Hintergrund unserer Geschichte sehen. Er hat sich vor allem im 19. Jahrhundert entwickelt. Es bildeten sich im Prozess der Demokratisierung katholische Gemeinschaften, Vereine, Verbände. Katholikentage und andere öffentliche Versammlungen wurden organisiert. Sie haben sich, trotz mancher zwischenzeitlicher Schwierigkeiten, auch Verbote, bis heute erhalten.

Man wird nicht einfach behaupten können, die einen haben das Sagen und die anderen müssen folgen. Das Zentralkomitee der deutschen Katholiken ist zuständig für das Apostolat der Gläubigen. Zunächst als Organ des Verbandskatholizismus geschaffen, hat es nach dem Zweiten Weltkrieg allerdings eine strukturelle Veränderung erfahren. Es blieb nicht mehr allein den Verbänden vorbehalten, sondern es wurden auch Vertreter kirchlicher Gremien hineingenommen, zum Beispiel Mitglieder aus Pastoralräten. Ich lasse einmal offen, ob dies eine ganz glückliche Entscheidung war.

Auch die Tatsache, dass Priester Mitglieder oder Berater des Zentralkomitees sind, sehe ich nicht als Problem. Laienstand und Priesteramt gehören ja auch zusammen. Gelegentliche Spannungen sind verständlich und sollten nicht überbewertet werden.

Höhepunkt für den Paderborner Erzbischof ist der Besuch Johannes Paul II. in Paderborn im Juni 1996.

Am 21. Februar erhält Erzbischof Johannes Joachim Degenhardt aus den Händen Papst Johannes Paul II. das rote Kardinalsbirett.

Der Kardinalsring, den der Papst den neuen Kardinälen am 23. Februar im Rahmen eines Pontifikalamtes auf dem Petersplatz ansteckt, ist ein Zeichen der besonderen Nähe und Verbindung zum Nachfolger Petri.

Erzbischof Degenhardt bei einer Wallfahrt

Nun ja, bei der Gründung von „Donum Vitae" hat es hörbar geknirscht.

Nicht nur dort. Das Zentralkomitee hat den gemeinsamen Kirchentag in Berlin 2003 zunächst einmal ohne Rücksprache mit den Bischöfen vorgeschlagen und die Frage nach dem gemeinsamen Abendmahl thematisiert.

Das Zentralkomitee ist keine Unterorganisation der Bischofskonferenz, kein Sprachrohr der katholischen Kirche.

Das wird ja auch nicht verlangt. Aber in einem so wichtigen Punkt müssen wir auf einer engen Abstimmung bestehen. Ich erinnere an das ökumenische Pfingstreffen 1972 in Augsburg. Hier hat es eine Vielzahl von Problemen und Ärgernissen gegeben. Ich hoffe nicht und wünsche es den Veranstaltern auch nicht, dass sich das in Berlin wiederholt. Ob das zu vermeiden ist, wird man sehen. Eine gemeinsame, offiziell akzeptierte Teilnahme an den jeweiligen Abendmahlsfeiern oder an der Kommunion wird es bis 2003 mit Sicherheit nicht geben können.

Nach einigen Divergenzen zwischen Bischofskonferenz und Zentralkomitee könnte man den Eindruck gewinnen, als würden die Bischöfe inzwischen einen eigenen Weg zur politischen Entscheidungsebene suchen und nicht den über die katholische Laienorganisation.

Seit über 30 Jahren bin ich als Bischof in die Gespräche zwischen Kirche und Staat einbezogen. Dabei haben wir Bischöfe uns nie als Konkurrenz zum Zentralkomitee gesehen. Wie das von staatlicher und parteipolitischer Seite aufgefasst wurde, weiß ich nicht. Aber sicherlich haben das Zentralkomitee und die Bischofskonferenz gelegentlich unterschiedliche Akzente in ihren Gesprächen mit der politischen Seite gesetzt. Das Zentralkomitee hat sich nach dem Kriege parteipolitisch geöffnet und sich nicht allein den christlichen Nachkriegsparteien reserviert, sondern steht auch Mitgliedern anderer Parteien offen. Und in der jüngeren Geschichte der politischen Parteien sehen nun auch die Grünen im Zentralkomitee einen interessanten Gesprächspartner.

Daran ist nichts auszusetzen, schließlich finden sich Katholiken in allen parlamentarischen Parteien. Wenn die Bischöfe mehr oder weniger regelmäßig mit den Spitzen der verschiedenen Parteien eigene Gespräche führen, ist das kein Argument gegen die Existenz des Zentralkomitees. Es zeigt nur das Interesse sowohl der Parteiführungen als auch der Bischofskonferenz und einzelner Bischöfe an direkten Kontakten, um miteinander über konkrete Einzelfragen zu reden.

Allerdings hat sich das Zentralkomitee auch schon mal mehrheitlich im Widerspruch zu den kirchenamtlichen Positionen entschieden. Es sei noch einmal an die „Donum vitae" – Diskussion erinnert, den Verbleib in der staatlichen Schwangerenkonfliktberatung. Hat diese in den letzten Jahren eher betonte Eigenständigkeit der Laien, des Weltauftrags, zu einer gewissen Distanzierung geführt mit der Konsequenz, dass beide Institutionen ihre Interessen gegenüber Staat und Politik getrennt und nicht mit einer Stimme vertreten?

Richtig ist natürlich schon, dass Konflikte vorprogrammiert sein können. Das muss weiter nicht tragisch sein. Gedeihliche Zusammenarbeit setzt allerdings voraus, dass nicht im Zentralkomitee eine Mentalität die Oberhand gewinnt, die sich lediglich als Opposition versteht. So sollte man das Verhältnis von Hierarchie und Laien in der Kirche nicht begreifen. Es geht um die eine Kirche, wenn auch mit unterschiedlichen Aufgaben, hier eben von Weiheamt und Laien.

Wer repräsentiert kompetent die Kirche? Die Frage wird nicht nur innerkirchlich gestellt, sondern auch im säkularen Bereich, zum Beispiel von Soziologen. Sie gehen von anderen, aus kirchlicher Sicht vermutlich falschen Voraussetzungen aus und kommen insofern zu anderen Ergebnissen, die zwar den Forderungen der Gesellschaft entsprechen, aber auf theologischen Missverständnissen beruhen und das Glaubensverständnis außer Acht lassen. Ist das nicht der Zündstoff, der künstliche Gegensätze erzeugt?

Über solche Gefahren haben wir schon gesprochen. Es hat Einzelentscheidungen gegeben, die leider nicht untereinander abgesprochen worden sind. Aber seit der Gemeinsamen Synode der Bistümer in Würzburg vor nun schon mehr als 25 Jahren haben wir die gemeinsame Konferenz von Zentralkomitee und Bischofskonferenz zur Abstimmung und zwar nicht nur als Stimmungsbarometer, sondern zur Abstimmung konkreter Sachfragen. Als Schulbischof habe ich regelmäßig an diesen Sitzungen teilgenommen. Diese Praxis sollte beibehalten werden, damit es nicht hinter dem Rücken des Partners zu Verabredungen kommt, die ihn vor vollendete Tatsachen stellen. Ich glaube schon, dass es nicht zu großen Spannungen oder Friktionen kommen muss, und ich halte diese Form des gemeinsamen Gespräches, also zwei mal im Jahr, für richtig. Es hat sich in den zurückliegenden Jahre ja auch einigermaßen bewährt.

Kontrovers: Die Schwangerschaftskonfliktberatung

„Die Würde des Menschen ist unantastbar. Sie zu achten und zu schützen ist Verpflichtung aller staatlichen Gewalt", beginnt das Grundgesetz, dem deutschen Volk nach dem Zweiten Weltkrieg „im Bewusstsein seiner Verantwortung vor Gott und den Menschen" gegeben.

Denn die Väter der Verfassung wussten um das Gewicht dieser Präambel, denn sie hatten am eigenen Leib erfahren müssen, wie Menschen zur verfügbaren und rechtlosen Masse entwertet wurden, als die Grundrechte ausser Kraft waren. Die Zeit des Nationalsozialismus lag nur wenige Jahre zurück. Wurde der Mensch zunächst seiner Würde beraubt, folgte – nun ungehemmt – die Aufhebung seines Lebensrechts. Logik einer Ideologie der Vernichtung.

Würde und Lebensrecht des Menschen – zwei Rechtsbegriffe und ethische Normen, die durch die Debatte um Abtreibung und Gentechnologie in das öffentliche Bewusstsein gerückt wurden. Menschen haben um ihrer Würde willen ihr Leben geopfert, andere haben, um ihr Leben zu retten, ihre Würde verspielt. Sind diese beiden Grundpfeiler menschlicher Existenz damit schon austauschbare Sachwerte?

Der „freiheitlich demokratische" deutsche Nachkriegsstaat hatte sich, im Westen anders als im Osten, wieder in die Zivilisation eingereiht. Den Menschen war durch leidvolle Erfahrung klar geworden, dass Würde und Leben des Menschen miteinander korrespondieren.

Dem Ostberliner Regime waren in der Praxis der Sozialisierung und Einmauerung des Volkes einige der Grundkenntnisse allerdings abhanden gekommen.

Der Gefährdung des einen wie des anderen Rechtsgutes begegnet der moderne Staat mit den Möglichkeiten, „die in seiner Macht stehen", also mit Gesetzen, die sowohl schützen wie strafen sollen. Ranghöchste ethisch-moralische Normen mögen in Bundestagsdebatten eingefordert werden; sie legalistisch durchzusetzen, erweist sich in einer weltanschaulich pluralistisch orientierten Gesellschaft als undurchführbar. Auch so genannte christliche Parlamentarier kommen an die Grenzen ihres politischen Mandats. Deutlich wurde dies an zwei Entscheidungen, die wie wenige andere die öffentliche Diskussion in der Republik beherrschten: die gesetzlichen Regelung des straffreien Schwangerschaftsabbruchs und die damit verknüpfte Beratung von Schwangeren in einer Konfliktsituation, sowie die Forschung und Therapie mit menschlichen embryonalen Stammzellen.

Zentraler Punkt in beiden Fragen war und bleibt der Schutz des ungeborenen Lebens. Die Kirche und mit ihr viele in der Politik engagierte Laien stellen sich vorbehaltlos auf die Seite des „wehrlosen" Lebens. Für sie ist schon der Mensch im vorgeburtlichen Stadium mehr als bloß ein „himbeerfarbiges" Gebilde, ein ungestalteter „Zellhaufen", dem keinerlei Autonomie zusteht. Mit allen menschlichen Anlagen ausgestattet sei der Mensch ein solcher von Anfang an. Der Anspruch Dritter, etwa mit der Parole „Mein Bauch gehört mir" über den weiteren Verlauf von Zeugung und Schwangerschaft zu entscheiden wird zurückgewiesen.

Wer nicht mit Plakaten und Spruchbändern auf die Strasse ging, sondern – etwa in sozial-karitativen Beratungsstellen – betroffenen Frauen zuhört, sieht sich freilich komplexen Fragen gegenüber, die nicht ohne weiteres mit dem bündigen Satz des Fünften Gebotes „Du sollst nicht töten" zu erledigen sind. Wie soll man Frauen begegnen, die sich in einer schweren Gewissensnot befinden? Wie kann man sie zu einer Meinungsänderung bewegen, wenn sie sich für eine Abtreibung aussprechen? Die Mehrheit der deutschen Bischöfe war sich der Komplexität wie der Widersprüchlichkeit ihres Handelns bewusst, als sie sich bereit zeigte, probeweise die gesetzlich geregelte Konfliktberatung für Schwangere zuzulassen, zumal diese verbunden ist mit einem vom Gesetzgeber geforderten schriftlichen Beratungsnachweis. Auch wenn dieser „Schein" an sich noch keine „Lizenz zum Töten" darstellt, sondern die Entscheidung der Schwangeren und die Akzeptanz durch den behandelnden Arzt voraussetzte, so ermöglicht er doch den ersten Schritt in diese Richtung. Glaubte der Gesetzgeber, eine salomonische Lösung gefunden zu haben, wie bei dem verbotenen aber straffreien Schwangerschaftsabbruch, dann zeigte diese parlamentarische Entscheidung doch wohl eher die Grenzen ethisch-moralischer Verantwortung des politischen Regimes. Normen kann der Staat nur mittels Konsens oder Mehrheitsvotum setzen; sinnstiftend ist das noch nicht.

Die innerkirchliche Debatte, wobei sich Theologen auf beiden Seiten um Überzeugungsarbeit bemühten, endete bekanntlich mit einem „Schiedsspruch" aus Rom. Für den Papst wog schwerer, bei aller Achtung der Motive aller seiner deutschen Oberhirten, das mit der „Schein"-Beratung das christliche Zeugnis „verdunkelt" werde. Johannes Paul II. der bei jeder sich bietenden Gelegenheit den Schutz des werdenden Lebens einfordert, gegen Promiskuität, Kontrazeption und Abtreibung spricht, wäre bei einer anderen Entscheidung, wohl sich selbst untreu geworden. Insofern konnte ihn auch die deutsche Regelung, die ihm als verantwortbare Lösung in einer der schwierigsten gesellschaftlichen Fragen der jüngeren Zeit vorgetragen worden war, nicht überzeugen. Die deutschen Bischöfe, mit Ausnahme des „eigenwilligen" Bischofs von Limburg und jener katholischen Laien, die nun in Eigenregie ein Netz von katholischen Beratungsstellen einrichteten, folgten den Weisungen des Papstes. Nach dem Ausstieg aus dem staatlichen Beratungssystem setzen die Beratungsstellen in den Diözsen die Betreuung „ohne Aushändigung der umstrittenen Bescheinigung" (Vgl. Brief von Kardinal Ratzinger an den Arbeitskreis von Katholiken im Raum Frankfurt/Main vom 23.6.2001) in verstärktem Umfang, einschließlich umfassenderer materieller Hilfen, fort.

Die Würde des Menschen und das Recht auf Leben sollten erneut auf den Prüfstand mit der bioethischen Diskussion kommen, speziell die Verwendung menschlicher embryonaler Stammzellen im gentechnischen Labor betreffend. Neueste pränidative und pränatale Diagnoseverfahren, extrakorporale Reproduktionsmethoden, wie die in-vitro-fertilisation – selbst dem Laien fast schon vertraute Vokabeln – scheinen der Medizin ganz neue Wirkungsmöglichkeiten in der Fortpflanzungsmedizin und Therapie zu erschließen. Der Schlüssel zum Kern des Menschen, nach einer fast vollständigen Decodierung des Genoms, scheinen die so genannten totipotenten Stammzellen des Embryos in den ersten Tagen nach Befruchtung zu sein, aus denen sich gesunde Zelllinien entwickeln ließen. Schwer erkrankte Menschen schöpfen Hoffnung, daß durch den gen-technischen Eingriff in die Keimbahn eines Tages der Krebs, Alzheimer und Multiple Sklerose besiegt werden. Mann und Frau, die auf „natürliche" Weise kein Kind zeugen können, dürfen sich nun ihr Wunschkind „machen lassen". Es wird gefragt, ob das Recht des „Zellhaufens" in der Petrischale, soweit gesetzlich gefasst, nicht gegenüber dem Recht von geborenen, schwer leidenden Menschen zurücktreten müsse, gewissermaßen als eine andere Form der Aufopferungspflicht. Die Kontroverse füllt inzwischen ganze Zeitungsbände und Bibliotheken.

Am Ende einer solchen Entwicklung werde das „Designerbaby" stehen, nicht nur das vielfach geklonte Organ, sondern das multiplizierte Abbild ein und desselben Menschen, tragen die Skeptiker vor. „Der Mensch – sein eigener Schöpfer", warnten die deutschen Bischöfe. (Wort der deutschen Bischöfe, Bonn, 2001)

Würde nun die gentechnische Büchse der Pandora geöffnet sein, aus der sich „Frankenstein“ nach Lust und Laune bedienen könnte? Bekommen wir den Menschen, der bereitgehalten wird, als „Ersatzteillager“? Print- und Fernsehmedien hatten über Wochen ihr Thema.

Horrorvisionen jeglicher Art begleiten immer noch die Diskussion, die auch von Philosophen angezettelt wurden, die davon sprachen, im „Menschenpark“ (Peter Sloterdijk) nun endlich die neue Spezies züchten zu können , der von nun an ein von den leiblichen Plagen der Vergangenheit befreites Leben ermöglicht werde. Den Bischöfen blieb erneut vorbehalten, die Unverfügbarkeit des menschlichen Lebens „von Anfang an“ einzufordern. Diesen Beginn bilde der Embryo, und als Embryo gelte „bereits die befruchtete, entwicklungsfähige menschliche Eizelle vom Zeitpunkt der Kernverschmelzung an“, zitierten die Vorsitzenden der Deutschen Bischofskonferenz und des Rates der Evangelischen Kirche in Deutschland, Kardinal Lehmann und Präses Kock, das Embryonenschutzgesetz.

Der Bundestag hatte Ende Januar 2001 mit Mehrheit den Import von embryonalen humanen Stammzellen für die Forschung genehmigt, allerdings unter strikten Bedingungen. Der Protest der Bischofskonferenz brachte den bleibenden Vorbehalt auf den Punkt: „Damit wird es auch in Deutschland möglich, mit menschlichen embryonalen Stammzellen zu experimentieren, zu deren Gewinnung Embryonen getötet wurden.“ Nicht nur der „ausgeschlachtete“ Embryo muss sterben, ein ähnliches Schicksal erfahren befruchtete Eizellen bei bestimmten Formen der Empfängnisverhütung ebenso wie beim Schwangerschaftsabbruch. Im Labor landen so genannte „überzählige“ Embryonen, wenn sie nicht sofort verwendet werden, im Tiefkühlfach und, sofern sie nicht mehr benötigt oder als minderwertig qualifiziert werden, „im schlimmsten Fall als Zellmüll entsorgt werden“ (Vgl. „Ethik und Ohnmacht“, Kommentar von Claudia Nauth, Wiebadener Kurier vom 31.1.2002)

Wie weit darf der Mensch dem Schöpfergott ins Handwerk greifen – oder soll man sagen „pfuschen“? Wenn sich neue bisher kaum vorstellbare Möglichkeiten erschließen, schwerste Erbkrankheiten zu vermeiden, schlimmste spätere Erkrankungen zu heilen oder zu lindern – wo beginnt die Grenze, menschlisches Erbgut zu selektieren und zu manipulieren. Die Argumentation für und gegen bestimmte Entwicklungen in der Biomedizin sollten nicht mit den fürchterlichen Konsequenzen der Eugenik und Rassenhygiene der Nazis verwechselt werden, aber den Blick auch in dieser Aufarbeitung der deutschen Vergangenheit schärfen. Es ist ja nicht nur „Mut“, wenn Eltern ihr behindertes Kind annehmen, „Ja“ zu diesem Le-

ben sagen, auf einen Schwangerschaftsabbruch verzichten, wenn sich die Schädigungen schon vor der Geburt anzeigen. Wie aber erfährt der behinderte Mensch sein weiteres Leben, wenn die Gesellschaft künftig den „perfekten" Mensch zum Maß erklärt. Ist der „imperfekte Mensch", dem zu Ehren im Dresdener Hygiene-Museum eine eigene Ausstellung gewidmet war, selbst Schuld daran, dass er geboren wurde. Ein „Menschenpark" solcher Art würde zum Bestiarium verkommen.

Schwangerschaftsabbruch ist rechtswidrig, bleibt aber innerhalb der ersten zwölf Wochen unter bestimmten Voraussetzungen straffrei.

Hier liegt das eigentliche Dilemma. Mit der Neuregelung der §§ 218/219 StGB ist eine Konstruktion geschaffen worden, die ein menschliches Problem formal-juristisch zu regeln sucht. Das Gesetz nimmt die Nöte der betroffenen Frauen ernst. Das weiß auch die Kirche. Nicht umsonst haben wir – im übrigen bis heute – mit unseren Beratungseinrichtungen ein funktionierendes System entwickelt, das diese Sicht ausdrückt: von individueller Beratung bis finanzieller Hilfe. Wenn eine Frau in eine so außerordentlich schwierige Situation gerät, kann, ja darf man nicht mit dem Strafgesetzbuch kommen. Insofern steht das formale Gesetz an sich nicht im Widerspruch zum katholischen Glauben. Darin folgt die Kirche der Praxis Jesu, wie wir sie etwa aus der Begegnung mit der Ehebrecherin im Johannesevangelium kennen.

Aber wir kommen andererseits doch auch nicht an der Tatsache vorbei, dass die Abtreibung die Tötung eines Menschen bedeutet. Und genau hier wird der damals erzielte gesetzgeberische Kompromiss problematisch. Denn er hat zur Folge, dass sich das gesellschaftliche Ethos verändert, wenn von Seiten des Staates die Dinge nicht mehr klar und deutlich – auch und vor allem juristisch – beim Namen genannt werden Aus „rechtswidrig, aber straffrei" wird dann sehr schnell „Was nicht verboten ist, ist erlaubt!" Diese Entwicklung meine ich doch sehr deutlich zu erkennen. Dazu kommt das sehr schwerwiegende Problem, dass der absolute Ausnahme- und Einzelfall durch die gesamtgesellschaftliche, weil gesetzliche Regelung bewertet wird und damit Folgen hat, die wir nicht mehr im Griff behalten können. Wie fixieren wir als Gesellschaft den Unterschied zwischen Billigen und Verstehen, ohne dass so etwas wie ein Dammbruch mit unabsehbaren Folgen geschieht? Das sehe ich als ein echtes Problem.

Vielleicht hätten wir bei allem Ringen stärker nach Alternativen fragen müssen, etwa danach, ob eine formal-juristische Lösung, wie sie ein Gesetz ja immer darstellt, nicht eher durch die Frage nach Formen von Hilfe hätte ersetzt werden können. Hier wird meines Erachtens noch immer zu wenig getan. Letztlich sind doch die Frauen – und das wissen insbesondere die Beraterinnen und Berater, aber auch Priester – die Leidtragenden.

Noch einmal – die soziale Frage nach Formen zielsicherer Hilfe wurde durch die formale Frage einer juristischen Klärung ersetzt. Das löst für mich das Problem nicht.

Trifft das Ringen um einen Kompromiss nicht genau auf die staatliche Schwangerenkonfliktberatung zu, wo der Gesetzgeber einen solchen Ausweg gefunden zu haben glaubte? Der Schein, der zwar auch den Weg zur Abtreibung öffnet, aber auch die Möglichkeit bietet, Frauen durch intensive Beratung umzustimmen. Das war doch auch das Argument der meisten Bischöfe in Deutschland, in der gesetzlichen Beratung zu bleiben.

Sicher, gerade diese Form drückt dieses Dilemma und diese Hilflosigkeit aus. Der damalige Bundeskanzler Kohl hatte sich im Vorfeld auch mit den Kirchen in Verbindung gesetzt. Er wollte sichergehen, dass der Antrag, der zur Debatte stand, von den Kirchen akzeptiert werden könnte, wenn auch mit Magenschmerzen. Die Deutsche Bischofskonferenz hat immer wieder gesagt, dass wir uns mit diesem Gesetz nicht abfinden können. Klar war auch, dass wir eine Entscheidung wünschen, die auch die Zustimmung Roms findet. Wir wollten keinen Weg einschlagen, den der Vatikan nicht hätte mitgehen können.

Die Frage ist natürlich, ob wir seinerzeit die Konsequenzen richtig eingeschätzt haben. Bundeskanzler Kohl war wohl davon ausgegangen, dass die Kirchen mit den vorgesehenen gesetzlichen Regelungen würden leben können.

Sofort nach der Verabschiedung dieses Gesetzes kam es zum Gespräch mit dem Vatikan, mit der Glaubenskongregation und dem Papst. Vier Jahre haben diese zum Teil sehr kontroversen Gespräche gedauert. Rom hat an der Begründung seiner Anfangsposition festgehalten. Der Papst, selbst früher Professor für Ethik, hat die Angelegenheit schließlich auf den Punkt gebracht: Das Zeugnis der Kirche wird verdunkelt. Deshalb ist er dafür eingetreten, dass die Kirche sich in keiner Weise an Schwangerschaftsabbrüchen beteiligen darf, auch nicht indirekt und ungewollt, in dem sie Beratungsbescheinigungen ausstellt.

Die Gesetzeslage bringt die katholischen Beraterinnen faktisch ohne ihren Willen dazu, sich an straffreien Abtreibungen zu beteiligen, denn diese Bescheinigung kann nur verwendet werden, um eine straffreie Abtreibung zu erreichen. Ansonsten ist die Bescheinigung nicht zu gebrauchen. Unter den Frauen, die sich in katholischen Beratungsstellen haben beraten lassen, waren ja immer auch solche, die die Bescheinigung von Anfang an gewollt haben. Man kann davon ausgehen, dass der weitaus größte Teil dieser Frauen im Anschluss an die Beratung die Abtreibung hat vornehmen lassen. Für den Papst, und das hat er von Anfang an gesagt, ist diese Bescheinigung eine Art der Beteiligung an der Tötung ungeborener Kinder. Die Verstrickungen, in die katholische Beratungsstellen geraten, leuchten mir ein.

Kritiker werfen den Bischöfen vor: Wer aus der gesetzlichen Beratung aussteigt, vertut eine Chance, Frauen anzusprechen, die vielleicht doch noch in letzter Minute umgestimmt werden können.

Das ist genau das Dilemma, in dem sich die deutschen Bischöfe von Anfang an befanden.

Ich weiß noch genau, wie schwer mir diese Entscheidung gefallen ist, weil mir klar war, dass wir manche betroffene Frauen nicht mehr erreichen, wenn wir keine Scheine mehr ausstellen. Durch die Beratung im Rahmen der gesetzlichen Regelung hatten wir doch darauf gehofft, die eine oder andere Frau zu gewinnen, damit sie auf den Schein verzichtet, also mit größter Wahrscheinlichkeit das Kind austragen würde. Aber es waren bestenfalls zwanzig Prozent der Konfliktfälle, die durch unsere Beratung in diesem Sinne gelöst werden konnten.

Dann muss man sich irgendwann entscheiden. Gerade die öffentliche Verschleierung der Tatsache, dass eine Abtreibung die Tötung eines Menschen ist, war ein gewichtiger Grund für diese Entscheidung. Das bedeutet aber nicht, die Kirche würde ihre Hilfe verweigern. Das Gegenteil ist der Fall. Wir haben unsere Beratungstätigkeiten samt finanziellen Hilfen noch einmal verstärkt. Wichtig scheint mir aber doch zu sein – und das betone ich –, dass wir mit unserer Entscheidung, auf die Ausstellung des Scheines zu verzichten, ein deutliches Zeichen setzen wollten und entgegen dem gesellschaftlichen Trend den Unrechtscharakter einer Abtreibung beim Namen nennen.

Aber sie kannten doch ebenfalls von Anfang an diese Problematik. Und dennoch haben sich die Bischöfe entschlossen, ihre Beratungsstellen dieser gesetzlichen Regelung zur Verfügung zu stellen. Erst später, nach dem Einspruch aus Rom, erfolgte der „Sinneswandel“.

Zwei Aspekte haben die deutschen Bischöfe von Anfang an bewegt. Zunächst einmal die Einsicht, dass eine Beratung zielorientiert auf den

Schutz des ungeborenen Menschen erfolgt und gleichzeitig ergebnisoffen, dass also die Frau in ihrer Handlung frei ist. Uns war klar, dass wir Frauen in Konfliktlagen mehrheitlich nur dann erreichen, wenn unsere Beratungsstellen auch den Schein ausstellen. Uns lag also daran, solche Frauen zu erreichen, damit sie durch eine katholische Beratungsstelle umgestimmt und dazu bewogen werden können, ihr Kind auszutragen.

Der zweite Aspekt hob auf die Form der Einbindung katholischer Stellen in das staatliche Beratungsangebot ab: Wie eindeutig wirkt die katholische Kirche durch den Beratungsnachweis an einer Abtreibung mit? Hier spielten moraltheologische Überlegungen eine Rolle, pastoraltheologische Überlegungen eine andere. Kurzum: Kann man den Menschen im Lande verständlich machen, dass die katholische Kirche Beratungsnachweise ausstellt, mit denen Frauen in Deutschland straffrei abtreiben können, obwohl sie Abtreibungen strikt ablehnt?

Wie hoch ist die „Erfolgsquote"?

Hier sind wir auf Schätzungen angewiesen. Von allen Beratungen dürften etwa ein Fünftel die so genannten Konfliktfälle betroffen haben und von diesen konnten wiederum etwa 25 Prozent zu einem positiven Ergebnis geführt, also umgestimmt werden.

Frauen dürften wissen, was eine Abtreibung bedeutet. Ein Menschenleben zu retten, ist das nicht aller Mühe wert, gegebenenfalls auch unter Inkaufnahme des Beratungsscheines.

Ich glaube nach wie vor nicht, dass das die Alternative ist. Aus diesem Grund haben wir, wie gesagt, unsere Beratungsbemühungen ja auch verstärkt, inklusive der zur Hilfe notwendigen finanziellen Mittel. Aber wir waren auch der Meinung, wir müssen jetzt deutlich benennen, was Abtreibung wirklich ist. Ich habe mir den Gesetzestext Blatt für Blatt vorgenommen und am Ende war mir klar: Eigentlich kann die katholische Kirche in einer solchen Sache nicht mitmachen. Ich persönlich habe wiederholt vorgeschlagen, dass der Gesetzgeber andere Formen des Nachweises, etwa die eidesstattliche Erklärung der Frau prüft und anerkennt. Die Engführung auf den Schein habe ich nicht verstanden. Dieser Vorschlag blieb, wie Sie wissen, unberücksichtigt.

Bischof Kamphaus, der sich am längsten der Weisung aus Rom widersetzt hat, berief sich auf sein Gewissen, wie doch wohl auch alle anderen Bischöfe. Nur kamen diese zu einem anderen Ergebnis. Was stand auf dem Spiel – das Gewissen, der Gehorsam gegenüber dem Papst, die Ein-

heit der Kirche oder doch auch am Ende die Fragwürdigkeit einer gesetzlichen Regelung, mit welcher der Staat die Kirche in das Dilemma eines Gewissenskonfliktes gebracht hat?

Alle Aspekte, die Sie genannt haben, müssen berücksichtigt werden. Natürlich spielt das Gewissen immer eine entscheidende Rolle, und wenn Bischof Kamphaus sich auf sein persönliches Gewissen beruft, dann nehme ich das sehr ernst. Aber das heißt doch nicht umgekehrt, dass diejenigen, die eine andere Auffassung vertreten, ihre Gewissensverantwortung weniger ernst nehmen. Es kommt auf die Schwerpunkte an, die man erkennt und dann letztlich setzt. Ich sehe einerseits wie Bischof Kamphaus die Nöte der betroffenen Frauen; ich sehe aber andererseits auch das öffentliche Bewusstsein und die Folgen, die der Eindruck einer Beteiligung der Katholischen Kirche, wenn auch indirekt und auf längere Sicht, an straffreien Abtreibungen, also an der Tötung unschuldiger, ungeborener Kinder hinterlässt.

Welche Folgen die Gesetzgebung auf die Rechtsprechung und auf das öffentliche Bewusstsein hat, zeigt ein Beispiel. So hat vor wenigen Tagen ein Landgericht jemanden verurteilt, der vor einer Frauenarztpraxis Handzettel verteilt, in denen er dem Arzt „rechtswidrige Abtreibungen" vorwarf. Das Urteil der Richter stellte fest, dass dies eine unwahre Tatsachenbehauptung sei. Denn nach heutigem Verständnis seien Abtreibungen in Deutschland zwar nicht erwünscht, aber doch rechtmäßig. Schließlich wirkten an ihrer Ausführung auch staatliche und kirchliche Stellen mittelbar mit. Für uns stellt sich die Frage, was es bedeutet, wenn in der Öffentlichkeit der Eindruck entsteht, dass selbst die Kirche bei diesem Verfahren mitmacht. Wird Tötung ungeborenen Lebens also nicht verharmlost?

Darüber hinaus ist doch ernsthaft zu fragen, ob nicht die negativen Folgen dieser gesetzlichen Regelung und eine Beteiligung der katholischen Kirche daran auf längere Sicht gravierender sind, als der Verzicht darauf, eine Frau, die sich in einer Konfliktsituation befindet, möglicherweise nicht erreichen zu können? Die meisten Frauen in Konfliktsituationen besuchen nur eine Beratungsstelle, nur wenige wenden sich in diesen Situationen weiterhin auch an katholische Beratungsstellen, mit der Konsequenz, dass sie im Fall eines gewünschten Beratungsnachweises ihre Schwierigkeiten erneut vortragen und möglicherweise in Konflikte mit den gesetzlichen Fristen geraten.

Das erwähnte Gericht war wohl auch der Meinung, folgt man der Begründung, eine Sache, an der sich Staat und Kirche beteiligen, könne nicht verwerflich sein. Die Befürchtungen der Bischöfe sehen Sie also bestätigt?

Niemand kann der Kirche in Deutschland vorwerfen, zwiespältig und unklar zu handeln. Ich habe immer verlangt, das Gesetz in diesem Punkt zu ändern und eine andere Regelung für den Beratungsnachweis zu finden. Etwa durch eine eidesstattliche Erklärung der Frau, die sich hat beraten lassen. Offenbar sind die Parteien an einer Revision der geltenden Gesetze nicht interessiert, scheuen möglicherweise die Frage der Abtreibung erneut in die öffentliche Diskussion zu bringen. Inzwischen hat die Diskussion um die Forschung an embryonalen Stammzellen das Thema Abtreibung in ein neues Licht gestellt. Jene, die bestimmte Methoden der Gentechnik ablehnen, bemerken, wie sie damit heute zugleich ihrer eigenen Haltung zur Abtreibung widersprechen, die sie vor Jahren ja noch befürwortet haben. Einzelne Abgeordnete der Grünen lassen erkennen, wie inkonsequent eine unterschiedliche Beurteilung der beiden Fragenkomplexe ist.

Die Auseinandersetzung um die Mitwirkung an der gesetzlichen Schwangerenkonfliktberatung hatte auch innerkirchliche Fragen aufgeworfen. Wo ist der Bischof nur sich selbst verantwortlich, seinem Gewissen, wo gegenüber Rom. Wo entscheidet er selbst, wo trifft die Bischofskonferenz verbindliche Entscheidungen. Welchen Sinn macht es, derart komplizierte und individuelle Themen im Kollegium zu behandeln?

Hier sind zwei Themenbereiche angesprochen, zwei Ebenen. Was die Bischofskonferenz sagen kann, ist eindeutig in deren Statut geregelt und in den allgemeinen kirchenrechtlichen Bestimmungen. Dabei müssen die Ortsbischöfe mit mindestens Zweitdrittel-Mehrheit zugestimmt haben und die Konferenz insgesamt, die Weihbischöfe also einbezogen, ebenfalls mit Zweidrittel Stimmenmehrheit. Andere Fragen sind nur dann auf dieser Ebene zu klären, wenn dies vom Heiligen Stuhl im konkreten Einzelfall gewünscht ist. Das kommt aber ganz selten vor. In der Regel sind die Beschlüsse der Bischofskonferenz also nur Empfehlungen für den einzelnen Bischof. Verbindlich in der katholischen Kirche und auch für ihre Struktur, sind allein die Bischöfe, Nachfolger der von Christus eingesetzten Apostel, nicht die Bischofskonferenzen.

Die Bischofskonferenzen sind hilfreich, wenn man ein gemeinsames Pastoral-Programm für eine Region über ein einzelnes Bistum hinaus entwickeln will, um einheitliche Regelungen etwa auch für ein gemeinsames Sprachgebiet zu treffen. Die Bischöfe können einer solchen Beschlussfassung in der Konferenz zustimmen, verbindlich in der Diözese wird sie aber erst dann, wenn der zuständige Ortsbischof sie für seinen Bereich akzeptiert.

Die Folge sind mitunter recht unterschiedliche Praktiken. Sie können von Bistum zu Bistum differieren, nicht gerade vorteilhaft gegenüber einer immer mehr mobilen Bevölkerung. In der internen Auseinandersetzung um die Schwangerenkonfliktberatung hat das im übrigen einen alles andere als positiven Eindruck hinterlassen. Für betroffene Frauen kam es sogar darauf an, in welchem Teil Nordrhein-Westfalens oder Bayerns sie lebten, also welchem Bistum die katholischen Beratungsstellen zugeordnet waren.

Wenn ich mich an das Prinzip der Gewissensentscheidung halte, dann muss ich auch unterschiedliche Entscheidungen akzeptieren. Der einzelne Bischof ist sowohl seinem Gewissen, dem Papst und der Universalkirche als auch Gott für das, was er tut, verantwortlich. Er kann das nicht auf ein Gremium, etwa die Bischofskonferenz, abschieben. Im übrigen sind die Regelungen in den verschiedenen Diözesen so unterschiedlich nicht gewesen.

Als sich abzeichnete, dass die Bischöfe sich der Weisung aus Rom beugen und den Ausstieg beschließen würden, haben katholische Laien sich entschlossen, eine Alternative zu gründen, ein Netzwerk von Beratungsstellen in eigener Regie, unter der Bezeichnung „Donum vitae" – Geschenk des Lebens, ebenfalls auf den Schutz werdenden Lebens hin orientiert, aber im Rahmen der gesetzlichen Regelung, also mit schriftlichem Beratungsnachweis, dem ominösen „Schein".

Das wollen und können wir gar nicht verhindern. Nur halte ich diesen Weg von „Donum vitae" für falsch. Denn das, was wir mit unseren Ausstieg aus der staatlichen Konfliktberatung deutlich und öffentlich bekunden und bekennen wollten, wird auf gewisse Weise wieder zurückgenommen.

Daneben ist „Donum vitae" eine rein private Organisation. Sie kann sich also nicht als katholische Institution bezeichnen.

Ist das unkatholisch, was „Donum vitae" macht?

Nein, natürlich nicht. Aber wir sind uns über die Wege, wie man das Ziel, Schutz menschlichen Lebens, erreicht, uneinig.

Sind sie damit schon aus der Kirche raus?

Selbstverständlich nicht. Das Ringen um die Wahrheit hat in der Katholischen Kirche von den Aposteln Petrus und Paulus eine lange und – wie ich meine – gute Tradition. Aber dieses Ringen ersetzt nicht das klare Bekenntnis des Lehramtes.

Der Ausstieg der Bischöfe aus der gesetzlich geregelten Konfliktberatung hat auch finanzielle Folgen für die verbliebene kirchliche Beratung. So hat das Verwaltungsgericht in Minden die Klage des Sozialdienstes Katholischer Frauen dahingehend entschieden, dass eine Finanzierung der kirchlichen Beratungsstellen für Schwangere nicht mehr möglich ist, weil diese eine Konfliktberatung im Sinne der entsprechenden Gesetze nicht mehr leisten. Diese Frage berührt grundsätzlich das Staat-Kirche-Verhältnis.

Gegen dieses Urteil haben wir, mit meiner Einwilligung, Berufung eingelegt. Wir müssen abwarten.

Die Absicht des Gesetzgebers ist es, eine plurale Beratung gesichert zu wissen. Existiert nicht eine Schieflage dadurch, dass er „Donum vitae" anerkennt und die Beratungsstellen der Kirche über die Finanzierung aber gewissermaßen rausdrücken will?

Das ist an sich nichts neues. Die Förderung der katholischen Beratungsstellen durch den Staat in Nordrhein-Westfalen war zunächst überhaupt nicht vorgesehen. Diese wurde nur Einrichtungen gewährt, die nicht nur beraten, sondern auch einen eigenen Arzt zur Verfügung haben oder eine Vereinbarung mit einem externen Arzt, der die Abtreibung vornimmt.

Da wir solche Angebote nicht machten, bekamen wir keine finanzielle Unterstützung. Wir haben darauf hin die Landesregierung gedrängt, die entsprechenden Regelungen in unserem Sinne zu ändern und mit Klage gedroht. In Düsseldorf wusste man offenbar, wie ein solcher Prozess ausgehen würde und zeigte sich einsichtig, verwies aber gleichzeitig auf die knappen Mittel. Wir sollten aus dem gleichen Topf wie alle anderen Beratungsstellen unterstützt werden. Dagegen waren natürlich die anderen, einschließlich der evangelischen Beratungsstellen, wenn auch erfolglos. Sie mussten damit rechnen, dass ihr eigener Anteil entsprechend schrumpfen würde, zumal die katholischen Beratungsstellen zahlenmäßig alle anderen weit überwogen. Die Zuschüsse, die wir dann vom Land Nordrhein-Westfalen bekommen haben, machten aber einen verschwindend kleinen Prozentsatz gegenüber den Zusagen aus, die „Donum vitae" gegeben wurden. Während die anderen Beratungsstellen Zuschüsse in Höhe von 80 Prozent der Kosten erhielten, bekamen die katholischen Beratungsstellen Zuschüsse in Höhe von knapp 20 Prozent. Eine Tatsache, die auch die Medien nicht sonderlich interessierte.

Die Welt verändert haben, geradezu epochal, die neuen Erkenntnisse in der Gentechnologie. Der Mensch bestimmt zumindest seine organische Existenz schon schrittweise selbst durch Experimente in der Petrischale. Parallel zur Praxis in den Labors läuft eine Diskussion um das menschliche Leben, die Züge eines Kulturkampfes angenommen hat.

Naturwissenschaft und Religion laufen keineswegs unabhängig nebeneinander her. Im Gegenteil, man sieht gerade am Beispiel der Gentechnologie und -forschung, wie dringend notwendig die Naturwissenschaftler den Dialog über die geistigen Grundlagen benötigen. Immer mehr wird deutlich: Nicht alles, was der Mensch kann, darf er tun. Der Naturwissenschaftler wird nicht sagen dürfen, das alles geht mich nichts an, ist nicht meine Sache. Weder der Biologe noch der Chemiker oder der Mediziner können und dürfen das. Sie benötigen die kritische Begleitung auch durch die Theologische Ethik. Denn bei allem, was geforscht und gesucht wird – sicher zum Vorteil des Menschen, und darum geht es ja immer –, es kommt immer auf eine ganzheitliche Sicht an, d.h., es muss um des Menschen willen verantwortbar bleiben. Das Ringen um den richtigen Weg geht, wie man sieht, bis in die Politik hinein, bestimmt geradezu die Tagespolitik. Die Entscheidung um den Import embryonaler Stammzellen etwa ist ein Beispiel dafür. Bleibt es bei dieser Entscheidung mit ihrer Stichtagsregelung oder öffnet sich dadurch ein Feld, was für uns Menschen auf Dauer nicht beherrschbar sein wird? Das wird man nicht nur fragen dürfen; das wird man fragen müssen.

Eine Gefahr, die vieles zu überlagern scheint, liegt im Trend der Zeit. Der Markt, Handelsgesichtspunkte, Gewinnaussichten und Globalisierungseffekte bestimmen, was geforscht und in die Praxis umgesetzt wird. Und doch zeigt sich immer schärfer, wohin es führt, wenn die ethischen Grundlagen verlassen werden. Interessanterweise aber gewinnen wir gerade in diesem Bereich Verbündete, mit denen so gar nicht zu rechnen war. Ein Jürgen Habermas etwa – und der steht nun wirklich nicht im Verdacht, auf der Gehaltsliste der Deutschen Bischofskonferenz zu stehen – hat in einem neueren Aufsatzband nachdrücklich vor der Gefahr einer liberalen Eugenik gewarnt, d.h. vor der Tendenz, alle Entscheidungen im Bereich der Biomedizin ausschließlich ökonomischen Interessen unterzuordnen. Meines Erachtens sagt das sehr viel über unsere sogenannte aufgeklärte Gesellschaft des 21. Jahrhunderts. Nicht mehr Menschenwürde und Menschenrecht stehen im Mittelpunkt auch des politischen Interesses, sondern man sieht nur mehr den ökonomischen Nutzen. Am Beispiel der Gentechnik wird zudem deutlich, welche zentrale Rolle das Menschenbild im gesellschaftlichen Diskurs spielt. Man kann den Eindruck haben, der Mensch werde von dem Sockel der Exklusivität gestoßen, des absoluten Schutzes, den er noch vor 20 Jahren unumstritten hatte, beraubt.

Dasselbe gilt für das Ende menschlichen Lebens. Wenn der Mensch nicht mehr gilt als ein hochentwickeltes Tier, dann ist sein Leben durchaus in Frage gestellt, etwa, wenn er als Pflegefall der Gesellschaft zu teuer wird. Der australische Philosoph Peter Singer hat die Debatte in diese Richtung gelenkt. Das hat unabsehbare Konsequenzen. Denn wir werden uns letztendlich fragen müssen, welche Gesellschaft wir in Zukunft anstreben, welches Menschenbild für uns handlungsorientierend ist und bleibt. Insofern stehen wir vor einem Scheideweg.

Ein schwerkranker Mensch, der keine andere Chance auf Heilung sieht, greift doch nach jedem Strohhalm, den ihm die Biomedizin möglicherweise eines Tages anbietet. Darf man die Forschung mit menschlichem Erbgut, dem allerersten Zellmaterial, unter diesen Gesichtspunkten auch weiterhin grundsätzlich verweigern?

Vielleicht darf ich zunächst mit der Gegenfrage antworten, die vermutlich alles entscheidet: Wann ist der Mensch ein Mensch? Um nichts anderes geht es doch bei dieser Debatte. Und in diesem Punkt ist die Position der Kirche eindeutig. Mit der Verschmelzung der Kerne von Ei und Samenzelle beginnt nach allem, was wir wissen, artspezifisches menschliches Leben. Danach können wir nur mehr einen Entwicklungsprozess beobachten – und da sind sich Naturwissenschaftler und Ethiker einig –, der keine echten Zäsuren beinhaltet, die es rechtfertigen würden, einen anderen als diesen Zeitpunkt für den Beginn menschlichem Lebens zu erkennen. All die nachträglich zukommenden Fähigkeiten, wie Kommunikation, Selbstbewusstsein, Intelligenz usw., die sich erst in späteren Stadien der Menschwerdung – im übrigen ein höchst ambivalenter Begriff, wenn man ihn falsch deutet – entwickeln, die verändern doch nichts von dem, was als Basis grundgelegt ist. Anders gesagt, der Mensch entwickelt sich immer schon als Mensch und nicht erst zum Menschen. Das Argument, erst mit der Nidation (Einnistung) der befruchteten Einzelle seien Personsein und Menschenwürde gegeben, oder nach drei Monaten oder mit der Geburt sind doch mehr als willkürlich. Wer bestimmt das? Wer definiert das? Wer hat das Recht dazu? Der Staat? Die Gesellschaft? Per Abstimmung oder Wahl? Da halte ich mich doch lieber an die Fakten. Und die sprechen eine eindeutige Sprache.

Das also ist der Hintergrund, warum sich die katholische und auch die evangelische Kirche in Deutschland so vehement in die Debatte um den Import embryonaler Stammzellen eingeschaltet haben. Sicher, viele Menschen hoffen auf einen Sieg medizinischer Forschung über genetisch bedingte Krankheiten. Das ist – damit wir uns nicht missverstehen – auch berechtigt. Wir müssen alles tun, um so schreckliche Geißeln der Menschheit wie die Alzheimer-Krankheit oder Parkinson zu besiegen. Aber die Frage ist doch – um welchen Preis? Dürfen Menschen zu Forschungszwecken getötet werden? In dieser Frage sind Theologie und Lehramt selten einmütig und eindeutig. Menschliches Leben darf nicht verbraucht werden, um anderes Leben zu retten. Das hier oft gebrauchte Mitleidsargument scheint mir doch sehr fragwürdig. Denn wenn ich ein Gedankenexperiment vornehme, mich selbst fiktiv in den Status eines Embryos zurückzuversetze: Könnte ich wollen, dass mein Leben, meine Lebenszukunft zugunsten eines Alzheimerkranken geopfert werden? Da ich das nicht wollen kann, darf ich das auch niemand anderem zumuten. Zumal – embryonale Stammzellen sind nicht alles. Das scheint mir bei der derzeitigen tagespolitischen Debatte vergessen zu werden. Die Forschungsergebnisse, die mit adulten Stammzellen erzielt wurden, stellen uns vor keine ethischen Problemen.

Das macht auf einen weiteren Punkt aufmerksam. Die Debatte um den Import embryonaler Stammzellen taucht die Frage der Abtreibung in ein neues Licht. Auch in den verschiedenen politischen Parteien melden sich zu dieser Frage inzwischen Stimmen, die durchaus nachdenklich fragen, ob die früher vertretenen Positionen sich eigentlich noch halten lassen. Vielleicht ist der eigentliche Dammbruch an dieser Stelle passiert, nein besser: zugelassen worden. Wir hätten damals stärkeren Widerstand leisten müssen. Denn allen Ernstes, die Konstruktion „rechtswirdig, aber straffrei“ ist im gesellschaftlichen Bewusstsein doch längst zu: „Was nicht verboten ist, ist erlaubt!“ geworden. Dass der Papst in dieser Frage sein Veto eingelegt hat, ist mir sehr einsichtig.

Die ethischen Debatten im Bundestag wurden mit großem Ernst geführt und galten als Sternstunden des Parlaments. Allerdings wurde dabei auch deutlich, dass in anderen Ländern Europas und in Übersee, großzügigere Gesetze gelten, die Wissenschaftler sehr viel weiter gehen. Wird es gelingen, die eigenen ethischen Standards in eine europaweite Debatte einzubringen, oder werden die Deutschen abgehängt?

Sicher gelten in Deutschland, vor allem durch das Embryonenschutzgesetz von 1990, strenge Auflagen. Doch das sind doch Mindeststandards.

Bei aller Ernsthaftigkeit der Debatte – das will und kann ich überhaupt nicht bestreiten –, kann man über den Wert menschlichen Lebens abstimmen? Kann man über Wahrheit abstimmen? Sie konsensfähig machen? Also da habe ich dann doch den Eindruck, dass der sogenannte Primat der Ethik, wie vor allem aus dem Nationalen Ethikrat verlautet wurde, anderen, besonders wirtschaftlichen Interessen geopfert wurde. Wir stehen, um es anders zu sagen – und ich will hier gar kein Horrorszenario aufbauen –, vor einem Paradigmenwechsel: Der Mensch wird funktionalisiert, ist also nicht mehr, wie die Aufklärung mit Immanuel Kant an der Spitze meinte, „Zweck an sich". Machen wir uns nichts vor – seit der Bundestagsentscheidung vom Januar über den Import embryonaler Stammzellen wurde der Mensch zugunsten des Menschen funktionalisiert. Und die Ernsthaftigkeit der politischen Debatte ändert an ihrem faktischen Ergebnis nichts. Wollen wir das als Zukunft Europas definieren?

Eine politische Lösung der Fragen setzt eine Solidargemeinschaft voraus, die bereit ist, zum Beispiel Eltern, die ein behindertes Kind zur Welt bringen, moralisch wie materiell beizustehen. Schon jetzt werden Befürchtungen laut, diese Eltern hätten allein die Verantwortung zu tragen mit allen Konsequenzen, wenn sie auf vorgeburtliche Diagnose-Methoden verzichten oder bei einem negativen Ergebnis sich dennoch für das behinderte Kind entscheiden.

Sie bringen das Perfide des Problems auf den Punkt. Eltern, die bewusst ein behindertes Kind zur Welt bringen und das auch noch annehmen, werden diskriminiert. Im besten Fall ernten sie unverständliches Kopfschütteln: „War das bei den heutigen Methoden noch notwendig?" Neue Methoden der pränatalen Diagnostik, etwa die Präimplantationsdiagnostik, verschärfen die Situation: Wieder einmal sind die Frauen in jedem Fall die, die in einem Dilemma stecken. Entscheiden sie sich für das behinderte Kind – ernten sie Kopfschütteln mit dem bereits genannten Frageduktus; entscheiden sie sich dagegen, haben sie ein Leben lang mit dem Wissen zu leben, ihr Kind getötet zu haben. In so eine Situation darf man Menschen nicht bringen – abgesehen von den Folgen, die diese Art von Auslese auf den Umgang und das Bewusstsein unserer Gesellschaft mit Behinderten hat.

Man sollte diese Debatte aber nicht mit der schrecklichen Eugenik der nationalsozialistischen Rassenideologie in Verbindung zu bringen.

Nein sicherlich nicht. Das würde weder der Ernsthaftigkeit der Debatte noch der Sachfrage gerecht. Aber – und das darf man nie vergessen –, wir sind in diesem Punkt als – ich nenne einmal diesen Begriff – „Volk“ vorbelastet. Niemand steht außerhalb seiner Geschichte. Und die Konnotation zur Auslesepraxis der Nazis ist ja nicht an den Haaren herbeigezogen, sondern Teil unserer Geschichte und Bestandteil unseres Wissens. So ist es kein Wunder, dass dieser inhaltliche Konnex auftaucht und Argumentationslinien prägt. Zumal wenn manche Äußerungen von Medizinern und Biologen daran erinnern. Da bin und bleibe ich sicherlich auch Kind meiner Zeit.

Das Amt des Bischofs

Sie tragen symbolisch eine „lila Stola“, um für die Zulassung der Frau zum Priesteramt zu demonstrieren; sie proben den Aufstand und feiern ein gemeinsames Abendmahl von Katholiken und Protestanten; sie klopfen schon mal an die Pforten des Papstpalastes in Rom, spektakulär für die Kameras der Welt: die unartigen Kinder der Kirche, die gegen antike Mauern anstürmen.

Hatte nicht „der gute Papst“ Johannes XXIII. seine Kirche durchlüften wollen – um sie auf die Welt von heute – aggiornamento – einzustellen? Und umgekehrt: sollte die Welt nicht an einer Kirche vorbeigehen, die der Welt einen der kostbarsten Schätze menschlicher Kultur zu bieten hätte – im Wissen um göttliche Fügung und die Endlichkeit der irdischen Dinge.

Das Zweite Vatikanische Konzil mobilisierte frische Kräfte nach den Jahren, die doch ein halbes Jahrhundert lang die Völker in eine tiefe Depression und die Kirche in Mitleidenschaft gestürzt hatten. Der christliche Glaube und seine Praxis, katholischerseits zwar weiterhin an Dogmen gebunden, aber befreit von manchen Fesseln überkommener Denkstrukturen, bot sich wieder als Alternative zu den lügnerischen Ideologien und enttäuschenden Konzepten der verschiedenen gesellschaftlichen Konzepte an: der Kopf der Schlange des mörderischen Nationalsozialismus war zertreten; das Ideal des Kommunismus hatte sich in der Menschenverachtung des Stalinismus selbst verraten; der Hochzins-Kapitalismus begann, die Welt in sein Joch zu spannen.

Das Konzil aber wagte den „Sprung nach vorn": Kirche in der Welt von heute – gaudium et spes – Freude und Hoffnung. Das Erbe der Vergangenheit entspreche dem Wohl der Kirche nicht mehr, hörten wir von dem belgischen Primas Leo Jozef Suenens und ein anderer der reformfreudigen Konzilsväter, der Kölner Joseph Frings, las gewissen Kurienprälaten die Leviten, die Kirche sei kein totalitäres System, in dem nur die recht haben, die sich auf der obersten Sprosse der hierarchischen Leiter befänden.

Natürlich ging den einen alles viel zu langsam und nicht weit genug, anderen dagegen schon vieles übers Ziel hinaus. Jeder „las“ die Texte, wie sie ihm gefielen. Plötzlich war Unruhe im Haus, kein Frieden mehr vor allem zwischen den Bewohnern im Parterre und denen in der Beletage. Die deutschen Katholiken, für ihre Gründlichkeit bekannt, aber organisierten zehn Jahre nach dem Konzil erst einmal eine Gemeinsame Synode der Bistümer – um die Ideen des Konzils „einzudeutschen".

In Lateinamerika und in den katholischen Regionen Afrikas und Lateinamerikas war die soziale Frage thematisiert worden – theologisch und sehr konkret, in dem sich die Christen zu Solidargemeinschaften organisierten, in Pfarreien wie in eigenen neuen Strukturen. Sie nannten sich Basisgemeinden, die vom Evangelium inspiriert ihren Lebensalltag neu definierten, nicht zuletzt im Kampf gegen ungerechte Herrschaftsstrukturen und deren Folge, die Verelendung der Masse der Armen. Sie mussten jedoch erkennen, wie sie von manchen Ideologen in politisches, lebensgefährliches Fahrwasser geführt wurden, ohne dass sich ihr Schicksal wesentlich verändert hätte.

In den modernen Industriestaaten Europas und Nordamerikas formierte sich Protest gegen den „Muff von hundert Jahren unter den Talaren" zunächst an den Hochschulen. Unter den Erben der so genannten Achtundsechziger aber verbreitete sich bald ein Wirrwarr der Sprache und Methoden des Protestes, von der Lichterkette bis zur Gleisblockade.

Den Deutschen scheint es angeboren: Stets geht es ums Grundsätzliche – so auch beim Alles oder Nichts in der Kirche. Nun hatten sie gelernt wie Demokratie geht – der Welt gelehrigste Schüler. Nun wollten sie die Kirche nicht mehr im Dorf (vulgo: alles beim alten) lassen – sondern die Kirche ins Parlament verlagern. So muss es jenen im Ohr geklungen haben, die entsetzt den Ruf nach Mitbestimmung vorgesetzt bekamen. Sollte das mit dem Begriff von der „Sendung des ganzen Gottesvolkes" gemeint sein, von dem die Würzburger Synode gesprochen hatte? Hatte nicht schon der heilige Paulus den ersten Gemeinden geraten, was alle angehe, müsse auch von allen besprochen werden? Am hierarchischen Amt, das sein Mandat nicht einem Wählervolk verdankt, aber hielt der Völkerapostel fest, damit die Sache funktioniert. Seit Paulus aber haben wir damit ein Problem. Die zornigen Töchter und Söhne der Kirche – auch wenn sie mitunter wie eine verspätete Nachhut der 68er daherkommen – lassen nicht nach. Gewiss, Autoritäten mögen mitunter ihre Schwierigkeiten mit der Frage nach dem Besitz der Wahrheit haben und der grundsätzlichen Unteilbarkeit derselben. Aber war das nicht immer auch ein Problem der Revolution?

Die „Zeichen der Zeit" hatten Johannes XXIII. ermutigt, ein Konzil einzuberufen. Viele Synodenväter haben diese Prophetie erkannt, andere sind ihm nur auf halbem Weg gefolgt. So haben sich viele Spuren verlaufen. 30 Jahre sind inzwischen seit dem Ende des Zweiten Vatikanums vergangen. Zeit für eine Neuauflage?

Nun sind „Zeichen der Zeit", wie schon der Begriff besagt, nicht zeitlos. Neue Wegmarken erscheinen im Blickfeld. Nicht nur innerkirchliche Probleme drängen auf Klärung. Die wirtschaftlichen Probleme sind unter dem Vorzeichen der Globalisierung nicht geringer geworden; die sozialen Folgen sind nicht allein auf die Habenichtse dieser Welt begrenzt. Auch rasante Entwicklungen in Wissenschaft und Forschung und noch mehr bei deren Anwendung, fordern die Kirche heraus: die Gentechnologie steht erst am Anfang und schon mittendrin in den existentiellen Fragen des Menschen. Antworten auf diese Fragen zu finden, ist zwingender, als sich in Strukturdebatten zu verbeißen.

Es scheint höchste Zeit zu sein, die Weltkirche zusammenzurufen – zu Beratungen, die über den Rahmen der bisherigen Bischofssynoden, Eucharistischen Kongresse und nationalen Kirchentage hinausgehen. Die Stimmen, die dafür sind, scheinen sich auch unter den Oberhirten zu mehren. Ob es ein neues Konzil oder eine andere Organisationsform sein soll, ist solange eine technische Frage, wie es wirklich zu Entscheidungen kommt und sich alle – das ganze Volk Gottes – in den Themen und den Beschlüssen wiederfindet.

Der Mantel der Kirche ist weit, wie ein römisches Sprichwort sagt, um viel Gegensätzliches aufnehmen zu können. Warum also die Nähte enger fassen, sodass manche keine Luft mehr bekommen; warum neue Kleider nähen, wenn die alten noch durchaus tragbar sind. Es kommt letztlich weniger auf das outfit an, als auf den, der es trägt.

In diesem Zusammenhang könnte uns die Lesung vom zweiten Weihnachtstag nachdenklich stimmen: Etwas mehr Stephanus und etwas weniger Petrus. Vielleicht ist es das, was allen in der Kirche gut täte, ja die Kirche selbst braucht.

Manche moderne Philosophen möchten, so scheint es, das christliche Menschenbild in eine Mottenkiste im tiefsten Keller der Menschheitsgeschichte vergraben. Gepriesen wird die „biologische Optimierung des Menschen durch die modernen Methoden der Wissenschaft", wie Peter Sloterdijk es formulierte, die Menschenwürde in Gottesebenbildlichkeit sei aufgehoben. Vielleicht meint er es aber auch als mahnender Rufer.

Einer solchen Auffassung kann ich verständlicherweise nicht folgen. Sie ist mir auch nicht einsichtig. Denn wohin führt das denn? Einmal vorausgesetzt, Sloterdijk hätte Recht. Was wäre der Mensch mehr als ein Produkt, das man beliebig machen, ja herstellen kann? Was ist mit den Behinderten, mit den Kranken, mit den Alten? Wer bestimmt das? Fähigkeiten, Aussehen, Gesundheit, Kondition? Abstimmung, Konsens? Wiederum kommen wir auf die Wahrheitsfrage zu sprechen, auf die Frage, wer der Mensch ist, sein soll – und vor allem – sein kann. Also da ist mir die Bibel mit ihrem Menschenbild einsichtiger, insbesondere deshalb, weil sie mich als je einmalige Person frei und selbständig als Gegenüber Gottes beschreibt, sein lässt, egal ob gesund, alt oder krank. Allerdings wird eine Zukunftsfrage für unsere Gesellschaft sein, ob das gesellschaftlich konsensfähig bleibt.

Das Thema wurde jetzt schon wiederholt angesprochen: Zur Frage des Menschen gehört, zunehmend öffentlich ausgesprochen, seine Sexualität, also auch die Homosexualität. Von der Kirche wird eine differenzierte Antwort, eine Änderung ihrer Einstellung erwartet.

Vielleicht darf ich Ihre Frage mit einer Gegenfrage beantworten. Ist die Frage nach dem Menschen unmittelbar verknüpft mit der Frage nach der Homosexualität? Ich glaube: „Nein“, denn die im besten Sinne des Wortes normale Form menschlicher Sexualität äußert sich für mein Begreifen in Ehe und Familie. Dafür sprechen auch alle Erkenntnisse von Soziologen und Meinungsforschern. Vielleicht können wir uns zunächst darauf einigen, dass Ehe und Familie die dem Menschen entsprechenden, wenn Sie so wollen „normalen“ Formen menschlicher Vergemeinschaftung sind, weil sie der Weitergabe des Lebens dienen und darin der Schöpfungsordnung entsprechen. Das sagen mir Vernunft und Glaube. Denn die Sinnhaftigkeit menschlicher Sexualität wird auf den Kopf gestellt, abgesehen von der bisher nach wie vor unbeantworteten Frage, ob sich Homosexualität biologisch, entwicklungspsychologisch oder aber soziologisch generiert.

Das ist die eine Seite der Medaille. Die andere ist, wie man mit Menschen umgeht, die eine solche Anlage besitzen. Bei aller Unterschiedlichkeit der Meinungen – hier muss man zwischen der Sache an sich und den konkreten Umständen unterscheiden. Das verstehe ich unter einer differenzierten Sicht der Dinge. In Gesprächen mit Betroffenen oder auch Seelsorgern stellen sich die Dinge anders dar als in der Öffentlichkeit, besonders den Medien. Gerade das sehr bewusst vorgetragene und oftmals zur Schau gestellte Selbstbewusstsein, die geradezu inszenierte, bis an die Grenze des Anstößigen grenzende corporate identity Homosexueller zeigt doch die Unsicherheit über den eigenen Status. Denken Sie nur an die „Love-Parade" jedes Jahr in Berlin. Was ist das Anderes als eine öffentliche Demonstration zur Schau getragenen Selbstbewusstseins? Und eine Gesellschaft, die solches geradezu feiert, muss sich schon fragen, welchen verhältnismäßigen Stellenwert sie dem einräumt bzw. welchen Platz sie für Integration freihält.

Gibt es nicht vielleicht auch noch etwas zwischen dem Lustprinzip auf der einen Seite und der Reproduktion, der Weitergabe von Leben, auf der anderen Seite, wenn man von homosexuellen Partnerschaften spricht? Hat das Zusammenleben auf ein Du im menschlichen Bereich hin, so wie es in dem Wunsch nach einer dauerhaften Lebensgemeinschaft zum Ausdruck kommt, nicht auch einen eigenen Wert? Der Gesetzgeber ist da relativ weit gegangen, auch wenn die katholische Kirche nicht mitgeht, nicht mitgehen kann.

Das ist sicherlich so. Ehe und Familie basieren ja auf diesem Prinzip personalen Miteinanders. Aber weitet man das Ganze aus, so wie das beim Gesetz über die homosexuellen Partnerschaften der Fall war, kommt auf einmal ein anderer Charakter, der rechtlich-öffentliche hinzu. Hier wird gleichgestellt, was nicht gleichzustellen ist. Ich will dem personalen Willen homosexueller Partner bei allen Vorbehalten nichts absprechen. Nur ist das nicht dasselbe wie eine heterosexuelle Ehegemeinschaft.

Zumal diese Veranlagung immer wieder auch mit Fällen von Pädophilie in Verbindung gebracht wird, siehe die augenblicklichen Skandale in den Vereinigten Staaten.

Obwohl ich da keine unmittelbare Verknüpfung sehe. Hier würde ich schon sehr deutlich unterscheiden.

Der Papst hat jetzt eine Instruktion erlassen, wonach Priesteramtskandidaten strenger auf ihre Eignung hin überprüft werden sollen. Verfehlungen sollen in Rom zentral behandelt werden.

Das ist eine Form, wie man entsprechenden Verfehlungen begegnen kann. Ob das für eine Weltkirche tatsächlich zweckmäßig ist, muss sich erst noch erweisen. Denn ob man das in Rom, menschlicher, den Einzelfällen entsprechender regeln kann, oder ob es nicht besser ist, dies den Ortsdiözesen zu überlassen, möchte ich zunächst einmal offen lassen. Eine zentrale Behandlung der Fälle würde allerdings ausschließen, dass Bischöfe unterschiedlich reagieren, der eine etwa großzügiger, mit einer ernsten Ermahnung, der andere gleich mit einer Suspendierung. Im übrigen wird man solche Fälle nicht völlig verhindern können. Sicher, was man tun kann, etwa durch psychische Beratung und Begleitung von Anfang an, sollte getan werden. Doch es ist ein Irrtum zu glauben, damit sei das Problem gelöst.

In der evangelischen Kirche gibt es die Praxis, dass Pastoren gleichgeschlechtliche Partner einsegnen. Auch katholische Priester zeigen zumindest Verständnis für solche Verbindungen. Wie wirkt sich die unterschiedliche Seelsorge-Praxis auf die Ökumene aus?

Meines Wissens ist das keine allgemeine Praxis der evangelischen Kirche in Deutschland. Einzelne evangelische Pastoren, und einzelne evangelische Landeskirchen haben diesen Weg vielleicht gewählt. Aber das gilt nicht generell.

Man muss die Konsequenzen bedenken, wenn man jetzt gleichgeschlechtliche Paare mit einem Segen verbindet. Das soll doch heißen: Es geschieht mit dem Segen Gottes. Ist das mit der Heiligen Schrift im Alten und Neuen Bund vereinbar?

Jede zweite, dritte Ehe in Deutschland wird geschieden. Wie geht die Seelsorge mit den Betroffenen um, sofern sie diese noch erreicht? Nicht wenige fühlen sich von der Kirche zurückgesetzt.

Wir sehen durch die zunehmenden Scheidungszahlen, wie schwierig die Situation geworden ist. Darum möchte ich ganz gerne zuerst einmal betonen, wie wünschenswert, ja dringend sich die Priester vor Ort dem Kreis der Betroffenen seelsorglich annehmen sollen. Dabei kann es nicht um Vorwürfe und Schuldzuweisungen gehen. Es heißt aber auch nicht, eine Ehescheidung als etwas normales herunterzuspielen, als sei das Versprechen, das sich Mann und Frau bei der Eheschließung gegeben haben, nicht so wichtig. Seelsorglich annehmen heißt aber auch, auf die Verbindlichkeit eines solchen Versprechens hinzuweisen: Bis dass der Tod euch scheidet. Wenn erwachsene Menschen sich dieses versprechen, dann sollten sie dies in dem Wissen sagen, dass es eine verbindliche Grenze gibt, auf die Menschen ihr Leben bauen und bauen wollen. Deswegen sieht die katholische Kirche die Ehe als Sakrament, d.h., sie versteht den öffentlich geäußerten Willen von Mann und Frau, „ein Fleisch zu werden" (vgl. Gen 1,24), zugleich als Zusage und Zeichen der Treue, Nähe und Gnade Gottes. Darum gibt es kirchenrechtlich nur die Möglichkeit zu prüfen, ob zum Zeitpunkt des Eheschlusses Hinderungsgründe vorlagen, die eine gültige Ehe verhinderten.

Wenn dem Petrus gesagt wurde: Was du auf Erden binden wirst, wird auch im Himmel gebunden sein, was du auf Erden lösen wirst, wird auch im Himmel gelöst sein. Ist hier nicht ein Ansatz gegeben, wo die Kirche sagen könnte, die Ehe ist ein Sakrament, aber es ist ausgefüllt von Menschen? Wir haben nun auch das Mandat von Gott her, festzustellen, wann diese Menschen nicht mehr zusammen sein können, einen neuen Weg finden müssen, der Trennung bedeutet? Ist das Ehesakrament, wie es sich die Eheleute schließlich selber spenden, absolut unverfügbar?

So festgeschrieben ist das gar nicht, sondern es gibt ja auch bestimmte Fälle eines Eingreifens.

Was heißt das?

Das heißt, dass eine Ehe durch den Papst gelöst werden kann, weil bestimmte Voraussetzungen nicht gegeben waren. Da geht es aber um Einzelfälle, zum Beispiel bei Ehen mit Ungetauften. Das festzustellen ist heute Aufgabe auch der einzelnen Offizialate. Aber aufs Ganze gesehen, sind es Ausnahmen.

In Deutschland werden als Folge der starken Mischung der Bevölkerung immer mehr konfessionsverschiedene Ehen eingegangen. Diese Entwicklung dürfte die katholische Auffassung vom sakramentalen Charakter der Ehe spürbar treffen?

Ich denke schon. Gerade in Deutschland, wo die Zahl von Katholiken und Nichtkatholiken in etwa gleich ist und die Bevölkerung durch die Wanderungsbewegungen in der Folge des Krieges und wirtschaftlichen Entwicklungen sehr groß war und ist. Wir sprechen von konfessionsverschiedenen, heute aber auch von konfessionsverbindenden Ehen. Leider kann ich aber nur feststellen, dass wir uns in den Fragen der kirchlichen Trauung und der Praxis der Scheidung und Wiederverheiratung nicht einig sind.

Eine evangelisch kirchliche Trauung wird aber von der katholischen Kirche als verbindlich geschlossen respektiert.

Ja. Selbst dann, wenn evangelische Christen allein vor dem Standesbeamten ihre Ehe schließen. Sie wird in gleicher Weise als unauflösliches Sakrament von katholischer Seite her gesehen.

Was mit dem Sakramentverständnis auf Seiten der katholischen Kirche zusammenhängt, denn das Sakrament spenden sich die Eheleute.

Ja, auch wenn man theologisch unterschiedlicher Auffassung sein kann. In der katholischen Kirche tritt der Priester nur als Vertreter der Kirche in Erscheinung, der das Eheversprechen mit zwei Zeugen entgegennimmt. In den orthodoxen Kirchen hat der Priester eine größere Bedeutung. Der Priester ist dabei ein notwendiger und verbindlicher Mitwirkender.

Die Bischofskonferenz befasst sich seit längerem mit der Frage, ob geschiedene und wiederverheiratete Katholiken und ob konfessionsverschiedene Eheleute zu den Sakramenten der katholischen Kirche, das heißt vor allem zur Eucharistie, zugelassen werden sollen, was bislang ausgeschlossen ist.

Ja, wir sind allerdings bisher zu keinem Ergebnis gekommen. Den Bischöfen wurden inzwischen mehrere Konzepte vorgelegt. Aber wir haben uns auf keine einheitliche Textfassung verständigen können. Dies ist sicher auch ein Zeichen dafür, wie weit die Meinungen unter den Bischöfen auseinandergehen.

Worum geht es im Kern?

Wir wollen Ausnahmeregelungen finden, die es in Schwierigkeiten befindlichen oder auch konfessionsverschiedenen Eheleuten ermöglichen, voll am kirchlichen Leben und damit auch an der Kommunion teilnehmen zu können, das heißt auch den nichtkatholischen Partner möglicherweise zur Kommunion zuzulassen. Wir fragen uns, ob die nach katholischem Verständnis gültig geschlossene konfessionsverschiedene Ehre, nicht doch ein theologisches Gewicht hat. Es geht um Menschen, die nicht nur durch die Taufe mit Christus verbunden und in der Kirche Christi beheimatet sind, sondern auch durch das besondere Sakrament der Ehe.

Ein leidvolles Thema ist allerdings die Zulassung wiederverheirateter Geschiedener zu den Sakramenten.

In seinem Apostolischen Schreiben „Familiaris consortio – über die Rolle der christlichen Familie in der modernen Welt" von 1981 hat der Papst ausführlich dargelegt, warum die Teilnahme an der eucharistischen Feier nicht möglich ist. Wiederverheiratet Geschiedene können nicht zur Kommunion gehen, weil sie durch das Band des Sakramentes der Ehe ja gebunden sind. Solange dieses Band besteht, kann man nicht so tun, als ob es nicht existierte.

Wir wollen diesen Komplex existentieller menschlicher Fragen abschließen mit dem Thema „Sterben und Tod". Der Papst hat einmal das Alter als die große Schule des Sterbens bezeichnet.

Wessen Leben, sagen wir „normal" verlaufen ist, stellt sich auf sein Ende ein. Wenn dieses Ende aber bedrohlich vor einem steht, durch eine sehr schwere Erkrankung etwa, dann folgt wohl auch der Ruf nach einer Sterbehilfe.

Man muss unterscheiden zwischen Hilfen *beim* Sterben und Hilfe *zum* Sterben. Es gibt heute medizinisch viele Möglichkeiten, um die Schmerzen des Sterbenden zu lindern. Hilfe beim Sterben bietet die Hospizbewegung an, sei es stationär oder in den Familien. So weiß der Sterbende sich nicht allein. Er darf nicht nur ohne Schmerzen sterben, sondern kann die letzten Stunden seines Lebens mit seinen Angehörigen verbringen. Unsere Diözese unterstützt diese Einrichtungen.

Man sollte gegenüber dem auf den Tod erkrankten Menschen ehrlich sein, ihm zur Seite stehen und mit ihm über die Ernsthaftigkeit seiner Erkrankung sprechen. Es gehört heute zur richtigen Praxis, die Patienten über Erkrankungen und die einzelnen Therapiemöglichkeiten detailliert zu informieren. Hierauf haben auch Patienten ein Anrecht, die unheilbar erkrankt sind. Selbst wenn sie nicht mit ihren Angehörigen darüber sprechen möchten, spüren sie, wenn versucht wird, ihren Zustand zu verharmlosen.

Sehr direkt gefragt, wie richten Sie sich auf diese letzte Stunde ein?

Ich hoffe, dass ich dazu die Zeit haben werde, auch menschliche Zeit, um mich darauf besinnen zu können. Viele können den eigenen Tod am Ende nicht akzeptieren oder nicht in ihr Bewusstsein aufnehmen. Man spricht immer nur vom Tode anderer, als existiere der eigene Tod nicht.

Ich möchte, wir alle möchten, dass der eigene Tod, mein persönlicher Tod, sich rechtzeitig ankündigt, und ich bereit bin, Ja zu sagen.

Wir haben die Glaubenssituation schon einmal angesprochen. Die Zahl der Ungetauften nimmt zu. Das wirft natürlich auch Schatten auf die innere Situation der Kirche. Der Kontakt selbst von Getauften, von Katholiken zu ihrer eigenen Kirche ist mitunter distanziert, gelegentlich ganz aufgehoben. Der Direktor der katholischen Akademie in Bayern hat die Lage so beschrieben: Die Stimmung ist mies.

Das kann man für die vergangene Zeit sicher sagen. Jetzt scheint mir die Stimmung zumal bei den jungen Leuten eher gleichgültig zu sein. Sie wendet sich auch schon wieder ins Positive. Stimmungen können sich schnell ändern. Mit einer nur negativen, auf Kritik angelegten Einstellung kann man nicht leben und keine Freude entwickeln, das merken auch die Erwachsenen. Und missionarisch sein, evangelisieren, kann man mit einer solchen Stimmung schon gar nicht.

Die Stimmungen in der Kirche haben ihre Gründe. Wären sie nicht Anlass, über die Ursachen nachzudenken? Müssen nicht auch die innerkirchlichen Strukturen hinterfragt werden? Ein niederländischer Bischof meinte, die Kirche sei führungslos geworden und befürwortet ein drittes Vatikanisches Konzil.

Wenn wir auf den jetzigen Papst schauen, kann man doch nicht sagen, die Kirche sei führungslos. Sicher, er ist physisch inzwischen ein Greis, aber er ist geistig wach und geistlich stark. Wenn jemand sagt, die Kirche sei führungslos geworden, dann vermute ich mal, damit ist gemeint, der Papst müsse endlich aufhören und in den Ruhestand gehen. Man mag mit seiner theologischen Linie nicht einverstanden sein, vielleicht ist das der Grund. Richtig war allerdings immer schon, nach allen Konzilien, mit dem Abstand einer Generation zu überprüfen, was durch ein Konzil an Neuerungen eingetreten sind.

Seit dem Beginn des Zweiten Vatikanums im Oktober 1962 sind immerhin vierzig Jahre vergangen.

Richtig, und von daher darf man sich auch nicht wundern, dass manches, was nach dem Konzil geändert worden ist, heute wieder infrage gestellt wird. Ich denke etwa an die Liturgie. Ihr galt die erste Erklärung, die vom Zweiten Vatikanischen Konzil verabschiedet wurde.

Die „Constitutio de sacra Liturgia" – diese Konstitution wurde als Befreiung empfunden. Ich selbst war damals ein junger Vikar und ich hatte nicht damit gerechnet, dass das Konzil so weitgehend die Muttersprache in der Messe zulassen würde. Das Lateinische aber wurde im Laufe der Zeit faktisch an den Rand gedrückt, Das hatten die Konzilsväter nicht gewollt. Wenn man die Texte genau liest, muss man sagen, die Änderungen sind weitergegangen als man sie zunächst gewollt hat.

Rom ist in den folgenden Jahren unsicher geworden und hat diese Entwicklung laufen lassen. Man war mit den liturgischen Änderungen großzügig verfahren. Ich kann verstehen, wenn eine Generation später manches wieder etwas zurückgenommen werden soll, ohne damit schon die ganze Liturgiereform der Form nach aufzuheben.

War das Zweite Vatikanische Konzil wirklich ein Reformkonzil, wie es zunächst enthusiastisch gefeiert wurde, oder ging es darin nur um eine Anpassung an die Gegenwart?

Ich denke, dass Johannes XXIII. es schon als einen Weg zu Reformen verstanden hat.

Er sprach von aggiornamento.

Ja, davon hat er gesprochen. Die Kirche sollte, der heutigen Zeit entsprechend, sich selbst darstellen.

Um aber auch die Welt in die Kirche wieder hineinzuholen.

Ja, das Konzil hatte viele Aspekte. Ich habe schon die Liturgie erwähnt, weil sie im kirchlichen Leben eine ganz zentrale Stelle einnimmt. Die Auseinandersetzungen um die Reform der Reform halten an. Gehen die Schritte zu weit, soll man noch weitergehen?

Soweit die innerkirchlichen Aspekte. Das Konzil nahm aber auch Stellung zu den Herausforderungen der „Kirche in der Welt von heute" so der Titel der Pastoralkonstitution. Hier wird in ganz besonderer Weise die Rolle des ganzen Gottesvolkes, also nicht nur des Klerus, sondern auch der Laien in ihrer Weltverantwortung herausgestellt. Daraus hat sich ein Spannungsfeld entwickelt, das aufgearbeitet werden müsste. Braucht es nicht doch ein drittes Konzil, um Bilanz zu ziehen und nach vorne zu schauen?

Die Grundposition gegenüber der Welt in der wir leben, war ein Grund warum Johannes XXIII. das Konzil, damals überraschend, einberufen hat. Die zu defensive Einstellung der Kirche zur Welt sollte aufgebrochen werden. Heute kann man auch fragen, ob nicht manches, was in der Pastoralkonstitution gesagt wurde, nicht zu optimistisch und damit unrealistisch war. Zeigt sich die Welt nicht doch ein bisschen anders, als man das damals formuliert hat?

Wir sollten zunächst einmal das, was das Zweite Vatikanum an Änderungen vorgeschlagen hat richtig verwirklichen. Ein drittes Konzil ist insofern nicht erforderlich. Man kann sich ja auch die Frage stellen, ob nicht die Weltbischofssynoden, die regelmäßig stattgefunden haben und auch weiter stattfinden, nicht schon sehr viele Fragen erledigen.

Allerdings ohne Entscheidungsbefugnis

Papst Paul VI. hat die Bischofssynode klar von einem Konzil unterschieden. Da bin ich mit ihm einer Meinung. Wie ich schon sagte: Auf den Synoden sind nur ausgewählte Repräsentanten aus den über einhundert Bischofskonferenzen vertreten.

Darum die Frage nach dem Konzil, das verbindlich entscheiden kann, bis hin zu Fragen dogmatischen Inhalts.

Ja gut, dann muss ich aber auch wissen, unter welchem Thema ein solches Konzil einberufen werden soll. Dazu sehe ich zur Zeit keine Notwendigkeit. Die anstehenden Fragen können von den römischen Kongregationen mit Billigung des Papstes, durch eine päpstliche Erklärung oder durch die Welt-Bischofssynoden beantwortet werden. Auch an die Kontinental-Synoden wäre zu denken, die ja vor dem Heiligen Jahr gesondert stattgefunden haben.

Der Papst hat darüber hinaus auch das traditionelle Konsistorium der Kardinäle wieder belebt.

Ja, wobei ich nicht sehe, dass die Kardinäle jetzt an die Stelle eines Konzils treten sollten. Es gibt also genügend Beratungs-Gremien, wobei die Einzelnen nicht beschlussfähig sein müssen. Man sollte dem Papst die grundsätzliche Entscheidungskompetenz lassen.

Wurden durch das Konzil Hoffnungen geweckt, Felder geöffnet, christliche Basisgruppen ermutigt, vor denen heute mancher in Rom, aber nicht nur dort zurückschreckt? Wir denken an die „Theologie der Befreiung", die ja sicherlich auch aus den Impulsen des Zweiten Vatikanischen Konzils geschöpft hat, wie auch andere Strömungen innerhalb der Theologie, die in der pastoralen Praxis von Gemeinden ihren Niederschlag gefunden haben.

Ich würde die Theologie der Befreiung nicht als Kind oder Enkel des Zweiten Vatikanischen Konzils sehen. Es ging hier um vielschichtige Entwicklungen. Soweit die Erneuerung der Kirche auf marxistischer Grundlage beruhen sollte, müssen wir sicher von einem Irrweg sprechen. Aus diesem Grund hat die römische Glaubenskongregation eingegriffen, um die negativen Folgen einzudämmen.

In Westdeutschland versammelten sich in Würzburg Mitte der 70er Jahre die Katholiken zu einer ersten Gemeinsamen Synode der Bistümer. Diese sollte die Beschlüsse des Konzils „eindeutschen". Was ist von diesen Vor-

schlägen und Dokumenten in der Praxis übrig geblieben? Als Beispiele nennen wir die Laienpredigt, die „viri probati", also die Forderung, bewährte verheiratete Männer zu Priestern zu weihen, den Diakonat für Frauen. Die Priesterweihe auch für Frauen zu fordern hat man wegen der Aussichtslosigkeit nicht einmal gewagt, gegenüber Rom öffentlich zu fordern, um die Bischöfe nicht in Verlegenheit zu bringen.

Damals habe ich gesagt und so sage ich es auch heute: Eine erneuerte Kirche – eine „ecclesia semper reformanda" – Ja. Die Kirche muss sich ständig erneuern. Wenn aber eine erneuerte Kirche mit der bisherigen, 2000jährigen katholischen Kirche nicht mehr identisch ist, dann hat man, wie schon bei früheren Konzilien, die Intentionen falsch verstanden, zu sehr ausgeweitet.

In Ihrer Frage haben Sie eine Reihe von Punkten aufgezählt, die allerdings auch auf der gemeinsamen Synode ja keineswegs unumstritten waren, zum Beispiel die Laienpredigt in der Messe. Rom hatte zunächst „ad Experimentum", also auf Probe, für einige Jahre die Erlaubnis gegeben. Diese wurde dann aber wieder zurückgezogen, nachdem Zweifel aufgekommen waren, ob diese Form theologisch haltbar wäre. Ist nicht die Verkündigung des Evangeliums in der heiligen Messe alleinige Sache des kirchlichen Amtes? Das heißt ja nicht, dass Laien nicht auch Ansprachen und Predigten halten können, aber eben nicht in der Messe. Wir haben die Laienpredigt in der heiligen Messe in unserem Bistum auch nicht eingeführt. Nach dem neuen Kirchenrecht ist sie ausdrücklich nicht erlaubt.

Vielen, die Reformen in der Kirche fordern, geht es nicht nur um Mitwirkung am Altar, sondern auch um Mitbestimmung in der Leitung der Gemeinde. „Demokratisierung der Kirche", heißt die Parole.

Es gibt ja demokratische Formen in der Kirche, etwa in katholischen Verbänden und Vereinen. Die Vorstände werden in der Regel auf demokratische Weise und auf Zeit gewählt. Also, es ist nicht so, als wenn in der katholischen Kirche demokratische Formen gar nicht bestünden.

Andererseits muss man sagen, die politische Ordnungsmacht, wie sie heute im weltlichen Bereich gilt, ist in der Kirche so nicht durchzuführen, weil Christus seine Kirche auf andere Weise gegründet und auch organisiert hat. Er hat die zwölf Apostel nicht per Abstimmung ausgewählt, sondern er hat sie berufen.

Basiskirche, Basisgemeinde, Basischristen das sind Kategorien, mit denen Sie nicht viel anfangen können?

Doch, schon. Aber was ist darunter zu verstehen? In Lateinamerika waren die Basisgruppen oder Basisgemeinden durchaus im Sinne auch vieler Bischöfe, weil viel zu wenig Priester für die Gemeindeseelsorge zur Verfügung standen. Die Basisgemeinden haben das kirchliche Leben aufrecht erhalten.

Wenn aber in Deutschland sich eine Bewegung „Kirche von unten“ nennt oder sagt, „wir sind Kirche“, sozusagen als Positionsbestimmung, dann wird für Sie die Sache schon schwieriger?

Sie wird nicht generell schwieriger für mich. Doch aus einer distanzierten oder in diesem Fall die Hierarchie ablehnenden Grundposition kann ich Aktionen und Bewegungen wie „Kirche von unten“ und „Wir sind Kirche“ nicht akzeptieren.

Man kann nicht mit Unterschriften seine Forderungen erzwingen. Einiges ist unklar, anderes nicht mehr kirchlich, wenn zum Beispiel verlangt wird, Frauen zur Priesterweihe zuzulassen. Jesus Christus hat keinerlei Hinweis gegeben, dass er das will. Die zwölf Apostel, die er ausgewählt hat, waren Männer. Jesus hat keine Frau, auch nicht seine Mutter, in diesen Kreis berufen.

Das könnte mit den Lebensverhältnissen in der Zeit Jesu erklärt werden.

Das kann man natürlich heute leicht sagen. Es gab im römischen Reich durchaus Frauen, die hohes Ansehen genossen. Warum hätten sich die ersten christlichen Gemeinden dieser gesellschaftlichen Ordnung verschließen sollen? Palästina gehörte damals als Provinz zum römischen Reich. Auch Jesus hat sich ja nicht immer konform mit den orientalischen Gebräuchen verhalten, sondern Frauen in seine Jüngerschaft aufgenommen, aber nicht in den Kreis der Zwölf, die er mit seiner priesterlichen Nachfolge beauftragte.

Modern denkende Menschen können schwer nachvollziehen, warum nur der Mann nicht aber die Frau der Mahlfeier vorstehen darf. Ist der Mensch in seinem Sein als Gottes Ebenbild nicht unterschiedslos, wie sich in Jesus als Gottessohn beide Personen verbinden, Mann und Frau?

Die Forderung, auch Frauen sollen Priesterinnen sein, ist ja relativ neu. Im evangelischen Bereich gibt es bereits viele Pfarrerinnen. Man sollte vielleicht einmal prüfen, ob sich mit der Zulassung von Frauen zum Amt das Leben der evangelischen Gemeinden spürbar verbessert hat. Ich kann es nicht feststellen.

Nicht nur Pfarrerin, seit einigen Jahren gibt es in evangelischen Landeskirchen Bischöfinnen, aber auch in anglikanischen Teilkirchen Frauen im Bischofsamt.

Wobei sich sowohl alle orthodoxen Kirchen wie auch die katholische Kirche einmütig dagegen ausgesprochen haben. Christus hat uns kein Zeichen dafür gegeben. Und da wir davon ausgehen, dass noch immer der Heilige Geist derjenige ist, der die Kirche leitet, sollten wir auch nach 2000 Jahren daran festhalten, was Christus gewollt hat.

Nun wollen sich katholische Frauen weihen lassen, geradezu demonstrativ. Ein Bischof aus der altkatholischen Kirche scheint gefunden, der die Weihe übernimmt.

Wobei andere altkatholische Bischöfe damit nicht einverstanden sind.

In Amerika gab es schon vor einigen Jahren ähnliche Versuche aus einem Kreis von Ordensfrauen heraus. Sie wollten damit gegen eine von den Männern dominierte Kirche protestieren. Sie sagten, wir lassen uns weihen, ob wir nun praktizieren dürfen oder nicht.

Ich kann nur sagen, dass eine solche Weihe ungültig ist. Der Codex kennt eindeutig die Priesterweihe nur für Männer. Solche Versuche sind in der katholischen Kirche von vornherein zum Scheitern verurteilt. Deshalb habe ich von Anfang an solche Kreise, die Frauen auf die Priesterweihe vorbereiten, gewarnt. Das kann nur in Frustration enden. Viel zu wenig wird meines Erachtens in diesen Debatten auch der Aspekt der Berufung behandelt.

Müssen diese Frauen mit Kirchenstrafen rechnen?

Das ist eine Frage an den Kirchenrechtler. Der Bischof jedenfalls, der die Weihe vornehmen würde, wenn es denn ein katholischer Bischof ist, würde sich sicher die Exkommunikation zuziehen.

Die Fragen des Priestermangels ist damit natürlich noch nicht erledigt. Der fehlende Nachwuchs ist vielleicht das ernsteste Problem der Kirche in Deutschland.

Ob das Problem durch die Frauenordination zu lösen ist, bleibt eine offene Frage. Wir hatten bereits die „viri probati“ erwähnt, bewährte verheiratete Männer, die zur Priesterweihe zugelassen werden könnten. Ich will das nicht generell ausschließen. Schon 1971, auf der ersten Bischofssynode, hatte Papst Paul VI. darüber abstimmen lassen, ob er als pastorale Lösung für bestimmte Regionen, zum Beispiel einige Länder in Lateinamerika, auch Verheiratete zu Priestern weihen lassen dürfe.

Verheiratete, also keine Witwer?

Es geht um verheiratete Männer, untadelig in ihrer Ehe.

Nach dem Beispiel der mit Rom unierten Ost-Kirchen?

Wobei die unierten Bischöfe, die auf der Bischofssynode 1971 gesprochen haben, die katholische Kirche einmütig aufgefordert haben, an der Zölibats-Regelung festzuhalten. Auch als Vorbild für die unierten Kirchen, die verheiratete Priester erlauben.

Nach längerer Diskussion im Plenum haben sich 60 Prozent der Synodalen gegen den Vorschlag ausgesprochen, unter bestimmten Voraussetzungen verheiratete Priester zuzulassen. 40 Prozent waren dafür. Wie der Papst zu erkennen gegeben hat, wäre er selbst wohl dazu bereit gewesen. Er hat sich dann aber dem Rat der Mehrheit der Synode angeschlossen und zugesagt, während seines Pontifikats keine Entscheidung in dieser Hinsicht zu treffen.

In den Sitzungen, an denen der Papst zwar immer teilgenommen, aber nie in die Diskussionen eingegriffen hatte, überwogen die Bedenken, es würde nicht bei einzelnen Regionen bleiben, sondern diese neue Form des priesterlichen Amtes würde sich am Ende ganz allgemein durchsetzen. So meinte man, die Holländer würden einen Druck ausüben, dem er auf Dauer nicht hätte standhalten können.

Offen ist bis heute auch die Frage, ob Frauen das Amt des Ständigen Diakons zugänglich sein soll, in einer Funktion also, die nicht zum Priesteramt führt.

Würde das nicht eine Diskriminierung der Frauen im Unterschied zu den Männern bedeuten? Ich denke, Christus hat den Frauen andere Aufgaben in der Kirche zugewiesen, die sie von den Männern unterscheiden. Dies entspricht auch der Schöpfung.

Die Bischofssynode im Oktober 2001 hat sich vorrangig mit der Frage nach dem bischöflichen Amt beschäftigt, darüber nachgedacht, was denn ein Bischof ist und sein soll. Einige, wie der Kölner Kardinal Meisner, betonten, der Bischof müsse wieder stärker seine Autorität im Lehramt zur Geltung bringen, sich nicht nur als Moderator seiner Diözese verstehen, sondern eben doch auch als Episcopus, als Aufseher, insbesondere, wenn es um den rechten Glauben geht.

Das Amt des Bischofs ist durch den Auftrag und die Sendung der Apostel durch Jesus Christus selbstverständlich mit Führung oder Leitung verbunden. Allerdings hat sich die Form im Laufe der Geschichte verändert. Ich erinnere beispielsweise an das, was das Zweite Vatikanische Konzil über die Kollegialität der Bischöfe gesagt hat. Das verlängert sich in die Gemeinschaft des Bischofs mit seinem Presbyterium. Aber unbestritten muss der Bischof diese Führung wahrnehmen, auch wenn er gegebenenfalls Widerspruch erntet.

Theologen zum Beispiel. Sie sind vielleicht die unbequemsten Gesprächspartner. Sie stellen wohl nicht das Lehr- und Leitungsamt des Bischofs grundsätzlich in Frage, fordern aber mehr konkrete Beachtung, als ihnen eingeräumt wird.

Der Professor entscheidet nicht, was als katholisch zu gelten hat, mit dem Glauben vereinbar ist. Zuständig ist der Bischof. In Paderborn, muss ich sagen, gibt es eigentlich keinen grundsätzlichen Widerspruch in diesem Punkt. Wir können uns gelegentlich reiben, das gehört dazu. Doch weder die persönliche Auffassung, noch die Forschungsarbeit des einzelnen Professors, noch eine Fakultätskonferenz ist letztlich für das Lehr- und Leitungsamt entscheidend, sondern verantwortlich entscheiden muss der Bischof. Er ist schließlich auch die Verbindung zur Weltkirche, zum Papst hin. Dabei sprechen wir vom Auftrag des Bischofs, das, was katholische Wahrheit ist, zu bezeugen und zu fixieren.

War es eigentlich notwendig, die Vorschriften zum Glaubensgehorsam gegenüber Papst und Bischof, noch einmal zu verschärfen?

Offenbar war es aus konkretem Anlass sinnvoll und erforderlich, das Formular des Glaubensbekenntnisses, der Professio fidei, zu erweitern. In Deutschland wurde das Glaubensbekenntnis in diesem Rahmen selten oder gar nicht abverlangt. Ob das jetzt notwendig ist, da kann man unterschiedlicher Meinung sein.

Sie äußern sich kritisch zu Leonardo Boff, einem der Vertreter der „Theologie der Befreiung". Werfen Sie ihm nur marxistisches Gedankengut vor oder geht es nicht viel mehr um gravierendere konstitutive Fragen der Kirche, wenn Boff und andere für basisdemokratische Strukturen werben. Sie betreffen zum Beispiel die Mitbeteiligung der Gemeinde, des „Volkes Gottes" an der Bestellung der Priester und Bischöfe. Widerspricht ein solches Kirchenverständnis Ihrer Auffassung?

Diese Frage betrifft die Grundstruktur der Kirche. Sie ist nicht Ergebnis eines Meinungsbildungsprozesses, sondern Stiftung Jesu, souveräner Akt dessen, was wir göttliche Berufung nennen. Daraus entspringen die Ämter und Dienste, und wir glauben, dass es das Werk des Heiligen Geistes ist. Das ist ein grundsätzlich anderes Verständnis vom Amt, das den Unterschied zwischen Bestellung und Berufung darstellt. Nach dem Glauben der Katholischen Kirche sind die Bischöfe Nachfolger der Apostel, die von Jesus Christus in ihr Amt berufen und gesandt wurden – unabhängig von Wahl.

Die letzte Entscheidung wird in Rom getroffen. In diesem Zusammenhang haben Bischöfe immer wieder beklagt, dass die Erfahrungen der Ortskirche zu wenig berücksichtigt werden. Dies sei auch eine Frage, die das Bild von der Kirche als communio betreffe. Der Bischof helfe, im Sinne der Kollegialität, dem Papst die Weltkirche zu führen.

Also, um bei der Auswahl der Bischöfe zu bleiben, die Ebenen der jeweiligen Ortskirche werden ja beteiligt. Dem Konkordat mit Preußen und dem deutschen Reichskonkordats gemäß wählt das Domkapitel den jeweiligen Bischof.

Der Papst kann bei diesem Verfahren eine Liste mit drei Namen, die für eine Wahl in Frage kommen, an das Kapitel schicken. Das ist natürlich ein Kompromiss, der sich aus den historischen Gegebenheiten ergibt.

Der Priester soll Vorbild sein. Von ihm werden Fähigkeiten erwartet, die ihn auch überfordern können. Wird die Messlatte bei der Auswahl der Kandidaten zu hoch gelegt, oder wird es ihnen zu leicht gemacht?

Auch wenn sich im Vergleich zu den 30er Jahren des vergangenen Jahrhunderts sehr viel weniger junge Männer melden, sollen die Maßstäbe keineswegs heruntergesetzt werden. Die Auswahlkriterien sollten eher genauer, strenger beachtet werden. Weil ja, wie Sie sagen, wir gegenüber früheren Zeiten in einer Gesellschaft leben, in der Kirche und Kirchenvertretern nicht mehr der Stellenwert zukommt, den sie einmal hatten. Das heißt, die Rahmenbedingungen haben sich verändert. Der Priester von heute kann – selbst auf dem Land – nicht mehr automatisch damit rechnen, willkommen, erwünscht zu sein. Darauf müssen wir uns einstellen.

Sie selbst haben sich unter dem Eindruck der Kriegserlebnisse zum Priestertum entschieden. Das war eher der äußere Anlass.

Sie haben Recht. Wie ich schon sagte, habe ich in der Kriegsgefangenschaft zu dieser Entscheidung gefunden. Natürlich gab es vorher schon Überlegungen, aber wie bei jungen Menschen üblich, weiß man zunächst nicht, ob man Arzt, oder Jurist werden soll, Lehrer oder vielleicht doch katholischer Priester?

Also nicht der berühmte Lokführer oder Pilot? Was war entscheidend?

Wenn ich an meine Kriegsgefangenschaft zurück denke, dann war es zunächst eine persönliche Bindung an Jesus Christus und an seine Kirche. Ich hatte auch die vielen jungen Menschen vor Augen, die beschädigt aus dem Krieg herausgekommen waren. Da habe ich mir gesagt, ein sinnvolles Leben ist für dich in der Gemeinschaft der Kirche und der Priester der beste Weg.

Wir kommen noch einmal darauf zurück: Frauen bleibt dieser Weg noch immer versperrt?

Frauen haben in der Kirche andere Aufgaben. Nicht alle Aufgaben sollen von allen unterschiedslos übernommen werden. Wir sind hier gebunden an die Aussagen der Heiligen Schrift, d.h., dem Willen Jesu und die Tradition der Kirche.

Dafür gibt es aber viele andere Aufgaben, die Frauen in der Kirche von Anfang an wahrgenommen haben. Es sind eine Reihe von neuen Möglichkeiten hinzugekommen, im übrigen auch Funktionen, die bezahlt werden und mit einem festen finanziellen Einkommen verbunden sind.

Einer Ihrer Priester liegt mit Ihnen über diese und andere Fragen im Streit. Es ist Eugen Drewermann, in der Öffentlichkeit ist die Auseinandersetzung längst zum „Fall Drewermann" ausgewachsen.

Zunächst: der entscheidende Grund ist nicht eine unterschiedliche Bewertung der Aufgaben von Frauen in der Kirche.

Der Ansatzpunkt damals war und ist bis heute, dass Dr. Drewermann die Lehre und die Praxis unserer Kirche psychologisiert. Wenn er das, was die katholische Kirche als historisches Faktum und als Wirklichkeit ansieht, als psychologisches Phänomen oder psychologische Wirklichkeit bezeichnet, dann stellt sich in aller Schärfe die Frage der Vereinbarkeit mit dem katholischen Glauben.

Wir haben eine ganze Reihe von längeren Gesprächen geführt, um zu klären, wo Gemeinsamkeiten möglich sind und wo nicht.

Worum geht bei den Auseinandersetzungen im Kern? Sein Thema sind die Ängste der Menschen unserer Zeit, wobei er auch auf die Erkenntnisse der Tiefen-Psychologie zurückgreift.

Er hat in den Jahren 1990/91 eine Reihe von Aussagen gemacht, die ich als Erzbischof von Paderborn anfrage und anfragen muss, wohl wissend, dass derjenige, der sich mit den damals sehr populären Thesen Dr. Drewermanns öffentlich auseinandersetzen würde, wenig Sympathie in den Medien erfahren würde.

Ich hätte mir gewünscht, es wäre zunächst zu einer Auseinandersetzung über die Sachfragen unter den Wissenschaftlern gekommen. Das Problem war damals aber, dass die Medien den sogenannten „Fall Drewermann" dermaßen zuspitzten, dass kein gemeinsamer Nenner mehr erzielt werden konnte. Ich sah mich also gezwungen, ihm die Lehrerlaubnis als Privatdozent an der Theologischen Fakultät Paderborn zu entziehen.

Waren Sie so stark enttäuscht oder ablehnend gegenüber dem, was Drewermann verbreitet hat, um ihn dermaßen zu bestrafen?

Es geht weder um persönliche Verärgerung noch um Bestrafung. Es geht um die Frage, was Drewermann im Namen der Kirche lehrt. Wir haben mehrfach sehr ernsthaft miteinander diskutiert. Aber ich kann das Glaubensbekenntnis der Kirche inhaltlich nicht als psychologische Symbole verstehen, als Ausformulierung C.G. Jung'scher Archetypen. Katholische Wahrheiten, die ich als Bischof zu schützen und zu wahren habe – im übrigen auch zu bekennen habe – erkennen diese Aussagen als Fakten an. Wenn ein Priester und Lehrbeauftragter für katholische Theologie das Glaubensbekenntnis auf diese Weise auslegt, dann ist das nicht katholisch. Und genau das habe ich damals festgestellt und gesagt.

Er stellt auch die Frage, ob Jesus eine Kirche gegründet oder gewünscht hat?

Jedenfalls nicht diese Kirche, sagt Dr. Drewermann. Das war in den Gesprächen mit ihm ganz eindeutig. Dasselbe gilt für Leiden und Tod Jesu: Jesus habe nicht freiwillig das Leiden auf sich genommen, sondern er sei dazu genötigt worden. Er habe eigentlich auch den Tod nicht gewollt und ihn auch nicht stellvertretend für die Schuld der Menschen auf sich genommen. Eine solche Auffassung hat Konsequenzen für das Zentrum, für die Messfeier, aber auch für die Theologie des Priestertums. Als letztlich verantwortlicher Bischof musste ich reagieren und deutlich bekennen: das ist nicht katholische Wahrheit.

Ökumene – Einheit der Christen

Wie auch sein Vorgänger Erzbischof Lorenz Kardinal Jaeger erfährt Kardinal Degenhardt in der eigenen Familie die Bedeutung des ökumenischen Gespräches. Die Mutter ist evangelisch aufgewachsen und konvertiert noch vor der Geburt der Kinder. Die Verbindungen zur Familie wurden dadurch nicht getrübt.

Bereits als Jugendlicher hört Degenhardt durch den Heimatvikar vom Jaeger-Staehlin-Kreis. Dass er einmal als Erzbischof das Erbe seines Vorgängers Lorenz Jaeger antreten würde, dürfte er zu diesem Zeitpunkt nicht geahnt haben.

Paderborn als ein wichtiges Zentrum des ökumenischen Gespräches, dazu entwickelte sich die Erzdiözese unter Kardinal Jaeger. Er gründete das Johann-Adam-Möhler-Institut, dessen Geschichte allerdings nicht ohne die ökumenischen Wegbereiter in der Kirche von Paderborn zu denken ist. An der Philosophisch-Theologischen Akademie (heute Theologische Fakultät) hatten vor allem die Professoren Bernhard Bartmann (1860 - 1938), Adolf Herte (1887 - 1970) und Norbert Peters (1863 - 1938) entscheidende Vorarbeiten für erste Schritte der Annäherung zwischen den getrennten Kirchen geleistet. Dompropst Paul Simon (1882 - 1946), Prof. Dr. Josef Höfer (1897 - 1976) und Erzbischof Lorenz Kardinal Jaeger nahmen 1946 im sogenannten Jaeger-Staehlin-Kreis (heute: Ökumenischer Arbeitskreis evangelischer und katholischer Theologen) das Gespräch mit evangelischen Theologen auf. Um die Begegnung mit den getrennten Christen zu fördern, wurde im Januar 1956 der „Verein zur Förderung wissenschaftlicher Forschung auf dem Gebiet der Konfessions- und Diasporakunde" ins Leben gerufen. Dieser Verein hatte sich zum Ziel gesetzt, ein Institut zu gründen, das die Forschung auf dem Gebiet der ökumenischen Theologie vorantreiben sollte. 1969 gab er sich einen anderen Namen: „Verein zur Pflege wissenschaftlicher Forschung auf dem Gebiet der Ökumenik e. V." Erzbischof Lorenz Jaeger gründete am 19. Januar 1957 das Institut für Konfessions- und Diasporakunde. Es trägt den Namen des Tübinger (später Mindener) Theologen Johann-Adam-Möhler (1796 - 1838). Dieser hatte katholischerseits die wissenschaftliche Erforschung der Lehrunterschiede zwischen den Konfessionen begründet. 1966 erhielt das Johann-Adam-Möhler-Institut den Titel „Institut für Öku-

menik", der dem Namen angehängt wird. Es ist der Theologischen Fakultät angegliedert. Entsprechend der Satzung verfolgt das Institut heute folgende Aufgaben:

- *Die wissenschaftliche Erforschung und Darstellung von Lehre und Ordnung, von Gottesdienst und Frömmigkeit der von der katholischen Kirche getrennten Kirchen und kirchlichen Gemeinschaften, besonders derjenigen reformatorischen Bekenntnisses.*
- *Die Vermittlung der Ergebnisse des ökumenischen Bemühens durch Publikationen, Vorträge, Konferenzen, Studientagungen, insbesondere für Seelsorger und Religionslehrer.*
- *Die Aus- und Fortbildung von Fachleuten für Ökumene.*
- *Die Bereitstellung einer umfassenden wissenschaftlichen Bibliothek für die Forschung auf dem Gebiet der ökumenischen Theologie.*

Der Erzbischof von Paderborn steht dem Institut als Präsident vor. Die Forschungsarbeiten werden durch den aus über 30 in- und ausländischen Theologen bestehenden Beirat unterstützt. Das Institut gibt die Zeitschrift „Catholica", Vierteljahresschrift für ökumenische Theologie, und drei Schriftenreihen heraus.

Nach dem Zeugnis von Augustin Kardinal Bea ist es das besondere Verdienst von Lorenz Jaeger, die Errichtung eines Vatikanischen Sekretariates für die Einheit der Christen angeregt zu haben.

Johannes Joachim Degenhardt folgt seinem Vorgänger auch im ökumenischen Engagement. Von 1974 bis 1976 übernimmt er den Vorsitz der Ökumene-Kommission in der Deutschen Bischofskonferenz. Ein Jahr nach seiner Wahl zum Erzbischof errichtet er eine Bistumskommission für Ökumene. In diesem Jahr nimmt er in seiner Funktion als Vorsitzender der Ökumene-Kommission auch an der fünften Vollversammlung des Ökumenischen Weltrates der Kirchen in Nairobi teil. Mit den Kirchenleitungen der protestantischen Kirchen in Nordrhein-Westfalen und Hessen führt er regelmäßige Gespräche. Gemeinsame Buchprojekte dokumentieren dies. Auf seine Einladung hin, begleitet ihn der Kirchenpräsident von Hessen-Nassau, Prof. Dr. Peter Steinacker, zum Konsistorium im Februar 2001 nach Rom, wo der Paderborner Erzbischof den roten Kardinalshut empfängt.

Wie wechselhaft das ökumenische Klima ist, kann man an den Debatten in den letzten Jahren erkennen. Vergleicht man die Atmosphäre zur Zeit der Veröffentlichung der starken und richtungweisenden Enzyklika Johannes Paul II. „Ut unum sint" (1995) etwa mit der zur Zeit der Veröffentlichung der „Gemeinsamen Erklärung zur Rechtfertigungslehre" des Lutherischen Weltbundes und dem Päpstlichen Rat zur Förderung der Einheit der Christen oder den Reaktionen auf die Erklärung der Glau-

benskongregation „Dominus Jesus" im Jahr 2000. Doch bei allen Auseinandersetzungen dürfen die positiven Ergebnisse nicht übersehen werden, die das Gespräch der Konfessionen erbrachte. In einem Festvortrag zum Thema „Perspektiven der Ökumene im 21. Jahrhundert" formulierte der Präsident des Päpstlichen Rates zur Förderung der Einheit der Christen, Kardinal Walter Kasper: „Wir sind uns noch nicht völlig einig, worüber wir uns um der erstrebten sichtbaren Einheit willen einig sein müssen. Denn wir sind uns noch nicht in allem einig, worin die sichtbare Einheit der Kirche besteht, welches ihre konstitutiven Ämter und ihre Sakramente sind." (Der Festvortrag ist im Internet veröffentlicht: www.kath.de/akademie/berlin/vortraege.) Insofern sieht der Kardinal durch das Dokument „Dominus Jesus" die noch offenen Fragen auf den Tisch gelegt. Mit Blick auf die Empörung über die in dem Dokument gemachten Äußerungen zur Kirche stellt Kardinal Kasper in seinem Festvortrag fest: „Doch in der Sache sagt „Dominus Jesus" damit nichts anderes, als was seit der berühmten Toronto-Erklärung des Weltrates der Kirchen von 1950 als allgemeine Grundlage der ökumenischen Gespräche festgelegt wurde, dass nämlich der ökumenische Dialog nicht voraussetzt, dass die daran beteiligten Kirchen sich gegenseitig als Kirchen im wahren und vollen Sinn anerkennen. Dialog bedeutet ja nicht Gleichschaltung, sondern heißt, die andere Kirche in ihrer Andersheit respektieren."

Die Frage der Kirchengemeinschaft hat der Rat der Evangelischen Kirche in Deutschland in einem Beitrag unter dem Titel „Kirchengemeinschaft nach evangelischem Verständnis. Ein Votum zum geordneten Miteinander bekenntnisverschiedener Kirchen" dokumentiert. Hier werden die „beachtlichen Fortschritte" in den ökumenischen Dialogen gewürdigt. Zu den Perspektiven heißt es: „Die Frage ist, auf welchem Wege und mit welchen Methoden mehr ökumenische Gemeinschaft zu erreichen ist. In der Vergangenheit hat die Bemühung im Vordergrund gestanden, sich nacheinander den kontroversen Einzelthemen zuzuwenden und dabei mit der Methode des „differenzierten Konsenses" die Übereinstimmung im Grundlegenden und Wesentlichen zu verbreitern. Dieses Vorgehen behält seine Bedeutung. Aber mit Recht ist in zunehmendem Maße die Frage gestellt worden, ob die Wurzel aller Differenzen und Gegensätze in Einzelfragen nicht eine unterschiedliche ökumenische Zielvorstellung ist. Nach welcher Einheit der Kirche Jesu Christi streben wir? Was verstehen wir unter der „sichtbaren Einheit" der Kirche?" (Kirchengemeinschaft nach evangelischem Verständnis. Ein Votum zum geordneten Miteinander bekenntnisverschiedener Kirchen, EKD Texte 69)

Mit der Enzyklika „Ut unum sint" ist aber auch die Ökumene mit den orthodoxen Kirchen stärker in den Blick geraten. Papst Johannes Paul II.

erinnert hier an die Fortschritte des Dialogs zwischen der katholischen Kirche und der orthodoxen Kirche. In intensiver Arbeit habe die seit 1979 eingesetzte Gemischte Internationale Kommission für den theologischen Dialog besonders jene Perspektiven bearbeitet, „die in gemeinsamen Einvernehmen mit dem Ziel festgelegt worden waren, die volle Gemeinschaft zwischen den beiden Kirchen wiederherzustellen." (Nr. 59) So haben sich die Kirchen in Fragen der Kirche und der Sakramente und der apostolischen Sukzession miteinander verständigt und damit eine Grundlage geschaffen, „die die Katholiken und Orthodoxen berechtigt, schon jetzt, in unserer Zeit, ein gemeinsames treues und einvernehmliches Zeugnis zu geben, damit der Name des Herrn verkündet und verherrlicht werde." (Nr. 59)

Problematisch allerdings bleibt das Verhältnis zum orthodoxen Patriarchen von Moskau. Wie angespannt hier das Verhältnis ist, ließ sich bei einer der letzten Reisen Johannes Paul II. nach Litauen und in die Ukraine feststellen. Für einen Besuch in Moskau scheint die Zeit noch nicht reif.

Nach einer langen Phase der ökumenischen Erprobungen, dem Ausloten der Grenzen und Möglichkeiten, den Hoffnungen und Enttäuschungen – wenn an der Basis die Christen der christlichen Konfessionen die Trennung kaum noch verstehen und den Zauderern entgegenhalten, wir beten doch alle zu dem einen Gott – dann wäre es Zeit, eine Bestandsaufnahme vorzunehmen.

Wie fruchtbar war eigentlich so ein ökumenischer Weg, den die Kirchen gegangen sind. Hat er Bodenhaftung bekommen; hat er Breite gewonnen?

Zunächst einmal muss man sagen, dass es gar nicht zu erwarten war, in welch kurzer Zeit die lutherischen, die calvinistischen, die anderen protestantischen Kirchen und die katholische Kirche einander so nahe gekommen sind. Es geht bei den ökumenischen Gesprächen, wie es auch das Zweite Vatikanische Konzil deutlich gemacht hat, um das Prinzip der Einheit in Wahrheit und Liebe.

Wenn wir heute auf die hinter uns liegende Zeit schauen, dann sehen wir, wie viel sich doch getan hat, besonders ab Ende des 19. Jahrhunderts. Zu diesem Zeitpunkt begannen die Grenzen durchlässig zu werden, wurden Vorurteile und Abschottungen aufgebrochen. Das war sicherlich auch Folge äußerer Umstände, wie beispielsweise die starken Migrationen durch Flüchtlingsströme oder die Suche nach einem Arbeitsplatz.

Zu den bedeutenden Ereignissen im Feld der Ökumene gehörte sicher auch der ökumenische Gottesdienst mit Papst Johannes Paul II. im Juni 1996 im Hohen Dom zu Paderborn.

Die konfessionelle Landkarte hat sich in einzelnen Gebieten in diesem Zeitraum völlig verändert. Auch in bislang stark konfessionell geprägten Regionen, haben sich die Verhältnisse zum Teil erheblich verschoben. Vor allem im Ruhrgebiet kam es zu deutlichen Mischungen, schon in der Zeit des beginnenden Industriezeitalters. Der Bergbau und die Stahlindustrie suchten Arbeitskräfte, und die kamen aus dem katholischen Schlesien.

Da war es sicherlich nur noch eine Frage der Zeit, wann die Frage nach der Einheit christlichen Glaubens gestellt werden würde, auch wenn sich Ökumene nicht wie die Fusion mehrerer Unternehmen herstellen lässt. Trotzdem, hier lagen die Wurzeln. Sie wurden aufgegriffen durch die Wirren von Krieg und Vertreibung, bekamen dadurch noch einmal eine zusätzliche äußere Dynamik und wurden von den großen Theologen des vergangenen Jahrhunderts reflektiert und thematisiert: Guardini, Barth, Rahner usw. Ja, und dann kam das Konzil.

Die konfessionelle Landkarte wird sich mit dem Zusammenwachsen Europas erneut verändern. Ob diese Entwicklung den Weg zur Einheit in der einen Kirche ebnet, bleibt wohl offen, je mehr die Frage der eigenen kulturellen Geschichte ins Spiel kommt. Wo das Eigenständige so wichtig ist wie das Verbindende, wäre die Formel von der Einheit in der Vielfalt ein Antrieb, um nicht auf der Stelle zu treten, zumal der Säkularisierungsprozess beiden Kirchen spürbare Verluste zufügt? Erklärt sich daraus nicht auch eine Verpflichtung zu gemeinsamer pastoraler Verantwortung?

Natürlich, und ich denke, das geschieht auch, sowohl auf evangelischer als auch auf katholischer Seite. Diese Perspektive hat die Gespräche mit neuen Impulsen ausgestattet. Sie hat noch einmal unterstrichen, dass Ökumene nicht bedeuten muss, alle Kirchen vereinen sich unter einem Dach. Vielmehr bleiben auch in der Einheit vielfältige Formen in der Glaubenspraxis gleichberechtigt nebeneinander bestehen. Andererseits dürfen wir bei dieser Perspektive das Trennende nicht übergehen. Und das zeigt auch der Alltag der Gläubigen. Die verschiedenen Bekenntnisse finden sich heute bereits in vielen Familien, bedingt durch die wachsende Zahl der konfessionsverschiedenen Ehen. Wie ist das beispielsweise am Sonntag, an welchem Gottesdienst nehme ich teil? Wie und wo lassen wir unsere Kinder taufen, in welcher Kirche? Und dann die Eingliederung der Kinder: in die katholische oder in die evangelische örtliche Gemeinde? Wie ist es bei der Schule, wenn eine Privatschule zur Diskussion steht. Hier zeigen sich doch schon erhebliche Unterschiede, die sich im konkreten Einzelfall vertiefen lassen.

Und dann natürlich auch die Frage der gegenseitigen Zulassung zum Abendmahl.

Man muss nüchtern sehen, dass bei dieser Thematik nicht ein Wunsch allein maßgeblich sein kann. Uns trennen unterschiedliche Auffassungen vom Abendmahl und der Heiligen Kommunion.

Die eine Seite sieht darin nur ein Symbol, die andere darin das Opfer, den Tod Christi dargestellt und realisiert. Es geht nicht nur um ein Mahl, sondern um die Teilnahme an diesem Lebensopfer Jesu Christi, unseres Herrn. Das sind erhebliche Unterschiede. Ganz abgesehen von den unterschiedlichen Auffassungen bezüglich des Weiheamtes und der Konsequenzen, die sich daraus ergeben. Diese Glaubensunterschiede sind keineswegs beseitigt. Im übrigen bereitet uns die Weihe von Frauen kaum überwindbare Schwierigkeiten. Wie kann man unter diesen Umständen in versöhnter Verschiedenheit leben? Konkrete und vor allem schnelle Lösungen kenne ich nicht.

Die katholische Kirche anerkennt die von einem evangelischem Paar vor einem evangelischen Geistlichen geschlossene Ehe als verbindlich an?

Ja. Eine zwischen zwei Getauften geschlossene Ehe ist nach katholischem Verständnis eine sakramentale Ehe, mit der Konsequenz, dass wir sie als unauflöslich ansehen. Auf evangelischer Seite wird das anders gesehen. Die Scheidung und damit die Möglichkeit der Wiederheirat, ist – anders als bei uns – möglich. Ein zivilrechtlich geschiedener katholischer Partner kann nicht erneut heiraten, solange der andere Partner lebt.

Sie sind Präsident des Johann-Adam-Möhler-Instituts hier in Paderborn, dem Institut, das wegweisend die Ökumene, die interkonfessionelle Ökumene, also den Weg der Einheit der Christen zwischen Katholiken und Protestanten zum Ziel hat. Sie selbst haben einmal gesagt: Kirche sein fällt nicht schlechthin mit der katholischen Kirche zusammen, auch außerhalb der katholischen Kirche finden sich vielfach Elemente der Kirche. Das ist nach vorn orientiert, macht aber auch Grenzen deutlich, wie sie in den jüngeren Erklärungen der Kongregation für die Glaubenslehre zum Ausdruck kommen.

Ökumene kann man unterschiedlich verstehen. Die evangelischen Christen sehen Ökumene zunächst als die große nicht-katholische Familie weltweit. Für uns ist Ökumene das Bemühen, zu einer einen Kirche zu kommen, wie Christus sie gewollt hat. „Ut unum sint – damit alle eins seien“, sagt er, „wie der Vater und ich eins sind.“ Zur Einheit hat der

Als Präsident des Johann-Adam-Möhler-Institutes leitet der Kardinal die jährlichen Sitzungen des wissenschaftlichen Beirates. Das Foto entstand am Rande der Sitzung des Beirates im Jahre 2002 mit (von links nach rechts) Dr. Johannes Oeldemann, Generalvikar Bruno Kresing, Bischof Marc Ouellet, Sekretär des Päpstlichen Rates zur Förderung der Einheit der Christen, Erzbischof Johannes Joachim Kardinal Degenhardt, Bischof Paul-Werner Scheele, Direktor Prof. Dr. Wolfgang Thönissen.

Papst aufgerufen, in der eigenen Kirche und auf dem Weg zur Einheit aller Christen – in der gleichnamigen Enzyklika „Ut unum sint – damit alle eins sind".

Erzbischof Lorenz Jaeger hat bald nach dem Zweiten Weltkrieg das Ökumene-Institut gegründet und für die Weltkirche damit ein Signal gesetzt. Mit dem Jesuitenpater Augustin Bea und dem späteren Kardinal Jan Willebrands, einem Holländer, hat er auch maßgeblich dafür gesorgt, dass ein besonderer Rat vom damaligen Papst Johannes XXIII. eingerichtet wurde. Die Ökumene bekam nun ein besonderes Gewicht.

Vorausgegangen war der Paderborner Kreis mit Erzbischof Jaeger und dem lutherischen Oldenburger Landesbischof Wilhelm Staehlin, nach den beiden auch als Jaeger-Staehlin-Kreis bekannt geworden.

Ein solcher Kreis war schon während der Kriegszeit existent. Ich kann mich entsinnen, wie mich der Vikar meiner Heimatgemeinde, der diesem Gesprächskreis angehörte, einmal mitgenommen hat. Der ökumenische Gedanke war natürlich mit den Folgen des Zweiten Weltkrieges verknüpft, den großen Flüchtlingsströmen aus dem Osten, aus Schlesien, aus dem Ermland und so weiter, unter ihnen viele Katholiken, die in Westdeutschland eine neue Heimat auch in evangelisch dominierten Gebieten fanden.

Die Ökumene scheint eine recht launische Wetterecke zu sein. Mal bestimmt ein Hoch, dann wieder ein Tief das Klima zwischen den Konfessionen. Wer bestimmt die jeweilige Temperatur, die Bremser oder die Eiligen?

Ich weiß nicht, ob man hier von Bremsen sprechen kann. Zur Zeit des Zweiten Vatikanischen Konzils und in der ersten Zeit danach, als die katholische Kirche sich verstärkt um diese Einheit der Kirche Christi bemüht hat, war unter Katholiken bei aller Euphorie auch eine gewisse Blauäugigkeit zu bemerken. Schwierigkeiten, so schien es, gab es praktisch keine mehr. Das mochte mit dem Gefühl des gemeinsamen Schicksals der Christen in der Nazi-Zeit zusammenhängen. Die Zusammengehörigkeit wurde gegenüber der Vorkriegszeit als stark empfunden.

Die Soldaten und Kriegsgefangenen lebten von der Erfahrung, wie man gemeinsam den christlichen Glauben hat bekennen und hier und dort auch gemeinsam Gottesdienst hat feiern können. In geschwisterlicher Gemeinschaft war man auf beiden Seiten dafür eingetreten, die Vertriebenen aus dem Osten aufzunehmen. Das galt für die evangelische wie für die katholische Seite. Rein konfessionelle Gebiete mischten sich.

Bis dann die theologischen Divergenzen wieder entdeckt wurden. Der Dreh- und Angelpunkt ist die katholische Prämisse der apostolischen Sukzession und das daraus resultierende Amtsverständnis.

Die theologischen Gespräche, die ja schon seit Jahrzehnten geführt werden, haben die wesentlichen Unterscheidungen herausgearbeitet. Sie existieren bis heute. Sie liegen im Verständnis der Kirche, damit zusammenhängend im Verständnis des Weiheamtes, der Eucharistie, der Heiligenverehrung und auch im Verständnis des Papsttums. Das gilt seit der Reformationszeit. Es ist zwar eine Annäherung erfolgt, aber eine Übereinstimmung der Auffassungen gibt es bisher nicht. Deswegen müssen wir auch weiterhin sagen, wir können uns nicht vereinigen, weil dies mit der Wahrheit nach unserem Verständnis nicht überstimmen würde.

Das Zweite Vatikanische Konzil hat die Wahrheit und die Liebe als Grundregeln der Ökumene postuliert. Auch Papst Johannes Paul II. hat das mehrfach zum Ausdruck gebracht. Wahrheit und Liebe gehören zusammen. Diese Liebe zueinander versucht im Geiste Jesu Christi, gemeinsam zu verkünden, was Christus uns aufgetragen hat, und innerhalb der Kirchengemeinschaft und darüber hinaus in der Welt, in der wir leben. Nun gibt es aber in manchen Punkten noch Differenzen, die immer noch vorhanden und weiterhin kirchentrennend sind.

Verdeutlichen Sie diese Punkte noch einmal?

Wir haben zum Beispiel sehr unterschiedliche Auffassungen im Sakramentenverständnis. Bereits das Konzil von Trient hat deutlich bestätigt, was vorher schon Praxis war: Von Christus her eingesetzt sind die sieben Sakramente damit kirchenverpflichtend. In der Sakramentenlehre gibt es bisher keine Verständigung mit den Protestanten. Man kann also nur bedingt von versöhnter Verschiedenheit sprechen. Beim Kirchenverständnis können wir als katholische Kirche über unsere Auffassung nicht hinausgehen und daran nicht vorbeikommen.

Die Erklärung „Dominus Jesus – über die Einzigkeit und die Heilsuniversalität Jesu Christi und der Kirche" hält daran fest, das die einzige wahre Kirche Christi in der katholischen subsistiert, d.h. verwirklicht ist.

Das hat schon das Zweite Vatikanum gesagt. Es hat aber auch betont, und es wird in „Dominus Jesus" erneut bejaht, dass der Einzelne auch in evangelischen Kirchen und Gemeinschaften Hilfe findet, durch die er zum Heil gebracht werden kann.

Eine solche Aussage empört evangelische Christen allerdings. Mit welchem Anspruch tritt die katholische Kirche auf? Evangelische Kirchen verstehen sich nicht nur als Kirche im vollgültigen Sinn, ja sie beanspruchen im Wortsinn Katholizität.

Das wollen sie in Deutschland eben nicht sein. In anderen Ländern nimmt man das alte Formular: „Ich glaube an die eine „heilige katholische und apostolische Kirche". In Deutschland hat man das „katholisch" als zu sehr konfessionell bestimmt abgelehnt und sich auf das allgemeinere „christlich" geeinigt.

Hat die „Gemeinsame Erklärung über die Rechtfertigungslehre" die Ökumene denn nicht doch einen Schritt weitergebracht? Worin hat man sich in dieser Frage unterschieden?

Diese Erklärung ist zunächst nur zwischen dem Lutherischen Weltbund und der katholischen Kirche vereinbart worden. Jetzt geht es darum, auch andere protestantische Kirchen für diese Erklärung zu gewinnen. Worum geht es? Martin Luther hat besonders kritisiert, in der katholischen Kirche stünde die „Werkerei", wie er es nannte, also die guten Werke zu stark im Vordergrund. Er ging davon aus, das Heil hat durch Christus Gestalt gewonnen, nicht durch das Handeln der Gläubigen.

Luther sagte: man kann sich den Himmel nicht erkaufen.

Ja, sondern er ist ein Geschenk, das Gott in seiner Liebe macht. Diese Kontroverse zu Zeiten Luthers hat das Konzil von Trient erledigt und die katholische Position klar formuliert, die immer schon gegolten hatte: Man kann sein Heil nicht aus eigenem Vermögen erwerben. Damit ist von katholischer Seite nicht bestritten worden, dass die Liebe Gottes und das Tun Jesu Christi zum Heil der Menschen führt. Wir haben wohl stärker als Luther und später die lutherischen Kirchen betont, als Christ zu leben wie Christus gelebt hat, also auch „gute Werke" zu tun.

Präses Manfred Kock, der Ratsvorsitzende der EKD, sagt: Die Taufe auf den dreieinigen Gott macht uns zu Gliedern der einen Kirche.

Einverstanden. Das sagen wir auch. Aber so wichtig der Schritt ist, der mit der gemeinsamen Erklärung zur Rechtfertigung erreicht wurde, man muss die Grenzen sehen, und die Grenze liegt doch darin, dass die Rechtfertigung in evangelischen Gemeinden vielfach überhaupt keine Rolle mehr spielt. Dass man die Frage Luthers, wie kriege ich einen gnädigen Gott, gar nicht mehr versteht.

Papst Johannes Paul II. wünscht sich eine Diskussion über das Petrusamt, um die Ökumene voranzubringen. Er ist bereit, mit den nichtkatholischen Christen über seinen Jurisdiktionsprimat zu sprechen. Welchen Sinn hätte dieses Entgegenkommen, wenn andererseits so gravierende Differenzen zwischen den getrennten Kirchen bestehen?

Der Papst möchte sein Amt noch stärker in den Dienst der Einheit stellen. Er lädt die Nichtkatholiken, die Lutheraner, Calvinisten, Methodisten und die anderen ein, über die Möglichkeiten und Formen nachzudenken. Nach den Spaltungen vor vierhundert Jahren bewegen sich die Christen nicht immer noch weiter auseinander, sondern gehen deutlich aufeinander zu. Dabei empfinden nicht wenige, wie wichtig ein Amt der Einheit heute und in der Welt von morgen ist. Wer anders aber als der Papst könnte von allen in dieser Funktion akzeptiert sein? Die Rolle des römischen Papstes ist sehr schön bei den interreligiösen Versammlungen zum Friedensgebet in Assisi deutlich geworden. Allerdings würde ich davor warnen, seine Rolle allein auf die eines „primus inter pares", eines Ersten unter Gleichen zu reduzieren. Der Dienst an der Einheit muss auch mit Führungskompetenzen ausgestattet sein, wie immer diese konkret gestaltet sein mögen.

Im Rahmen der Ökumene möchten wir auch die Beziehungen der lateinischen Kirche zu den Kirchen des Ostens, vor allem den getrennten orthodoxen Gemeinschaften ansprechen. Die gegenseitigen Bannflüche von 1054, die den Bruch der Kirchengemeinschaft zwischen Ost und West, Rom und Byzanz, besiegelten, wurden schon unter Paul VI. und dem Ökumenischen Patriarchen Athenagoras aufgehoben. Wie schätzen Sie die gegenwärtigen Beziehungen ein?

Große Schwierigkeiten bestehen augenblicklich im Gespräch mit dem Moskauer Patriarchat. Manche Aussagen, die uns von dort erreichen, etwa die über das exklusive kanonische Territorium, oder die Vorwürfe an den Papst, die Katholiken betrieben Proselytismus und errichteten unnötige Parallel-Strukturen in Russland, gehen an der Wirklichkeit vorbei. Trotz dieser Spannungen, für die nicht zuletzt auch das Erstarken der unierten Kirche in der Ukraine eine Ursache ist, betont das Moskauer Patriarchat, dass es weiterhin an einem Dialog mit der katholischen Kirche, insbesondere mit einzelnen Diözesen und Einrichtungen, wie Fakultäten und Werken, interessiert ist.

Zu dem Ökumenischen Patriarchen von Konstantinopel bestehen weniger komplizierte Beziehungen. Schließlich verbindet uns der gemeinsame Glaube und wir sind den Orthodoxen in manchen Punkten näher als den Protestanten.

Theologisch betrachtet ist das „filioque" im Großen Glaubensbekenntnis höchstens noch ein theoretischer Streitpunkt. Denn die Formulierung der orthodoxen Kirche „vom Vater durch den Sohn im Heiligen Geist" könnten wir genau so sagen. Amts- und Sakramentenverständnis sind ebenso wenig trennende Hindernisse, so dass also ein Katholik gültig am Gottesdienst der orthodoxen Kirche teilnehmen kann und darf.

In Abendsmahlsgemeinschaft?

Das nicht. Sie wünschen das wohl auch nicht. Das Zweite Vatikanische Konzil hat zwar die gegenseitige Zulassung zur Kommunion erlaubt, wurde aber zum Beispiel vom Moskauer Patriarchat zurückgewiesen. Einige der angeführten Gründe kann man sogar verstehen. Sie betreffen die

Disziplin der Praxis. So muss beispielsweise ein orthodoxer Christ vor dem Empfang der Kommunion fasten. Bei den Katholiken ist das nicht mehr der Fall. In der orthodoxen Praxis geht dem Kommunionempfang außerdem die Beichte voraus. Viele Katholiken erinnern sich an diese Übung nur noch schwach. Was im 19. Jahrhundert auch in unseren Gemeinden noch als Pflicht angesehen wurde, wird von den meisten Teilnehmern an der Eucharistiefeier nicht mehr als notwendig erachtet.

In der Lateinischen Kirche gehören die Zeiten der Allianzen von Thron und Altar der Vergangenheit an, der Katholizismus als Staatsreligion ist abgeschafft, ebenso die Bezeichnung Roms als Heilige Stadt. Anders die Situation bei den Orthodoxen. Die ganze Geschichte seit den Anfängen der oströmischen Kirche ist geprägt von der Struktur einer Staatskirche.

Es ist schon so, dass die Orthodoxen Kirchen sich viel stärker an die staatlichen Autoritäten gebunden haben. Sobald sich einzelne Nationalstaaten gebildet haben, entstanden parallel dazu eigene Patriarchate, autokephale Kirchen. In jüngster Zeit lässt sich das gut am Beispiel der Ukraine zeigen. Dort ist – gegen den Widerspruch des Moskauer Patriarchen – praktisch schon ein eigenes Patriarchat der ukrainischen orthodoxen Kirche entstanden. Wenngleich die offizielle Anerkennung durch den Patriarchen von Konstantinopel noch nicht ausgesprochen wurde, dürfte dies allerdings nicht mehr allzu lange auf sich warten lassen.

Im Konflikt zwischen Moskau und Rom stehen ja zwei Dinge auf dem Spiel. Für Rom die Freiheit der Religionsausübung und die Möglichkeiten der Pastoral, der Seelsorge für die Katholiken in Russland. Auf orthodoxer Seite das alte Verständnis, russische Erde ist orthodoxe Erde.

Wenn der russische Patriarch den Papst in Moskau nicht empfangen will, solange dieser seine Forderungen nicht erfüllt, dann will er damit seine Unabhängigkeit von Rom demonstrieren. Nach meiner Auffassung ist das eine nicht mehr zeitgemäße und sachlich nicht begründete Auffassung. Der Religionsfreiheit sollte heute auch keine konfessionelle Grenze gezogen werden. Die Rechte, die der russisch-orthodoxen Kirche im Westen, in Europa, in Amerika eingeräumt werden, müssen für die Katholiken auch in Russland gelten. Zumal dort viele hunderttausend römisch-katholische Christen leben, die einen Anspruch auf Seelsorge und ordentliche kirchliche Strukturen haben.

In Deutschland leben im übrigen nicht nur Angehörige der russisch-orthodoxen Kirche, sondern aller ostkirchlichen Riten. Die größte Gruppe bilden die 500.000 Gläubigen, die dem Griechischen Metropoliten zugeordnet sind. Zu diesem habe ich seit vielen Jahren ein ausgezeichnetes Verhältnis, eine tiefe menschliche Beziehung.

Treibt den Patriarchen von Moskau vielleicht die Sorge, der Papst würde ihm gewissermaßen die Show stehlen? Ein russisches Sprichwort lautet: Wo die Sonne scheint, verblassen die Sterne.

Wer ist die Sonne? Ich denke, die Sonne ist Jesus Christus, also weder der Patriarch noch der Papst. Dieser Glaube verbindet uns nicht nur, er sollte auch zur Einheit führen. Dass die Trennung von 1054 besteht, ist ein bedauerliches Faktum.

Und der orthodoxe Vorwurf, Rom errichte Parallelstrukturen: Auf demselben Territorium entstehe neben einem orthodoxen ein katholisches Bistum, mit zwei Bischöfen am selben Ort. Dies lasse die kirchliche Tradition nicht zu.

Wenn unterschiedliche Menschen einen unterschiedlichen Glauben haben, wird man daran nicht vorbeikommen. Alles andere ist eine überholte Einstellung. Vor langer Zeit gab es das auch in Deutschland. Der evangelische Landesherr in Stuttgart wollte nicht, dass ein katholischer Bischof in Stuttgart residiert. So musste der katholische Bischof nach Rottenburg gehen. Aber wie gesagt, die Zeiten sind vorbei. Das Bistum trägt heute den Namen Rottenburg-Stuttgart, auch wenn der Bischof weiter in Rottenburg residiert.

Kurzum: Im Westen nahm die Entwicklung alles in allem glücklicherweise einen anderen Gang. Die Aufhebung von konstitutionellen Bindungen zwischen den Staaten und dem Papsttum, verbunden mit manchen Kämpfen, haben die katholische Kirche andererseits nun nicht in eine Abhängigkeit zu staatlichen Strukturen gebracht.

Christen und Juden

Wie kein anderer Papst vor ihm hat Johannes Paul II. die Beziehungen zum Judentum zum Programm seines Pontifikats gemacht. Ergreifend die Momente der Erinnerung und des Gebets an den Stätten des Grauens in Auschwitz-Birkenau, sein Besuch in Yad Vashem und an der Klagemauer in Jerusalem. Bewegend seine Begegnungen mit den Überlebenden des Holocausts bei seinen Deutschlandbesuchen, in Polen, in der römischen Synagoge. Historisch schon seine Ansprachen und Dokumente, wie die „Reflexion über die Shoa“ und die Vergebungsbitte im Heiligen Jahr. Haben diese Bemühungen, zu einem Dialog zu kommen, Auswirkungen auch auf die regionale und örtliche Ebene, etwa im Erzbistum Paderborn?

In Paderborn gibt es eine jüdische Gemeinde. Während meiner ersten Jahre als Paderborner Erzbischof erinnere ich mich an die schwierigen Verhältnisse in dieser Gemeinde. Deren Einzugsgebiet reichte von Lippstadt bis Höxter. Manchmal fragten sich die Ältesten der Gemeinde, ob sie, wie vorgeschrieben, zehn erwachsene Männer für den Sabbatgottesdienst zusammenbringen würden. Sie haben es immer erreicht, wie mir die Gemeindevorsteher versicherten.

Durch den Zuzug vor allem aus den Gebieten der früheren Sowjetunion ist die Gemeinde inzwischen erheblich größer geworden. Ähnliches gilt für andere jüdische Gemeinden in Nordrhein-Westfalen.

Die Vorkriegsverhältnisse kenne ich nicht im Detail. Wer sich rechtzeitig vor den Nazis retten konnte und wer in Konzentrationslagern umgebracht wurde, lässt sich aus den vorhandenen Dokumenten nachweisen. Darüber ist auch geschrieben worden. Die Verfolgung der Juden war in Paderborn wohl nicht anders, als überall in Deutschland.

Die Beziehungen zu der Gemeinde in Paderborn sind seit Jahren gut. Wir informieren uns gegenseitig über Entwicklungen und laden uns gegenseitig zu Veranstaltungen ein.

Lange bevor der Vatikan sein Dokument über die Mitschuld von Christen an der Shoa veröffentlicht hat, haben die katholischen Bischöfe, aber auch der Gesprächskreis „Christen und Juden“ im Zentralkomitee der deutschen Katholiken klare Worte zur Mitverantwortung gesprochen, etwa anlässlich des 50. Jahrestages des Kriegsendes. Gleichwohl gehen die theologischen Meinungen über die Formulierung auseinander, ob nur einzelne Söhne und Töchter der Kirche sich schuldhaft verhalten haben oder die Kirche als solche gesündigt hat.

Nachträglich Menschen Schuld zuzuweisen, die nicht mehr leben, sich also nicht mehr verteidigen können, ist immer leicht. Ich bin da eher sehr skeptisch. Der Papst hat wohl den richtigen Weg gefunden, als er die allgemeine Sündhaftigkeit der Menschen bekannte und auch die Katholiken konkret angesprochen hat, die an den Juden schuldig geworden sind.

In dieser großen Vergebungsbitte zum Heiligen Jahr?

Ja. Das war eine gute und beeindruckende Form. Dieser Bußgottesdienst in einer Pontifikalmesse, bezogen nicht nur auf die Juden, schloss die Bitte um Vergebung bezüglich des Unrechts, dass auch anderen und zu anderen Zeiten zugefügt wurde, ein. In diesem Rahmen kann man sich ohne weiteres dazu bekennen, dass gläubige Christen in den 2000 Jahren des Bestehens der Kirche auch schwer gesündigt haben.

Wenngleich dies sicher auch für Andersgläubige und Nichtglaubende gilt, so haben sich eben auch Christen in ihrem Leben nicht an die Weisungen Jesu Christi gehalten. Insofern sind sie schuldig geworden. Aus jüngerer Zeit denke ich beispielsweise an die Massaker in Ruanda. Ich habe dieses Land vor mehr als 25 Jahren einmal besucht. Damals war der weitaus größte Teil der Bevölkerung katholisch; eine Frucht der Mission durch die Weißen Väter. Wie konnte es dann jedoch zu solch furchtbaren Metzeleien unter den Stämmen, ja unter Christen kommen? Das ist doch schrecklich. Hunderttausende wurden abgeschlachtet.

Einen entscheidenden Schritt auf die Juden zu hat das Zweite Vatikanische Konzil mit der Erklärung „Nostra aetate" über die Beziehungen zu den anderen Religionen getan. Dahinter stand Papst Johannes XXIII. Schon in seiner Krönungsansprache verglich er sich mit einem „ägyptischen" Josef, dem Sohn Jakobs, „der seine von schwerem Unglück betroffenen Brüder vor sich kommen lässt und sich ihnen voll Liebe und Mitleid zu erkennen gibt: „Ich bin Josef, euer Bruder!" Dieser Satz bestimmte auch sein Verhältnis zu den „älteren Brüdern" (von denen sein Nachfolger Johannes Paul II. sprechen wird.). Rechtzeitig vor der Karwoche 1959 lässt er die von Juden stets als tiefe Verletzung empfundenen Formulierungen in der Karfreitags-Fürbitte verändern, wo für die treulosen Juden gebetet wurde – auch im Angesicht des Schreckens von Auschwitz.

Die Kirche hat nun endlich klargestellt, dass sie die Verbrechen, die an den Juden begangen wurden, entschieden verurteilt und sich zu den eigenen Fehlern der Vergangenheit bekennt. Andererseits hält sie an den Unterscheidungen im Glauben fest, macht diese auch deutlich. Ein Dialog, der darüber hinweggehen würde, würde seinen Sinn verfehlen.

Soweit wir hier in Paderborn solche Begegnungen und Gespräche hatten, haben wir diese Glaubensunterschiede auch angesprochen. Sie liegen ganz wesentlich in der unterschiedlichen Sicht der Person Jesu Christi. Wir können nicht davon abgehen, dass er als Sohn Gottes, als unser Bruder, der einzige Mittler zwischen Gott und den Menschen ist. Für die Juden ist eine solche Aussage nicht möglich.

Aber wir haben auch Gemeinsamkeiten, etwa wenn wir die Psalmen beten. Wir enden allerdings mit der Doxologie, dem Lobpreis des dreieinigen Gottes, wovon die Psalmen des Alten Bundes nicht sprechen.

Die jüdischen Gemeinden in Deutschland wurden buchstäblich durch die Naziverbrechen ausgeblutet. Nur wenige Überlebende vertreten das Vorkriegs-Judentum in Deutschland, der Nachwuchs kommt heute aus der Zuwanderung, vornehmlich aus Osteuropa und Israel. Sie brauchen eine helfende Hand, um ihre Integrationsprobleme bewältigen zu können.

Selbstverständlich sind wir bereit, eine solche Hilfe zu geben. Aber wir dürfen uns nicht aufdrängen. Wir wollen zurückhaltend sein. Die Empfindlichkeit ist groß, der Holocaust überschattet auch die Gegenwart. Wenn wir gebeten werden, stehen wir zur Verfügung.

Eine Gelegenheit für sachlichen und friedvollen Meinungsaustausch bietet die alljährliche „Woche der Brüderlichkeit“ mit ihren Veranstaltungsreihen. Daran nehmen Christen beider Konfessionen sowie die jüdische Seite teil, Gemeindevorsteher und auch der Landesrabbiner.

Der eigentliche Unterschied liegt, wie schon gesagt, in der unterschiedlichen Sicht der Person Jesu von Nazareth. Dabei anerkennen wir, Jesus war Jude, er gehörte zum Stamm Juda. Für uns ist er der Messias, unaufgebbar für ein Leben in Christus. Juden akzeptieren ihn allenfalls als einen Propheten. Wenn es in dieser Frage auch keine Übereinstimmung geben wird, so bestehen doch viele Möglichkeiten für eine geschwisterliche Zusammenarbeit. Das hat auch der Landesrabbiner anerkannt.

Kirche und Arbeitswelt

Kirche und Glaube besitzt immer auch eine gesellschaftliche, politische Dimension. Mystik und Politik sind, wenn man so will, zwei Seiten einer Medaille. Für den Paderborner Erzbischof und Kardinal der Heiligen Römischen Kirche Johannes Joachim Degenhardt, gehört das diakonische, caritative, ja politische Handeln als fester Bestandteil zu den übrigen Aufgabenfelder der Kirche, zu Verkündigung und Liturgie.

Das Verhältnis von Kirche und Gesellschaft hat den Paderborner Erzbischof immer wieder beschäftigt. In zahlreichen Veröffentlichungen und Texten setzt er sich mit gesellschaftlichen Entwicklungen auseinander. Die großen gesellschaftlichen Themen der siebziger, achtziger und neunziger Jahre machen vor dem Erzbistum Paderborn keinen Halt. Die Massenarbeitslosigkeit mit dem tiefgreifenden Strukturwandel beutelt das Ruhrgebiet. Die Globalisierung in der Wirtschaft setzt die nationalen Märkte unter Druck. Einschneidende Veränderungen werden diskutiert, die die Kultur der Gesellschaft beeinflussen können. Die einschneidenden Reformen in der Landwirtschaft treffen die Menschen in den ländlich geprägten Regionen der Erzdiözese und führen zu einem umfangreichen Höfesterben. Die Friedensdebatte der achtziger Jahre treibt die jungen Menschen im Erzbistum auf die Straße. Seit den siebziger Jahren führen die Schulreformen in den Bundesländern zu hitzigen, nicht immer ideologiefreien Debatten über die Zukunft der Schule. Die Debatte über die Abtreibung erhitzt die Gemüter in allen Regionen und beschäftigt die höchsten bundesdeutschen Gerichte. Der Kompromiss, Mitte der 90er Jahre, bereitet den Kirchen Magenschmerzen. Wenngleich das Ziel, Leben zu retten, viele Menschen vereint, so führt die Debatte über den geeigneten Weg zu heftigen Auseinandersetzungen. Eine neue Dimension wird durch die neuen Möglichkeiten, die Biotechnologie und Medizin eröffnen, geschaffen. Der Mensch wird zunehmend Objekt seiner selbst.

Immer dann, wenn es um den Menschen geht, seine Würde und seine Freiheit in Gefahr geraten, meldet sich der Bischof zu Wort. Ähnlich wie Papst Johannes Paul II. steht der Mensch auch bei ihm im Mittelpunkt seines Wirkens. Geprägt durch die Erfahrungen des nationalsozialistischen Terrorregimes, verschreibt er sich ganz dem christlichen Menschenbild. Freiheit und Würde der Person sind für ihn unaufgebbare Voraussetzun-

gen für eine zukunftsfähige Entwicklung der Gesellschaft. Die katholischen Sozialprinzipien (Personalität, Solidarität, Subsidiarität, Gemeinwohl, Nachhaltigkeit) sind für ihn ein geeignetes Instrumentarium zur Prüfung gesellschaftlicher Entwicklungen. Frühzeitig beschäftigt er sich nach seiner Wahl zum Erzbischof mit der Arbeiterschaft. Die soziale Frage begleitet ihn durch die Jahre seines Pontifikates. Mit scharfen Worten fordert er die Tarifparteien zu Lösungen auf, um der sich verfestigenden Massenarbeitslosigkeit entgegenzutreten. Von 1984 bis 1987 bestimmt er als Pastoralen Schwerpunkt für die Diözese das Thema „Kirche und Arbeitswelt".

Die Forderungen der katholischen Soziallehre macht sich der Erzbischof in unterschiedlichen Themenfeldern zu eigen. So etwa, wenn er in den 90er Jahren die Altersarmut von Frauen brandmarkt, oder sich gegen die umgreifende Ausländerfeindlichkeit wendet. Immer wieder ruft er die Christen auf, sich in der Welt zu engagieren. „Wir stehen heute in der Gefahr, dass viel vom Weltdienst geredet wird, dass aber die Effektivität und Wirksamkeit der Christen im öffentlichen Leben zurückgeht. Der Einfluss der Christen in einer pluralen Gesellschaft hängt davon ab, ob sich genügend engagierte Christen finden, die in den verschiedenen Bereichen des öffentlichen Lebens ihre Auffassungen und Kräfte einbringen." (J.J. Degenhardt, Ermutigung zum Glauben, Paderborn 1989,65)

Die mit seiner Weihe zum Bischof übernommene Pflicht, sich den notleidenden Menschen anzunehmen, hat Johannes Joachim Degenhardt nie nur als Beiwerk neben den Aufgaben der Verkündigung und der Liturgie gesehen. Die Liebe zum Nächsten ist für ihn die Kehrseite der Liebe zu Gott.

Wo immer er kann, versucht er, seine Position in die Gesellschaft zu tragen. Zu einer festen Institution sind dabei auch die regelmäßigen Gespräche mit den Abgeordneten des Europäischen Parlamentes, des Deutschen Bundestages und des Landtages Nordrhein-Westfalen geworden. Sie prägen seinen Alltag ebenso wie die jährlichen Begegnungen mit Vertretern der Wirtschaft und der Gewerkschaften in der Kommende, dem Sozialinstitut der Erzdiözese. Das Erzbistum Paderborn ist eines der wenigen Bistümer die ein derartiges bischöfliches Institut an der Schnittstelle von Kirche und Gesellschaft unterhalten. Es dient der wissenschaftlichen Auseinandersetzung mit Problemen der Gesellschaft auf der Grundlage der Katholischen Soziallehre. Gleichzeitig soll das Institut soziale Bildung für die unterschiedlichen Zielgruppen in Kirche und Welt vermitteln helfen. So verwundert es kaum, dass die Beteiligung in dieser Diözese an dem Konsultationsprozess der beiden großen Kirchen zur wirtschaftlichen und sozialen Lage in Deutschland sehr groß war. Eine lebendige kirchliche Verbandsstruktur trägt das ihrige dazu bei.

Als Schulbischof in der Deutschen Bischofskonferenz bestimmt er von 1976 bis 1990 die Geschicke in zentralen Fragen der Bildung für die katholische Kirche in Deutschland. Engagiert hat er sich für den Bestand der Bekenntnisschulen eingesetzt. Mit Schärfe verteidigt er die Pluralität in der Bildungslandschaft und kritisiert wiederholt die staatliche Förderpolitik in diesem Bereich.

1990 wird er zum Vorsitzenden des Verbandsausschusses des Verbandes der Diözesen Deutschlands gewählt. Als solcher ist er auch Vorsitzender des Verwaltungsrates des Verbandes der Diözesen Deutschlands. In dieser Funktion muss sich der Kardinal mit den Finanzen der Diözesen beschäftigen. Die Veränderungen in der staatlichen Steuerpolitik haben bei den Kirchen in den letzten Jahren zu deutlichen Mindereinnahmen bei der Kirchensteuer geführt. Dies hat zu einer neuen Debatte darüber geführt, wo und wie sich die Kirchen in gesellschaftlichen Feldern engagieren können. Das Verhältnis Staat-Kirche wird nicht nur durch diesen Aspekt angestoßen. Globalisierung und die Einheit Europas verlangen nach einer grundlegenden Debatte. Dabei stehen verschiedene Modelle nebeneinander. Ob sich der deutsche Weg des Miteinanders im europäischen Chor durchsetzen wird, vermag zum jetzigen Zeitpunkt wohl noch niemand zu sagen.

Zum Erzbistum Paderborn gehören auch einige vor wenigen Jahren noch von Kohle und Stahl beherrschte Industriereviere; also das, was man in der Sozialpastoral als Arbeiter-Milieu bezeichnete. War das Elternhaus für Sie schon die erste Schule im Umgang mit der Welt der Arbeit?

Wir gehörten zwar nicht zur ärmsten Klasse. Mein Vater war ein kleiner Angestellter bei der Deutschen Bank. Aber mit einer Familie von sechs Kindern hatte er ganz schön „zu kratzen." Im Grunde genommen reichte sein Lohn nicht. Um einigermaßen über die Runden zu kommen, musste er privat etwas dazu verdienen.

Außerdem musste er ja das Schulgeld für uns aufbringen. Für den Besuch des Gymnasiums wurden in der Nazizeit finanzielle Zuschüsse von den Eltern verlangt. Man bekam nur einen Nachlass, wenn die Schüler gute Leistungen zeigten und wenn aus einer Familie mehrere Kinder studierten. Da von uns gleichzeitig drei, vier Geschwister, später sogar fünf die höhere Schule besuchten, waren diese finanziellen Erleichterungen für die Eltern unverzichtbar.

Von wirtschaftlicher Not, wie sie die Familien arbeitsloser Väter durchmachten, von diesen existentiellen Nöten sind wir verschont geblieben. Dennoch, auch bei uns war „Schmalhans" Küchenmeister.

Haben Sie später als Bischof aus diesen persönlichen Erfahrungen als Kind und Heranwachsender ein besonderes Interesse für die Situation der Menschen im Revier entwickelt?

Zwei meiner umfangreicheren Veröffentlichungen habe ich dem Thema der Arbeiterschaft und der katholischen Soziallehre gewidmet.

Papst Pius XI. hat einmal gegenüber Joseph Cardijn, dem Gründer der „Christlichen Arbeiterjugend" bedauert, es sei der große Skandal des 19. Jahrhunderts, dass die Kirche den Arbeiter verloren habe. Es scheint, als habe sich in dem nachfolgenden Jahrhundert daran nicht viel geändert?

Für das Ruhrgebiet gilt das nicht. Diese Arbeiter sind der Kirche nicht verloren gegangen. Sie haben zu einem großen Teil ihrer Kirche die Treue bewahrt. Seitens der Kirche haben die entsprechenden Seelsorgestellen immer dafür gesorgt, dass die Verbindung mit den Arbeitenden erhalten blieb.

Dazu kommen die Vereine und Verbände. Im Paderborner Gebiet waren die Arbeitervereine immer sehr mitgliederstark. Was Cardijn gesagt hat, gilt wohl mehr für den belgischen, vielleicht auch den holländischen und französischen Raum, nicht aber für das Ruhrgebiet.

Und heute?

Die Situation hat sich verändert. Im Ruhrgebiet gibt es die alte Arbeitertradition nicht mehr. Nur ein Beispiel: Als ich Erzbischof wurde, gab es im Einzugsbereich des Bistums 17 Zechen. Heute existiert keine einzige mehr. Deshalb auch die hohe Arbeitslosigkeit, vor allem im Ruhrgebiet.

Noch mal zurück zur sozialen Frage. Sie melden sich immer wieder zu Wort, gewissermaßen als Anwalt für die Schwachen in der Gesellschaft. Woraus nährt sich Ihr Engagement. Ist es im Christlichen motiviert, eine Antwort auf die Beweggründe, die andere möglicherweise zu ideologischen materialistischen Begründungen greifen lässt?

Selbstverständlich kommt das aus dem christlichen Glauben. Die Sorge für die Benachteiligten und Notleidenden ist im Neuen Testament als besonderer Akzent bei der Verkündigung der Lebensweise Jesu deutlich geworden. Hinzu kam für mich allerdings auch die Begegnung mit den Arbeitern im Ruhrgebiet.

Ich kenne die Männerbewegung, die Arbeiterbewegung durch die vielen Visitationen. Als Erzbischof habe ich bestimmt schon dreimal im Laufe meiner Zeit, alle Gemeinden des Bistums besucht. Dabei habe ich natürlich auch die besonderen Nöte in der Arbeiterwelt kennen gelernt. Allerdings ist die Situation heute nicht mit der um 1930 herum zu vergleichen. Damals war die Arbeitslosigkeit existenzbedrohend, viele Familien hatten für ihre Kinder nichts zu essen. Heute ist die soziale Absicherung ein stabiles Netz. Für manchen sogar so stabil, dass wir Missbrauchsdebatten führen müssen.

Welcher Aspekt der sozialen Frage beschäftigt Sie besonders?

Ich beobachte mit großer Sorge, dass die Ökonomie zunehmend Welt und Gesellschaft bestimmt. Die Börsennachrichten bestimmen das Tagesgeschehen. Ich frage nach der Wertigkeit. Mit Sorge beobachte ich die sich verfestigende Massenarbeitslosigkeit. Ziel aller Bemühungen kann es doch nur sein, eine menschenwürdige Form gerechter Entwicklung des Menschen und der Gesellschaft zu entwickeln, die alle beteiligt. Das ist eine Frage des Menschenbildes. Dieser Frage müssen wir uns stellen – die Diskussionen um Anfang und Ende menschlichen Lebens zeigen das doch – und wir als Kirche müssen unsere Stimme erheben. Das ist für mich die neue Perspektive der Sozialen Frage.

Waren Sie schon einmal „unter Tage“?

Mehrfach, mehrfach.

In der Waschkaue ?

Gewiss.

Welche Eindrücke haben Sie mitgenommen? Muss man selber einmal „vor Ort“ gewesen sein?

Ob es notwendig ist, weiß ich nicht, aber es ist sehr sinnvoll. Ich bin als sowohl als Student als auch als junger Vikar und später als Weihbischof „unter Tage“ eingefahren.

Als Student im Priesterseminar habe ich mein sogenanntes Diakonat, das von uns verlangt wurde, in Bottrop absolviert. Ich wohnte in einem Arbeiterwohnheim, so dass ich ständig auch mit den dort wohnenden, arbeitenden Jungarbeitern zusammen kam. Das Zimmer dort teilte ich mit

Das Foto zeigt den Erzbischof (links) beim Besuch einer Zeche. Der Kontakt zu den Arbeitern liegt ihm am Herzen, wie die soziale Frage insgesamt.

dem späteren Essener Weihbischof Große. Natürlich sind wir auch zusammen eingefahren, als Schlepper.

Was ist das?

Das heißt, wir mussten die Loren, die herauskamen, zu den Schienenstrecken schleppen, wo sie dann für den Weitertransport zum Schacht zu einem Zug zusammengestellt wurden.

Sie waren also nicht nur als Besucher dort unten?

Nein. Ich habe mindestens sechs Wochen unter Tage gearbeitet, normal, wie die anderen auch.

Malocht?

Malocht. Ich erinnere mich gern an eine Begegnung mit einem älteren Kumpel. Beim ersten Frühstück saßen wir nebeneinander als er mich ansprach: Sag´ mal, bist du neu? Noch nie gesehen hier. Ja, sagte ich, ich bin neu, das erste Mal hier. Er fragte: „Was machst Du denn sonst?" Darauf hin erklärte ich ihm, dass ich Theologie studierte. „Watt is datt denn?" fragte er irritiert zurück. Doch dann hellte sich sein Gesicht plötzlich auf: „Ach, jetzt weiß ich. Du gehst später in deinem Beruf mit rot-weißen Stöcken übers Feld, setzt da mal einen hin und dort mal einen hin."

„Nee", sagte ich, „ich will Pastor werden." Er fragte: „Katholisch oder evangelisch?" Als ich ihm antwortete, dass ich katholischer Priester werden wollte, stellte er schnell fest: „Dann kannste nich heiraten. Sag` mal, lohnt sich das denn, wenn du mal als Pastor tätig wirst?" Man muss wissen, dass die Kumpel damals die bestbezahlten Arbeiter waren. Sie sollten ja möglichst viel Kohle fördern. Als ich meinem Kumpel antwortete, dass das, was ich hier verdiene, das Drei oder Vierfache von dem ist, was ich später als Vikar bekomme, kam seine Hilfsbereitschaft, an die mich gerne erinnere. Er wollte mir helfen. Und das machte er dann auf seine Weise, so, wie er das sah, denn er fragte mich: „Sag` mal, soll ich zum Steiger gehen und mal fragen, ob du hier bleiben kannst?" Er wollte mir also helfen, dass ich bleiben konnte und mehr verdiente. Das war seine Sicht der Hilfe.

Ein Kumpel, ein richtiger Kumpel.

Ja, ein Kumpel!

Sie sind mit dem Liedermacher Franz-Josef Degenhardt verwandt. Ihr Vetter ist bekannt für seine Sympathie für die Benachteiligten unserer Gesellschaft, aber auch für seine Zuneigung zu sozialistischen Ideen.

Wir begegnen uns seit Jahren nicht mehr. Als Student habe ich mit meinem jüngeren Bruder regelmäßig in den Semesterferien seine Familie besucht. Diese Kontakte sind durch die Ereignisse der Zeit abgebrochen.

„Spiel nicht mit den Schmuddelkindern"

Zu seinen ersten Veröffentlichungen gehört dieser Titel. Die Texte waren als sozialkritisch vertretbar, auch von mir akzeptiert. Seine spätere ideologische Ausrichtung, weit links, war nicht meine.

„Die einen werden immer reicher, die anderen immer ärmer". Wir kennen diesen Satz, der die soziale Ungerechtigkeit in der Welt anprangert und insbesondere die dunklen Seiten der so genannten Globalisierung. Zehn, elf der reichsten Menschen auf der Erde verfügen über ein Vermögen, dessen Summe jede normale Vorstellungskraft sprengt. Nach einer jüngeren Statistik waren es 231 Milliarden Dollar. Wer soviel Geld besitzt könnte damit ganze Staaten aufkaufen, Regierungen sich gefügig machen. Das geschieht natürlich nicht und dennoch stellt sich die Frage, ob eine solche Verteilung der materiellen Güter nicht doch eine schwere Verletzung der Empfindungen aller Menschen ist, die ihr Leben bis zum Tod in Armut fristen müssen. Von den Auswirkungen auf das Weltwirtschaftssystem beim Zusammenbruch solcher privater Geldimperien einmal zu schweigen.

Das Wohlstandsgefälle zwischen den ärmsten und den reichsten Ländern hat weiter zugenommen. Hinzu kommt, dass korrupte Eliten, ethnische Konflikte und nur schwach oder gar nicht ausgeprägte Partizipationsmöglichkeiten der Bevölkerung in einigen Entwicklungsländern die wirtschaftliche und politische Entwicklung verhindern. Darüber hinaus müssen aber auch jene externen Faktoren betrachtet werden, die die politisch und wirtschaftlich Verantwortlichen in den Industrienationen beeinflussen können. Ich nenne nur den Agrarprotektionismus der Industrieländer, eine nur zögerlich vorankommende Entschuldung und Absprachen internationaler Organisationen wie etwa des Währungsfonds oder der Weltbank.

Weltweit gilt, was auch bei uns von Bedeutung ist: Die Besinnung auf das Menschenbild und die Grundwerte, auf denen die Soziale Marktwirtschaft gründet, ist die unerlässliche Voraussetzung für eine nachhaltige Verbesserung der wirtschaftlichen und sozialen Lage. Die Bischöfe haben hierauf in ihrem gemeinsamen Wort zur wirtschaftlichen und sozialen Lage in Deutschland hingewiesen.

Der Ethiker Carl Amery warnt vor dem totalen Markt, der in den Köpfen seiner Macher, so fürchtet er, zur alternativen Religion geworden ist.

Die Überbetonung des Kapitals oder der Börsen-Spekulation hinterlässt bei vielen Menschen den Eindruck, als komme es nur noch darauf an, Geld oder Kapital zu besitzen, weil es Einfluss und Macht verschafft. Als gäbe es nichts anderes, was für ein gelungenes menschliches Leben wahrscheinlich noch wichtiger ist. Aber davon wird in der Öffentlichkeit leider weniger gesprochen.

Zum Beispiel?

Zum Beispiel die Beziehung zu anderen Menschen, etwa in Ehe und Familie – das Mitsorgen für Kranke, Notleidende, Arme, Behinderte, Kinder, alte Leute. Das hat eben weniger mit Geld zu tun, wohl aber mit einem vertieften menschlichen Leben.

Kritiker wie Amery meinen, es sei unabdingbar für die Kirchen, wenn sie nicht in die Bedeutungslosigkeit absinken wollen, sich für den Erhalt der wirklich christlich geprägten Zivilisation einzusetzen.

Nun, das bereits zitierte Sozialwort der beiden großen christlichen Kirchen in Deutschland vor wenigen Jahren hat ja die Option der Kirchen deutlich in die Öffentlichkeit gebracht. Aber ob es gehört wird, das ist die Frage.

Also doch nur viel bedrucktes Papier?

Vielleicht. Vielleicht. Immerhin waren die Reaktionen, wo sie denn zu hören waren, überwiegend positiv. Leider warten wir auf konkrete Konsequenzen vielfach vergeblich.

Welchen Sinn machen dann solche Papiere, die sich in der praktischen politischen Arbeit nicht wiederfinden?

Die Schwierigkeiten liegen zum Teil in den Dokumenten selbst. Es gibt unterschiedliche Verbindlichkeiten bei solchen Aussagen. Das gilt auch für das Sozialwort. Erzwingen können die Kirchen ohnehin nichts. Sie können und müssen jedoch ihre Argumentationen und Beiträge immer wieder zu Gehör bringen. Manche gesellschaftliche Entwicklung benötigt viel Zeit. Von der Einsicht ist es ein weiter Weg hin zur Tat. Dies wird um so schwieriger, wenn es darum geht, Verhaltensänderungen anzuregen und diese umzusetzen – persönlich wie gesellschaftlich.

Andererseits zeigen wir ethische Maßstäbe auf, auf die wir bestehen müssen. Zum Beispiel, wie schon angesprochen, wenn jemand relativ reich ist, dann soll er mit seinem Reichtum Ärmeren helfen und nicht selber einen Lebensstil entwickeln, der Ärgernis erregt. Die Kirche verkündet das Wort Gottes und macht seine Verbindlichkeit deutlich. Sie kann den Menschen nur an das Gebot erinnern, sich zu ändern und dabei die eine oder andere Hilfestellung geben. Zwangsmethoden, um dieses durchzusetzen, hat die Kirche nicht und sollte sie auch nicht haben.

Kirchliche Gruppierungen verbünden sich mit anderen, auch nicht-religiösen Organisationen, um sich für Frieden, Gerechtigkeit und Bewahrung der Schöpfung einzusetzen. Dafür gehen sie auf die Strasse, nehmen härteste Polizeimaßnahmen in Kauf, wie die Demonstrationen zu den Weltwirtschaftsgipfeln in Seattle und Genua gezeigt haben.

Christliche Organisationen sollten auch über den Rahmen ihrer eigenen Möglichkeiten hinaus mit Gruppierungen kooperieren, die gleiche Ziele haben. Allerdings müssen kirchliche Gruppierungen darauf achten, dabei nicht für Zwecke manipuliert oder ausgenutzt zu werden, die sie nicht vertreten. Da muss man schon wachsam sein.

Gottesdienst und Priesterbild

In der katholischen Kirche steht im Mittelpunkt einer wieder einmal neu belebten Diskussion die Liturgie. Rom hat nach den Beschlüssen über lange Zeit eher eine mittlere Linie verfolgt; die traditionellen Riten nicht völlig ausgeschlossen, aber der Reform den Vorzug gegeben. Die Traditionalistenbewegung unter Erzbischof Lefebvre wurde exkommuniziert. Seit einiger Zeit aber sind auch im gemäßigt konservativen Bereich restaurative Tendenzen sichtbar. Das Latein hält vermehrt Einzug in den Gemeindegottesdienst. Wann spricht der Priester wieder Gebetstexte, die keiner in der versammelten Gemeinde versteht?

Die Beschlüsse des Zweiten Vatikanischen Konzils, die Konstitution über die Liturgie, wurden von uns Geistlichen – ich war damals noch junger Vikar – positiv und eigentlich mit Begeisterung aufgenommen. Endlich durften wir die Messe in unserer Muttersprache lesen. Allerdings sind diese Änderungen in einem Ausmaß erweitert worden, das die Konzilsväter so nicht vor Augen hatten. Latein kommt heute faktisch nicht mehr vor, abgesehen von ganz bestimmten lateinischen Hochämtern, sofern sie in bestimmten Diözesen noch gefeiert werden.

Andernorts scheint das Latein im Gottesdienst ausgestorben. Ich fahre jedes Jahr, wenn es geht, nach Le Mans. Aber ich habe in meiner Zeit als Bischof, sowohl als Weihbischof als auch als Erzbischof, dort noch nie eine lateinische Messe erlebt. Wenn Rom also die lateinische Sprache in Erinnerung ruft, die ja auch im übrigen kirchlichen Sprachgebrauch erheblich zurückgegangen ist, wenn also auch die Tridentinische Messe wieder etwas mehr Gewicht erhält, dann sollte man dagegen nicht polemisieren. Ich sehe darin keine Gefahr für die deutsche Sprache in der Messe. Auf Dekanatskonferenzen habe ich wiederholt empfohlen, auf die regelmäßige Feier der Heiligen Messe in Latein zurückzukommen. Sie kann insbesondere dann einen Sinn haben, wenn bei Wallfahrten oder größeren Veranstaltungen Menschen verschiedenster Sprachen zusammenkommen. Die lateinischen Gebete vereinen in der Sprache. Und diese gemeinsame Form der katholischen Messfeier zeigt den anderen auch, dass wir sie hier in Deutschland nicht ganz verlernt haben. Natürlich gilt es im Einzelfall zu prüfen, ob die Rückübersetzungen, nach dem der Urtext in die verschiedenen Landessprachen übersetzt worden ist, den Regeln entsprechen. Wir brauchen klare Richtlinien, damit allzu freie und ideologisch bestimmte Übersetzungen von vornherein ausgeschlossen werden können.

Inwieweit hat die Liturgiereform die Rolle, präziser: das Selbstverständnis des Priester beeinflusst?

Ich weiß nicht, ob sich das Selbstverständnis der Priester gegenüber der Situation vor fünfzig Jahren allein durch die Liturgie-Reform verändert hat oder ob nicht doch allgemeine theologisch und weltanschaulich veränderte Sichtweisen stärker prägend hinzugekommen sind. Die Liturgie, wie sie in den einzelnen deutschen Diözesen gilt, hat den Priester in seiner Rolle sicherlich nicht verändert. Man muss ja auch sehen, dass die Feier der Heiligen Messe nicht auf die Person des einzelnen Priesters zuläuft, sondern als Gemeinschaftsfeier die ganze Gemeinde einbezieht und letztlich Gott selbst, Christus, der Handelnde ist, nämlich durch den geweihten Priester und durch die Gemeinde.

Vielleicht wird man diese Tatsache noch stärker betonen müssen, als das gewöhnlich geschieht.

Die Heilige Messe ist die Stiftung Christi. Er ist das Haupt der Kirche und der Priester ist lediglich der geweihte Diener für Jesus Christus, aber nicht derjenige, der das alles macht.

Wer die Messe mitfeiert, erfährt sie als die Mitte, aus der er als Christ lebt. Und jene, die am Latein als liturgische Sprache festhalten, führen als Argument an, diese Sprache sei aus dem Alltag herausgenommen und sei, weil sie nicht mehr Umgangssprache ist, eigentlich die angemessene Sprache für die Liturgie. Sie drücke insofern etwas von besonderer Heiligkeit, besonderer Würde aus. Mit anderen Worten, bewirkt die Sprache des Alltags ein gewisses Unverständnis für das, was die Liturgie feiern will? Die Sakramente, die Messe als Heilshandeln des Herrn – wird dieses Geheimnis durch die Umgangssprache verschüttet?

Soweit würde ich nicht gehen. Wer Latein nicht versteht, kann nicht von sich sagen, er sei nun dadurch besonders bereichert. Allerdings ist Latein wiederum nicht so sakrosankt, dass es als einzige Sprache in der Liturgie zugelassen sein dürfte. Im alten Rom ist bis zum vierten Jahrhundert griechisch gesprochen worden. Auch in der Liturgie. Wir haben heute noch griechische Formulierungen, wie das Kyrie eleison.

Wir spüren nach dreißig Jahren Liturgie-Reform, wie die volkssprachliche Textfassung überholt ist und erneuert werden, sich den Veränderungen der Sprache von heute anpassen müsste. Die Zeitabstände dafür werden immer kürzer. Das ist nicht negativ. Es kommt allerdings darauf an, die Übersetzungen nicht ideologisch zu befrachten. Gerade die von einem Zeitgeist getragenen Formulierungen veralten rasch und fallen mit dem Wandel der Geschichte, schon nach wenigen Jahrzehnten besonders auf.

Was heißt ideologisch?

Wenn bei der Messfeier der Opfercharakter der Messe, die Darstellung des Leidens und Sterbens Christi in der Liturgie, verschwiegen wird und man stattdessen nur die Funktion des Mahles betont. Das entspricht nicht wahrem katholischen Verständnis, selbst dann nicht, wenn es von einigen Liturgiewissenschaftlern in den vergangenen Jahrzehnten so aufgefasst worden ist.

Kann man dem Leser diese Begrifflichkeit verdeutlichen – hier das Mahl, dort der Opfercharakter?

Es geht nicht nur darum, sich gemeinsam an einen Tisch zu setzen. Dies ist der Tisch, den Christus zum Abendmahl, dem letzten Mahl mit seinen zwölf Aposteln, uns erhalten hat. Während er mit ihnen zu Tisch saß, hat er deutlich mit den Worten „das ist mein Leib, das ist mein Blut" auf das unmittelbar bevorstehende Leiden und Sterben hingewiesen. Darin liegt ja auch die Stiftung, das Testament, das Jesus Christus seiner Kirche übergeben hat.

Der Priester in unserer Zeit durchläuft ein Wechselbad. Er wird hineingeboren in eine moderne Gesellschaft, kommt relativ früh in ein Seminar und später als verhältnismäßig junger Mann kehrt er wieder zurück in die „Welt", nämlich in die Wirklichkeit einer Gemeinde, einer Pfarrgemeinde, mit engen Berührungslinien zum gesellschaftlichen und politischen Alltag. Wird diese Konfrontation in der Ausbildung entsprechend berücksichtigt, damit die „zwei Welten" nicht auseinanderfallen?

Nehmen wir als Beispiel die Situation in unserem Bistum. Die Studenten kommen fast alle aus normalen Gymnasien, also nicht aus einer behüteten, abgeschlossenen Welt. Sie sind also bis zu ihrem 18. oder 20. Lebensjahr in diesem Alltag aufgewachsen. Dann werden sie, zur Theologenausbildung, zunächst in ein Internat, unser Theologenkonvikt, aufgenommen. Die Vorlesungszeiten unserer Theologischen Fakultäten umfassen aber nur die Hälfte des Jahres. Die andere Zeit ist der betreffende wieder in seiner häuslichen Umgebung. Viele arbeiten in dieser Zeit auch in Betrieben, begegnen also einer anderen Welt als der des Konviktes.

Daneben sind viele in den unterschiedlichen Strukturen ihrer Heimatpfarreien verwurzelt, in Jugendarbeit, Liturgiekreisen oder Pfarrgemeinderäten. Auch während dieses Studienabschnittes wird der angehende Priester also seiner Umwelt nicht entfremdet. Er findet also reichlich Möglichkeiten, auch während des Studiums, die Probleme und Fragen seiner Altersgenossen und der Zeit allgemein kennen zu lernen und sich damit auseinander zu setzen.

Es folgt, im Verlauf der Ausbildung, ein gesamtes Studienjahr an anderen Universitäten. Dort sollen die Studenten eine private Wohnung nehmen und möglichst nicht in einem Konvikt untergebracht werden. Diese Lebensform gibt ihnen Zeit, die Berufsentscheidung noch einmal gründlich zu überprüfen. Also sind sie wiederum nicht völlig abgeschottet.

Nach sechs, sieben Jahren an den Hochschulen beginnt die Zeit als Vikar, in der man eigenständig verantwortlich handeln soll. Aber das war schon zu meiner Zeit, vor über 50 Jahren so. Man hat sich richtig gefreut, endlich als Priester auf eigenen Füssen zu stehen. Das dürfte sich bis heute nicht geändert haben. Es ist ein besonderes Erlebnis, wenn der Priester in die Gemeinde geht und ihm von den Gläubigen, soweit sie am kirchlichen Leben teilnehmen, ein Vertrauensvorschuss entgegengebracht wird, Das ist für junge Priester manchmal sehr überraschend und erfreulich, manchmal kann das aber auch bedrückend sein.

In diesem Jahr feiern Sie Ihr Goldenes Priesterjubiläum. Was hat Sie, rückblickend gefragt, am stärksten geprägt? Wo sehen Sie heute die größten Herausforderungen für einen Priester?

Eindeutig: Durch das Sakrament der Priesterweihe hat mich Jesus Christus beauftragt, ihn darstellen zu dürfen, ihn, als Herrn der Kirche. Er hat die Priester, mich, dazu gesandt das heilige Messopfer zu feiern, das Bußsakrament zu spenden oder auch die Krankensalbung. Als wichtigste Herausforderung bleibt natürlich immer die Frage, wie kann ich meinen Auftrag den Menschen mitteilen? Und zwar so, dass die Botschaft Christi verständlich ist und auch möglichst vollständig weitergegeben wird und ich nicht Dinge verschweige, nur weil ich Widerspruch befürchten müsste. Ich darf mich nicht danach richten, was heute ins Bild des Zeitgeistes passt, sondern muss – sei es gelegen oder ungelegen – die Botschaft Christi sagen. Das gilt für die Unauflöslichkeit der Ehe ebenso, wie für Fragen der Sexualmoral oder die Zusammenhänge von Armut und Verschwendung von Reichtum. Ich muss unter Umständen etwas sagen, was quer zur momentanen öffentlichen Meinung, zur landläufigen Auffassung der Menschen ist.

Die Kirche soll missionarisch sein und der Priester ihr erster Gesandter, ganz im Sinne des von Jesus erwählten Apostels. Diese Aufgabe haben Sie stets in den Vordergrund des priesterlichen Dienstes gestellt, wenn Sie nach Ihrer Berufung gefragt worden sind. Hat sich das Priesterbild, wie Sie es als junger Vikar kennen gelernt haben, seit dieser Zeit verändert?

Ich glaube, im Vergleich zu der Zeit meiner Priesterweihe, also vor 50 Jahren, wird heute die priesterliche Gemeinschaft einer Diözese stärker betont. Und das auch mit Recht. Priester sind keine Einzelkämpfer, die nur allein ihre Aufgabe erfüllen können, sondern sie sind immer eingebunden in das so genannte Presbyterium der Diözese, um ihren Bischof und untereinander als Brüder. Was die Lebensform angeht, meine ich, ist heute die Frage des Zölibates vielleicht stärker umstritten als vor 50 Jahren. Aber das heißt nicht, dass die geltenden Regeln nicht mehr angebracht wären.

War es für Sie eine besondere Herausforderung ehelos zu bleiben? Ist Ihnen das manchmal schwer gefallen?

Bevor ich endgültig Priester geworden war, sicherlich. Auch in der Zeit des Studiums gab es schon Momente, wo ich mit mir gerungen habe, ob dies der richtige Weg für mich ist.

Hätten Sie gern eine Familie gehabt?

Hätte ich gerne, ja, zumal die elterliche Familie, in der ich aufgewachsen bin, mit fünf Geschwistern natürlich sehr viel Freude gebracht hat. Ich habe auch erfahren, wie schwer es für die Eltern war, in der damaligen Zeit eine große Familie zu erziehen und am Leben zu erhalten.

Also, ich hätte ganz gerne eine eigene Familie gehabt. Später dann war die Frage für mich beantwortet. In der Ausbildung wurde ich dann auf eine bestimmte Lebensform hin erzogen, verbunden mit einer gewissen Zurückhaltung ber dem anderen Geschlecht.

Nun reduziert sich Ehe sicherlich nicht auf die Frage der Sexualität, aber sie hat ihren eigenen Wert in der partnerschaftlichen Beziehung. Was sagen Sie jungen Priestern, die heute vielleicht noch viel stärker als Sie seinerzeit durch das Umfeld herausgefordert sind, in dem sie leben?

Sie sollten erstens eine persönliche enge Beziehung zu Jesus Christus selber haben und zweitens betende Menschen sein. Sie sollten auch darauf achten, sich nicht Unvorsichtigkeiten oder Unüberlegtheiten in verschiedenen Lebenssituationen auszusetzen, die sie in Gefahr bringen, ihre versprochene zölibatäre Einstellung zu verlieren.

Ist eine solche Verpflichtung nicht – um es zugespitzt und auch populär zu fragen – gegen die Natur gerichtet, gegen die Natur des Mannes?

Nein, das glaube ich nicht. Sexualität ist ja keine Größe, die unbeeinflusst bliebe von Sinndeutung, Reflexion und Gestaltung. Das gilt ja für jeden Menschen. Die Frage stellt sich, welche Orientierung er diesem Teil seiner selbst gibt, welchen Sinnzielen er sich unterordnet.

Und wie erklären Sie dann die sich häufenden Fälle von Pädophilie, die so genannten apokryphen Ehen, also heimlichen Beziehungen von Priestern, mit all den Diskriminierungen, denen sich vor allem die betroffenen Frauen in der Öffentlichkeit aussetzen?

Man kann nicht einfach behaupten, der Zölibat sei gegen die Natur des Mannes gerichtet. Ich bin mir auch nicht so sicher, ob die Vorkommnisse, die in der Frage angesprochen sind, so sehr zugenommen haben, jedenfalls sicher nicht mit Blick auf unser Bistum.

Sündige Menschen sind wir Priester auch. Christus hat Menschen ausgewählt, die auch versuchbar sind, die auch der Versuchung erliegen können. Priester versagen nicht mehr als andere Menschen, wie ich meine.

Und doch ist die katholische Kirche mit ihren Priestern auf dem Wege zur Heiligkeit. Die Priester selber sind noch nicht heilig, aber sie sind auf dem Wege, wenn sie die Nachfolge und Stellvertreterschaft Christi ernst nehmen.

Jesus hat sich auf seinen Predigt-Wanderungen immer auch mit Frauen umgeben. Wir vermuten mal, er war ihnen geistig nahe, physisch aber distanziert. Für die „Ehelosigkeit um des Himmelreiches willen“ wird gern das Wort herangezogen, „wer es fassen kann, der fasse es“.

Dennoch bleibt die Frage, ob dieser Verzicht unabdingbar sein muss, ob der priesterliche Dienst nicht doch auch für Menschen möglich sein sollte, die gleichwohl eine Familie haben: Die Kirchen des Ostens, die Orthodoxen wie die Unierten, kennen den verheirateten Priester, gleiches gilt für Anglikaner und Protestanten.

Man kann das ja auch umgekehrt sehen. Die katholische Kirche verlangt nicht mehr als das, was Jesus von seinen Aposteln erwartet hat, nämlich sich ganz und ungeteilt in seine Nachfolge zu stellen. Und sie erwartet nicht mehr als das, was man von einem erwachsenen Menschen verlangen kann, nämlich ein einmal gegebenes Versprechen zu halten. Irgendwann muss man ja wohl auch annehmen können, dass jemand sich seine Entscheidung genau überlegt hat und nicht leichtfertig den Zölibat verspricht.

Im übrigen frage ich mich auch, welche Probleme wir durch verheiratete Priester ins Haus bekommen könnten. Wenn man leider sieht, wie brüchig heutzutage die Ehen geworden sind und statistisch schon jede dritte Ehe nicht mehr auf Dauer bestand hat. Würden mit Blick auf den Priesterstand die Probleme durch verheiratete Priester nicht noch schärfer zutage treten?

Die Besonderheit zölibatärer Lebensform – für Gott auf die Menschen hin verfügbar zu sein, radikal – das ist ein starkes Bild. Es begegnet uns in überzeugender Weise insbesondere in den Missionen, in einer von Armut und Leid geprägten Umwelt. Es scheint, als sei es weitaus schwieriger, in der bürgerlichen, mitunter satten Gesellschaft ein christliches Zeugnis zu geben.

Ich denke beides ist nicht einfach. Es dürfte vielleicht schwieriger sein, in der Wohlstandsgesellschaft eine zölibatäre Lebensweise glaubwürdig zu vertreten. Der Lebensstil, die sozialen Errungenschaften, die Ansprüche sind anders. Der Arbeitstag ist nach Dienst- und Ruhezeiten geregelt. Natürlich weiß ich, wie wichtig der Tag der Ruhe in der Woche auch für den Priester ist, natürlich nicht am Sonntag. Allerdings, darf dies an der generellen Verfügbarkeit für die Gemeinde nichts verändern. Möglicherweise empfindet der eine oder andere eine solche Forderung auch als Zumutung.

Junge Leute lassen sich ja durch außergewöhnliche Vorbilder beeindrucken, von Menschen, die sich extremen Situationen stellen, wie zum Beispiel Damian Deveuster, der belgische Missionar, der auf der Hawaii-Insel Molokai sein Leben den Aussätzigen widmete und selbst an der Lepra starb. Wie kann man solche Charaktere in die Lebenswelt einer modernen Gesellschaft übertragen. Oder fehlt es der „verbürgerlichten" Gesellschaft an Persönlichkeiten, die zeugnishaft und missionarisch jungen Menschen einen Weg aufzeigen?

War nicht in früheren Zeiten der Dorfpastor ein Vorbild? Jede Gesellschaft bietet solche Möglichkeiten. Es kommt nur darauf an, wie glaubwürdig der Priester handelt. In Liebe zu Jesus Christus, in enger Verbindung mit ihm, werden sie Freude empfinden und ihr mit manchem Verzicht verbundenes Amt nicht als Zwang betrachten und nicht die Stunden zählen, die sie für andere zur Verfügung stehen.

Spiritualität

Spiritualität ist ein eher moderner Begriff in unserer Sprache. Besonders bei jungen Menschen scheint er zu boomen. Damit verbunden ist freilich eine Vorstellung einer vagabundierenden, weder institutionell noch dogmatisch festgelegten Religiosität. Der Ausdruck findet Verwendung, um etwas zu beschreiben, was die Tatsachenwelt übersteigt. Kirchlich meint dieser Begriff häufig eher das geistliche Leben, Askese und ganz allgemein mystische Erfahrungen (vgl. Josef Sudbrack, Gottes Geist ist konkret, Würzburg 1999).

Glaube ist immer existenzieller Lebensvollzug des ganzen Menschen mit Leib und Seele. Er lebt aus Impulsen des Heiligen Geistes. Bernhard Fraling formuliert dies im Lexikon für Theologie und Kirche so: „Indem der Mensch diesen (Impulsen) folgt, entsteht Spiritualität als die konkrete geistgewirkte Gestalt seines Glaubenslebens im Sinn des paulinischen „aus dem Geiste Jesu leben" (Gal 5,25). Spiritualität wird immer individuell geprägt durch die Form der Frömmigkeit, in denen sich der Glaube dann äußert. Etwa durch die unterschiedlich mögliche Akzentuierung einzelner Glaubensinhalte oder ganz praktisch den Lebensstil.

Gebet und Spiritualität räumt der Kardinal einen hohen Stellenwert im Alltag ein. „Der Christ – auch der junge – soll sich vorbehaltlos und rückhaltlos dem Anspruch Gottes unterstellen, wie er ihn in seinem geoffenbarten Willen uns kundgetan hat und wie er uns in den Weisungen des Alten und es Neuen Testamentes vorliegt. Voraussetzungen für die Anerkennung des göttlichen Willens sind Gehorsam und Hingabe, auch wo es schwerfällt." (J.J. Degenhardt, Ermutigung zum Glauben, Paderborn 1989,136) Zur Spiritualität des Erzbischofs von Paderborn gehört die Beständigkeit. Gebet als Gespräch mit Gott ist ein zutiefst personales Geschehen, das weiß der Seelsorger nur zu gut. Beziehungen brauchen, wollen sie wachsen, Beständigkeit, Treue. In einer Zeit, die sich am liebsten mit Adjektiven beschreibt wie „schön, schnell, jung, gesund, stark, leicht" und so weiter und so fort, die sich dem raschen Wechsel der Moden unterwirft und die ein rasantes Entwicklungstempo suggeriert, werden Treue und Beständigkeit immer mehr zu Werten, nach denen sich Menschen sehnen. Wie kann die Kirche Menschen in dieser Zeit erreichen? Wann können sich Menschen Zeit nehmen für die Fragen, die den Menschen immer beschäftigen? Jo-

hann Baptist Metz definierte einmal „Unterbrechung“ als die kürzeste Formel für die Religion. Menschen, die in Konflikt geraten mit den gängigen Adjektiven, werden leicht sensibel für Unterbrechungen. In Krankheit, Trauer, Angst und Enttäuschung halten sie inne und finden Raum, Raum für Gott und die Fragen ihres ganz persönlichen Woher und Wohin.

Der Krieg als Unterbrechung, kennzeichnet sicher auch die Biografie des Kardinals. Hier entscheidet er sich für seinen Beruf, seinen Lebensweg. Im Angesicht unendlichen Leids und Unrechts möchte er mit seinem Leben für eine andere Wirklichkeit eintreten. Die „Sache mit Gott“, der er in seinem Leben immer wieder begegnet, als Kind in der Familie, vor allem in seinen gläubigen Eltern, als Jugendlicher in der kirchlichen Jugendarbeit, diese Sache lässt ihn nicht wieder los. Leben für etwas, was sich wirklich lohnt, das ist es, was ihn dazu treibt, Priester zu werden. Ein Entschluss, den er nach fünfzig Jahren nicht bereut.

Spiritualität – viele reden davon, nicht nur im innerkirchlichen Gespräch. Es klingt wie ein Zauberwort. Die Menschen fragen angesichts der vielfältigen Bedrohungen, die sie nicht zuletzt durch die Massenmedien viel stärker und unmittelbarer vor Augen geführt bekommen, wieder stärker nach Ursprung und Sinn der Schöpfung. Das Bewusstsein für eine neue Weltordnung scheint zu wachsen.

Das ist auch erforderlich. Es muss ein Nachdenken geben über das, was die Welt zusammenhält, welches die lebensnotwendigen Werte sind, wie diese in einer sich „globalisierenden“ Welt wirkungsvoll vertreten werden können. Um dieses zu erreichen, ist es mehr denn je notwendig, dass die verschiedenen Religionen und Glaubensrichtungen zu einer Gemeinsamkeit finden, soweit die Werte, die sie vertreten, übereinstimmen.

Während die einen zum Dialog drängen, sieht man andere sich zurückziehen. Bei den Ängstlichen mag sich darin die Suche nach Geborgenheit ausdrücken, wieder andere ergehen sich in frommer Selbstgerechtigkeit, nur keine Berührung mit der sündigen Welt.

Ich würde das nicht so streng sehen. Es gibt solche Glaubensrichtungen und sie brauchen ihre Zeit, sich zurückzuziehen, um zunächst einmal ihre eigene Identität zu finden. In der Welt der Globalisierung, wie wir sie inzwischen haben und wie sie sich wahrscheinlich noch stärker ausformen wird, müssen alle zusammenarbeiten, die auf den selben Wertefundamenten stehen. Wer das ablehnt, sich in ein Getto begibt, der hat ein Defizit.

Beten heißt, mit Gott sprechen. Die Mystiker nennen es „das Gespräch der einsamen Seele mit Gott". Was bedeutet Ihnen Beten?

Von einem französischen Theologen stammt das Wort: „Beten ist das Atemholen der Seele". Wenn ich dieses Bild wahrnehme, dann sagt es mir: beten ist so lebensnotwenig, wie die Lunge mit Sauerstoff zu füllen. Dabei denke ich an die beiden Aspekte dieses Bildes: Wie das aktive Einatmen das direkte Sprechen mit Gott versymbolisiert, bildet das eher passive Ausatmen oder Entströmens das Hören auf Gottes Wort. Beides gehört zusammen. Sie sind Bestandteile ein und desselben Lebensvorgangs. Und nur beides hält uns am Leben.

Heute wird ja nicht selten behauptet, Beten sei eine Angelegenheit für Kinder und für alte Menschen. Die anderen, angespannt durch Beruf oder Familie, haben andere Sorgen und auch keine Zeit dazu. Es wird Sie nicht verwundern, wenn ich Ihnen sage, das ich das als falsch bezeichne. Wir alle sind angewiesen auf die Zuwendung Gottes. Beten gehört also untrennbar zu einem christlichen Leben.

Beten Sie oft?

Ja, wir haben das Stundengebet, fünfmal am Tag. Ich folge dem regelmäßig. Trotz mancher Arbeiten. Diese Zeit nehme ich mir. Darüber hinaus pflege ich Gebete, die mich seit Kindesbeinen an begleitet haben und im Laufe meines Lebens wichtig geworden sind, etwa das Rosenkranzgebet. In meditativer Weise wird an Gottes Heilshandeln erinnert.

Hinter allem steht die Gottesfrage. Was Gott selbst sei, bleibt uns für immer verborgen, sagt Augustinus. Gott sei ein jeder in sich selbst, lesen wir bei Pius II. Der Mensch sei ein Wesen der Metaphysik, der Moral und der Religionen, lehrt Kant. Man kann die Erklärungsversuche weiterführen. Mit wem sprechen Sie, wenn Sie mit Gott sprechen?

Also ich versuche mit dem Vater unseres Herrn Jesus Christus zu sprechen. Für mich heißt Beten immer: Mit Jesus Christus im Heiligen Geist sich an den Dreieinen Gott, den Vater im Himmel zu wenden. Auch wenn es vielleicht nicht immer gelingt, aber so würde ich Beten zunächst einmal verstehen.

Ich bete nicht nur für mich selbst, auf mich bezogen, sondern als Glied der Gemeinschaft Jesu, also als Glied der Kirche. Die Kirche hat das Stundengebet immer in diesem Sinne verstanden und den Priester verpflichtet, das Stundengebet gewissermaßen als Dienstaufgabe auch stellvertretend für andere zu beten.

„Beten" verbindet sich mit „bitten". Die Mystiker bleiben bei dieser Stufe nicht stehen, sie treten in die geheimnisvolle Dimension ein und suchen Gott, wollen ihm begegnen, den göttlichen Urgrund berühren, wie sie sagen. Dies sei das tiefe Erleben der Seele.

Karl Rahner hat einmal gesagt, der Christ der Zukunft wird entweder ein Mystiker sein oder nicht mehr sein. Ein Mensch, der etwas erfahren hat. Ich denke schon, Mystik in diesem Sinn verstanden, ist ein wichtiger Aspekt des Betens von Christen, gleich welchen Standes. Die deutschen Mystiker, wie Meister Eckhart, sind zeitlich schon recht weit von uns entfernt, um sie einfach zum Maßstab nehmen zu können. Und manchmal sind sie auch etwas schwer zu verstehen. Ich hätte und habe andere Heilige oder Vorbilder für mein Beten, als die Mystiker des 13. und 14. Jahrhunderts.

Zum Beispiel wen?

Zum Beispiel John Henry Newman. Oder Joseph Michael Sailer, den Pastoraltheologen, der noch in höherem Alter Bischof von Regensburg wurde. Er hat uns, den Bischöfen und Priestern, auch heute noch viel zu sagen.

Not, lehrt den Menschen beten.

Ja, aber man sollte das Beten nicht auf das Bittgebet reduzieren. Es gibt andere Formen des Gebetes, die sicher ebenso wichtig sind, die vielleicht auch noch stärker betont werden müssen. Das ist die Anbetung, Verherrlichung, mit der wir vor Gott treten, es ist auch Dank und schließlich Fürbitte, also nicht nur die Bitte, bei der man nur an sich selber denkt, sondern die anderen einbezieht.

Gottes Eigenschaften lauten „schön" und „herrlich", „mächtig" und „erhaben". Sind das nicht menschliche Kategorien, eine menschliche Projektion, sein Gottesbild betreffend?

Menschen greifen auf das Bild von Gott als dem Schöpfer von Himmel und Erde zurück, der dann auch die Charakterzüge des Menschen geschaffen hat. Von daher ist es selbstverständlich, lange vor dem Christentum, dass etwa die griechischen Philosophen die menschlichen Eigenschaften und Tugenden von Gottes Eigenschaften abgeleitet haben. Anders können wir auch gar nicht über uns hinaus denken. Wir übertragen unsere eigenen menschlichen Erfahrungen auf diese Dimension. Allerdings müssen wir dabei aber darauf achten, Gott nicht so zu vermenschlichen, dass er lediglich ein Abdruck oder ein Abbild der menschlichen Aspekte ist. Vielleicht ist Gott dem Menschen mehr unähnlich als ähnlich, wenn wir ihn mit uns vergleichen.

Welche Eigenschaften Gottes, wenn man so sagen darf, wären Ihnen die wichtigsten?

Ich würde sagen, er ist der Gütige, der Liebende. Das scheint mir das wichtigste zu sein. Nicht der Strafende, oder der Gerechte, oder der Allmächtige. Das ist er wohl auch, aber das ist er jeweils auf andere Weise als wir Menschen uns das denken, anders als die Philosophen ihn oft sehen.

Gott wendet sich uns Menschen zu, jedem Einzelnen. Er geht ab von seinen Entschlüssen, wie es in der Heiligen Schrift heißt, wenn der Mensch Reue zeigt. Gott ist also keineswegs auf eine bestimmte Haltung hin fixiert. Im Alten wie im Neuen Testament ist immer von den vielen Eigenschaften Gottes die Rede. Also, noch einmal. Wenn Sie mich nach Gottes wichtigsten Eigenschaften fragen, würde ich sagen, er ist der gütige, liebevolle Gott, der auch auf die Umkehr des Menschen konkret antwortet.

Es ist für Sie also kein Problem, an Gott zu glauben. Sie beklagen vielmehr den philosophischen Relativismus und Skeptizismus, bis hin eben zur Leugnung Gottes?

Ich persönlich habe kein Problem mit dem Glauben an diesen Gott, den Vater Jesu Christi und auch kein Problem damit, dass er der Schöpfer der Welt ist, dass er uns nahe ist, nicht irgendwo weit entfernt und unnahbar. Dies ist, so glaube ich, gerade auch das Spezifische des christlichen Gottesverständnisses. Gott hat sich kundig gemacht in seinem Sohn, der zugleich Gott und Mensch ist, und in dem wir geradezu greifbar auch Gottes Eigenschaften sehen können.

Ruht in diesem Glauben die Kraft einer großen Freiheit, ist dies ein Glaube der befreit?

Ja, sicher, aber im Sinne einer Christusnachfolge. Jesus fordert den Menschen heraus, sein Verhalten zu ändern. Doch darin sehe ich keine Einschränkung meiner Freiheit. Gottes Gebote verstehe ich als Wegweiser, die mich in seine Richtung lenken. Das ist die neue Freiheit.

Der 11. September 2001, der Tag der Terroranschläge in New York und Washington, bleibt ein Datum, dass im öffentlichen wie im privaten Leben der Menschen auf der ganzen Welt einen tiefen Einschnitt bedeutet. Religionsführer rufen zur Umkehr auf, Teschuwa, wie fromme Juden sagen. Sie schließt die Achtung der Menschenwürde ein.

Für alle muss gelten, die Würde des Menschen zu achten und damit auch den anderen Menschen zu bejahen. Von Menschen, die an Gott glauben und daraus Konsequenzen in ihrem Leben ziehen, sollte man eine solche Haltung erwarten dürfen. Die Terroranschläge in den USA haben leider gezeigt, wohin religiöser Fanatismus führen kann.

Sie haben zu ihrem 75. Geburtstag dem Papst, wie vorgeschrieben, Ihren Rücktritt angeboten. Aber „Rom" hat anders reagiert. Anstelle der „Pensionsurkunde" haben Sie den „roten Hut" bekommen. In diesem Jahr 2002 dürfen Sie das Goldene Priesterjubiläum feiern. Ein guter Zeitpunkt, auf ein langes, erfolgreiches wie wechselvolles Leben zurückzuschauen.

Ich hoffe, Gott nimmt mein Wirken als Bischof und auch die 50 Jahre als Priester gütig bejahend an. Ob das so ist, weiß ich nicht. Aber ich habe versucht, nach bestem Wissen und Gewissen, nach besten Kräften, meine Aufgaben zu erfüllen. Und ich kann nur hoffen, dass auch meine pastoralen Zielsetzungen vor Gott bestehen, das heißt, eine missionarische und lebendige Kirche gefördert zu haben. Diese Aufgabe halte ich, auf 28 Jahren als Erzbischof von Paderborn zurückblickend und in die Zukunft schauend, für aktuell und wichtig.

Johannes Joachim Kardinal Degenhardt – Leben in Daten

1926	31.01. geboren in Schwelm, Ennepe-Ruhr.
1941	Verhaftung durch die Gestapo und Einzelhaft in der Steinwache in Dortmund, weil er am Tage der Konsekration von Erzbischof Lorenz Jaeger (19.10.1941) eine Treue-Kundgebung der katholischen Jugend maßgeblich mitorganisiert hatte; verbunden damit Verweis vom Gymnasium. Nach der Freilassung Beginn einer kaufmännischen Lehre. (Als Erzbischof hat er die Steinwache wiederholt besucht.)
1943-46	Einberufung als Flak-Helfer, Soldat, Kriegsgefangenschaft, während der er als Holzfäller arbeitete.
1946 -1952	Nach der Entlassung wieder Besuch des Gymnasiums; Abitur am Staatlichen Albrecht-Dürer-Gymnasium in Hagen; anschließend Studium der Philosophie und Theologie in Paderborn und München.
1952	06.08. Priesterweihe im Hohen Dom zu Paderborn. 01.09.1952 bis 12.09.1959 zunächst Vikar, später Pfarradministrator und Pfarrverweser in Brackwede.
1959	01.10. bis 30.09.1965 Präfekt am Theologenkonvikt Collegium Leoninum in Paderborn.
1964	28.01. Promotion zum Dr. theol. („magna cum laude") in Würzburg; Thema der Dissertation: „Lukas – Evangelist der Armen".
	07.04. Wissenschaftlicher Assistent an der Ruhruniversität Bochum.
1965	15.02. Diözesanbeauftragter für das Katholische Bibelwerk.
	01.10 Studentenpfarrer an der Abteilung Paderborn der Pädagogischen HochschuleWestfalen-Lippe.
1966	01.10. Wahl und Ernennung zum Dekan der Seelsorgeregion „Hochstift Paderborn".
1968	18.03. Ernennung durch Papst Paul VI. zum Titularbischof von Vico di Pacato und Weihbischof in Paderborn.
	17.04 Domkapitular im Metropolitankapitel Paderborn.

	01.05 Bischofsweihe durch Lorenz Kardinal Jaeger im Hohen Dom zu Paderborn; Mitkonsekratoren: Bischof Franz Hengsbach von Essen und Weihbischof Paul Nordhues, Paderborn
	01.10. Leiter des (damaligen) Seelsorgeamtes des Erzbistums Paderborn.
1973	Nach dem Rücktritt von Erzbischof Lorenz Kardinal Jaeger (30.06.) Wahl zum Kapitularvikar.
1974	15.03. Wahl zum Erzbischof durch das Metropolitankapitel.
	04.04. Ernennung zum Erzbischof von Paderborn durch Papst Paul VI.
	28.04. Feierliche Amtseinführung durch Kardinal Jaeger im Hohen Dom.
	Bei der Herbstvollversammlung der Deutschen Bischofskonferenz Wahl zum Vorsitzenden der Ökumene-Kommission (bis 1976).
1976	Wahl zum Vorsitzenden der Kommission „Erziehung und Schule" (bis 1990); er bleibt Mitglied der Ökumene-Kommission.
	Wahl in die „Gemeinsame Konferenz" der Deutschen Bischofskonferenz und des Zentralkomitees der deutschen Katholiken.
1982	10.03. Auszeichnung mit dem Bundesverdienstkreuz 1. Klasse.
1990	Wahl zum Vorsitzenden des Verbandsausschusses des Verbandes der Diözesen Deutschlands (VDD) (als Nachfolger von Kardinal Hengsbach); als solcher gleichzeitig Vorsitzender des Verwaltungsrates des VDD.
1991	09.03. Ernennung zum Ehrenbürger der Stadt Paderborn.
1993	27.10. Großes Verdienstkreuz mit Stern, überreicht durch Ministerpräsident Dr. h.c. Johannes Rau.
1994	13.01. Verleihung der Robert-Schuman-Medaille in Gold.
1997	15.11. Verleihung der Konrad-Martin-Medaille des Diözesan-Kolpingverbandes.
	28.12. Verleihung des französischen Ordens „Chevalier dans l´Ordre national du mérite"
1998	01.05. 30 Jahre Bischof
	27.07. Ernennung zum Ehrenmitglied des Deutsch-Amerikanischen Freundeskreises Paderborn-Belleville e.V.
	17.10. Verleihung der Ehrendoktorwürde der Päpstlichen Theologischen Fakultät in Breslau

1999	25. April: der Erzbischof feiert mit seinem Generalvikar das 25jährige Dienstjubiläum
2001	22. Januar: Ministerpräsident Roland Koch verleiht den Hessischen Verdienstorden und würdigt damit das soziale, schul- und arbeitspolitische Engagement des Erzbischofs
	28. Januar: Papst Johannes Paul II. beruft den Erzbischof zum Kardinal der Heiligen Römischen Kirche. Das Konsistorium findet am 21. Februar statt.
	6. Februar: Albert-Schweitzer-Medaille des Volksbundes Deutsche Kriegsgräberfürsorge
2002	19. März: Der polnische Botschafter Dr. Jerzy Kranz verleiht im Auftrag des polnischen Präsidenten Aleksander Kwasniewski das Kommandeur-Kreuz des polnischen Verdienstordens
	6. August: Goldenes Priesterjubiläum